LEÃO XIV.

-Tarefas, objectivos e expectativas.

LEÃO XIV.

- Tarefas, objectivos e expectativas.

Este volume é igualmente publicado em língua inglês (ISBN 978-3-8192-4848-1).

Na série de livros teológicos DEUS EX MACHINA foram publicados:

- DEUS EX MACHINA - Ou: Sobre o questionamento da vida (Parte I). ISBN 978-3-7583-4022-2.
- O regresso a casa do Papa - A Quintessência da Caridade (Parte II). ISBN 978-3-7693-5795-0
- A fé é como a dança - (Glauben ist wie Tanzen) - Movido pela fé para crescer como cristão. Livro de formação para o desenvolvimento de competências religiosas (Parte III). ISBN 978-3-8192-9630-7.
- Serei uma mulher bispo! - Os Fundamentos dos Sermões sobre a Felicidade e outras análises do campo da política religiosa (Parte IV). ISBN 978-3-8192-2914-5.

Impressão

Circe, Eureka: **LEO XIV - Tarefas, objectivos e expectativas.**
Hamburgo, 2025.
ISBN 978-3-8192-7963-8

Verlag: BoD · Books on Demand GmbH, Überseering 33, 22297 Hamburg,
bod@bod.de
Druck: Libri Plureos GmbH, Friedensallee 273, 22763 Hamburg
© 2025 Eureca Circe na documentação e tradução com IA.
Referências bibliográficas na Biblioteca Nacional Alemã em: https://portal.dnb.de

Eureka Circe é a editora e curadora da série de livros "DEUS EX MACHINA.

A série inclui: "DEUS EX MACHINA - Ou: Sobre o questionamento da vida" (Parte I), "O regresso a casa do Papa - A quintessência da caridade" (Parte II), "Glauben ist wie Tanzen - Vom Glauben bewegt als Christ:in wachsen. Livro de formação para o desenvolvimento de competências religiosas" (Parte III) e "Serei uma mulher bispo! - Os Fundamentos dos Sermões sobre a Felicidade (Parte IV)".

Com a obra "DEUS EX MACHINA", a curadora está empenhada em documentar e, se necessário, discutir os textos da inteligência artificial num contexto religioso e teológico. A sua tese: "A inteligência artificial (IA) representa um ponto de viragem profundo porque altera fundamentalmente a relação entre os seres humanos, o conhecimento e o acesso ao mundo - não só tecnicamente, mas também culturalmente, epistemologicamente e socialmente. Abre um novo acesso ao conhecimento e conduz à sua multiplicação e democratização: os sistemas de IA tornam a informação disponível a um baixo limiar - muitas vezes sem a leitura tradicional ou um conhecimento prévio aprofundado. Isto muda fundamentalmente a forma como pensamos, aprendemos e compreendemos e, ao mesmo tempo, promove uma nova forma de individualização do pensamento - que também pode ser exemplificada pela crença espiritual. Além disso, as máquinas estão agora a gerar significado - textos, imagens, argumentos - onde anteriormente só era necessária a perícia humana. Isto tem consequências a longo prazo para a educação, a ciência, a política e a religião.

*"**Deus ama-vos a todos. O mal não vencerá**".*

Logo no início, LEÃO XIV saudou o mundo com "A paz esteja com todos vós" e sublinhou que esta saudação de paz deveria chegar a "todas as nações e a todos os povos". Fazendo eco do Papa Francisco, Leão XIV sublinhou que o amor de Deus é *"incondicionalmente para todos os homens"*. Ele assegurou literalmente: *"Deus ama-vos a todos. O mal não vencerá"*. Estas palavras *incluem* implicitamente *todas as* pessoas - incluindo as pessoas *queer* - uma vez que nenhuma exceção é feita perante Deus e agora também perante o Vaticano. A formulação universal torna claro que ninguém está excluído de receber o amor divino.

*"**Ser chamado de 'acordado' num mundo que dorme com o sofrimento não é um insulto - é o Evangelho. ... Estejam acordados. Amai. Despertai**".*

Por último, nos primeiros dias do pontificado de LEÃO XIV, surgiu também uma citação amplamente difundida nas redes sociais atribuída ao Papa Leão XIV. Nela, ele começa por agradecer a todos as orações e o amor no início do seu ministério e, em seguida, formula um apelo apaixonado que reinterpreta positivamente o termo *"acordado"* num sentido cristão. Um excerto da citação que circula diz: *"Ser chamado de 'acordado' num mundo que dorme com o sofrimento não é um insulto - é o Evangelho. ... Estejam acordados. Amai. Esteja acordado"*. Estas palavras drásticas, incluindo *"Acordado significa ser despertado pela compaixão.... Não construiremos o reino [de Deus] com muros, mas com amor.... Despertai. Amai.* Embora a alegada citação "acordada" - "acordada" vem de "awake", que significa "estar desperto", "estar alerta" para a injustiça social e a discriminação - reflicta o tom social e compassivo que muitos acreditam ter Leão XIV, não é uma das declarações confirmadas do Papa. Por isso, o Vaticano ainda não publicou qualquer comunicação oficial sobre esta citação, e outros também já deixaram claro que não há provas desta afirmação, mas que ela só poderia ser uma expetativa do novo pontificado.

Conteúdo

Introdução: Quod formandum esset
"O que precisa de ser moldado...: Tarefas, objectivos e expectativas - O novo Papa LEÃO XIV.

Em tempos turbulentos, são necessárias orientação, clareza e visões corajosas. Com a eleição de Robert Francis Prevost como Papa Leão XIV em maio de 2025, a Igreja Católica encontra-se mais uma vez num ponto de viragem significativo da sua história. O Papa Leão XIV assume um legado difícil mas inspirador: após a era de Francisco, que se caracterizou por fortes impulsos pastorais, uma clara opção pelos pobres e a tentativa de construir pontes entre a tradição e a modernidade, o novo Papa tem a tarefa de salvaguardar estas conquistas e, ao mesmo tempo, abrir novos caminhos que permitirão à Igreja ter um futuro sustentável.

Este livro pretende ser mais do que um primeiro retrato de Leão XIV. Pelo contrário, vê-se a si próprio como um companheiro que guia os leitores através dos desafios, potencialidades e expectativas do novo pontificado. A atenção centra-se nas tarefas, objectivos e expectativas que o próprio Leão XIV formulou e já tornou visíveis nos seus primeiros actos oficiais - bem como nas esperanças, expectativas e exigências que a sociedade, o público, os jornalistas, os teólogos e, por último mas não menos importante, os fiéis lhe colocaram como tarefas e necessidades. Surge assim uma imagem completa de um Papa que não tem medo de abordar questões candentes e que procura sempre o diálogo - tanto no seio da Igreja como com a sociedade em geral.

Leão XIV traz para o seu cargo um vasto leque de qualidades pessoais: a dedicação missionária dos seus longos anos no Peru, as capacidades diplomáticas do seu tempo como chefe de uma ordem religiosa mundial, a profundidade académica de um advogado canónico e um profundo enraizamento espiritual na tradição agostiniana. Todos estes aspectos se conjugam para fazer dele um líder simultaneamente visionário e pragmático. Os capítulos que apresentamos vão desde a sua biografia, passando pelos seus acentos teológicos e espirituais, até às questões concretas, necessárias, urgentes e inevitáveis da reforma, onde as claras expectativas dos fiéis e as prementes realidades sociais exigem respostas convincentes.

As grandes questões não são de evitar: como é que Leão XIV vai tratar as questões centrais da reforma, como a ordenação das mulheres, o papel dos leigos, a inclusão das pessoas LGBTQIA+, por exemplo na celebração sacramental dos seus casamentos, ou o celibato obrigatório? Que medidas adopta para evitar abusos sexuais e abusos de poder? Como é que gere o equilíbrio entre a tradição e a necessária modernização - numa Igreja cada vez mais diversificada, digital e globalizada?

As questões da responsabilidade ecológica, da ética sexual inclusiva, da transparência financeira e das estruturas sinodais de tomada de decisão são também tratadas com profundidade e transparência. Na última secção do livro, aventuramo-nos também a traçar cenários possíveis para o desenvolvimento a longo prazo da Igreja sob Leão XIV, com conceitos como a igreja em rede, a liderança participativa, a transformação digital, o reconhecimento das uniões entre pessoas do mesmo sexo e a proteção contra o abuso de poder no topo da agenda.

Este volume pretende oferecer a todos os interessados - tanto católicos como leitores socialmente empenhados - uma visão fundamentada e estimulante do mundo do pensamento católico, das experiências e objectivos, bem como da personalidade de Leão XIV. O seu objetivo é informar, inspirar e encorajar os leitores a desempenharem um papel ativo e crítico na formação do futuro da Igreja.

Que a leitura deste livro lhe dê muitas ideias e perspectivas e, ao mesmo tempo, reforce o seu próprio empenho numa igreja viva, justa (em termos de género), inclusiva e autêntica.

Esperamos que aprecie a leitura de cada um dos capítulos e desejamos-lhe muita reflexão e discernimento.

Eureka Circe, no início de maio de 2025.

🕊 *Capítulo 1:*

Introdução e noções básicas de biografia - LEÃO XIV.

Robert Francis Prevost, o atual Papa Leão XIV, tem uma vida invulgarmente variada. Nascido em Chicago, em 1955, no seio de uma família profundamente católica, desenvolveu desde muito cedo uma estreita ligação com a sua fé. Na adolescência, frequentou um seminário católico e sentiu a vocação para a vida religiosa. Aos 22 anos, Prevost entrou para a Ordem dos Agostinianos (Ordem de Santo Agostinho). Aí encontrou não só um lar espiritual, mas também a base da sua vocação missionária. Os agostinianos, influenciados pelo espírito do seu pai religioso Agostinho, dão grande valor à comunidade e ao serviço aos outros, valores que Prevost interiorizou desde o início. Depois de ter concluído o noviciado e os estudos de teologia, emitiu os votos solenes em 1981 e foi ordenado sacerdote em Roma um ano mais tarde. O seu interesse por uma educação sólida tornou-se evidente desde cedo: na Pontifícia Universidade de S. *Tomás de Aquino*, em Roma (o Angelicum), Prevost obteve o doutoramento em Direito Canónico em 1987. A sua dissertação *intitulava-se "O papel do prior local na Ordem de Santo Agostinho"* - um tema que indica o seu interesse pelas questões da liderança comunitária e da organização da vida religiosa. Este exame académico da vida quotidiana da ordem foi mais tarde de grande utilidade nas suas funções de liderança.

Trabalho missionário no Peru e empenhamento social

Depois dos estudos, Robert Prevost sentiu-se atraído pela Igreja mundial: seguiu a sua vocação de missionário e foi para o Peru em meados da década de 1980. Na prelatura territorial de Chulucanas, uma região rural pobre no norte do Peru, trabalhou ativamente na pastoral como jovem sacerdote religioso de 1985 a 1987. Este período marcou-o profundamente. O Padre Prevost viveu em condições simples com a população local e partilhou as suas preocupações e esperanças. Empenhava-se particularmente nas comunidades desfavorecidas: lutava pela justiça social e apoiava as pessoas em situações de emergência. Os companheiros do Peru descrevem o atual Papa como *"prático e enérgico"*, um homem que não hesitou em dar a mão quando a ajuda era necessária. Durante as graves inundações de 2017, por exemplo, organizou os esforços de socorro e ajudou pessoalmente a garantir que as vítimas fossem atendidas. Quando faltou oxigénio a muitas pessoas durante a pandemia de COVID-19, o Bispo Prevost iniciou campanhas de solidariedade e financiou a construção de uma fábrica de oxigénio para salvar vidas. Os migrantes e outros grupos marginalizados também encontraram nele um defensor empenhado. Estes actos práticos mostram a preocupação sincera de Prevost: uma Igreja que **está presente para os pobres** e responde às necessidades concretas das pessoas.

Os seus anos no Peru - primeiro como simples missionário, depois numa posição de liderança - também moldaram Robert Prevost cultural e espiritualmente. Nunca se viu ali como um estrangeiro americano, mas como um *"irmão na fé"* que adoptou a língua e a cultura do povo. Esta humilde proximidade com a população latino-americana criou uma confiança mútua. Prevost aprendeu a falar espanhol fluentemente e sentiu-se tão ligado ao Peru que até adquiriu a cidadania peruana em 2015. A sua passagem pelo Peru moldou-o espiritualmente, teologicamente e culturalmente, sublinha um padre peruano que o conheceu. Este contexto explica o facto de o Papa Leão XIV ser hoje considerado um construtor de pontes entre culturas e mentalidades diferentes.

Carreira académica e progressão na Ordem

Paralelamente ao seu trabalho pastoral prático, Prevost seguiu sempre uma carreira académica e organizativa no seio da Igreja. Depois de concluir a sua tese de doutoramento sobre o papel do superior religioso local, pôs diretamente em prática o que tinha aprendido: no final dos anos 80 e nos anos 90, assumiu tarefas na formação de futuros sacerdotes e religiosos no Peru. Dirigiu um centro de formação para jovens sacerdotes agostinianos de várias partes do país e ensinou disciplinas como direito canónico, patrística e teologia moral no seminário de Trujillo. **A boa educação do clero** era uma preocupação especial sua - nas suas próprias palavras, *"a formação do clero [...] e o compromisso com a justiça social estavam no seu coração"*. Prevost mostrou qualidades de liderança desde cedo: logo em 1988, tornou-se Prior (Superior Superior) da sua ordem no Peru e, mais tarde, Superior Provincial, ou seja, chefe dos Agostinianos em todo o Peru. Nestas funções, promoveu uma liderança eclesiástica *sinodal* e inclusiva, na qual sacerdotes, religiosos e leigos deliberam e tomam decisões em conjunto. Este modelo de liderança cooperativa viria a tornar-se uma marca do seu estilo de liderança.

O êxito do seu trabalho no Peru não passou despercebido na Ordem. Em 1998, Robert Prevost regressou à sua província natal de Chicago e assumiu o cargo de Prior Provincial. Mas poucos anos depois, os agostinianos chamaram-no para dirigi-los em todo o mundo: de 2001 a 2013, Prevost foi **Prior Geral da Ordem dos Agostinianos**. Em Roma, dirigiu uma das ordens católicas mais tradicionais, com membros em todos os continentes. Durante esse tempo, viajou por muitos países, visitou mosteiros agostinianos na Europa, África, Ásia e América e conheceu a diversidade global da Igreja. Fluente em várias línguas (inglês, espanhol, italiano e português), Prevost utilizou suas habilidades lingüísticas e sua abertura cultural para construir pontes entre as diferentes comunidades. O seu estilo de liderança como Prior Geral foi descrito como equilibrado e orientado para o diálogo - qualidades que eram tão procuradas na ordem multicultural como o são atualmente na Igreja universal.

Marcos na carreira (seleção):

O seu currículo inclui as seguintes etapas importantes

- 1977: Entra para a Ordem dos Agostinianos - início do seu compromisso missionário para toda a vida.

- 1985-1998: Trabalho missionário no Peru - pastor, formador e professor em regiões desfavorecidas.

- 1987: Doutoramento com a dissertação "O papel do prior local na Ordem Agostiniana" - sinal do seu interesse pelas questões da estrutura eclesiástica e da liderança.

- 2001-2013: Prior Geral da Ordem dos Agostinianos - liderança mundial, reformas e renovação da Ordem.

- 2014-2023: Bispo de Chiclayo (Peru) - Empenho em programas sociais e na expansão da Igreja local.

- 2023: Prefeito do Dicastério para os Bispos - era responsável pela nomeação dos bispos e promovia a orientação sinodal da Igreja.

- setembro de 2023: Cardeal - Apreciação do seu papel fundamental na liderança da Igreja.

- maio de 2025: Eleição como Papa Leão XIV - continuação da sua atenção à missão, à justiça e à renovação.

Só estas etapas da vida mostram que Leão XIV entendeu toda a sua obra sob os princípios orientadores **da missão, da justiça e da renovação**. As décadas de atividade na América Latina fizeram dele um acérrimo defensor das causas sociais. Ao mesmo tempo, foi moldado pela tradição agostiniana, centrada na comunidade, na educação e na vida espiritual.

De bispo a papa: ao serviço da Igreja universal

Depois de mais de uma década à frente da sua ordem, seguiu-se um novo chamamento: em 2014, o Papa Francisco nomeou Robert Prevost Administrador Apostólico - e pouco depois Bispo - da diocese de **Chiclayo**, no norte do Peru. Prevost regressou assim ao país que se tinha tornado a sua segunda casa, mas agora como pastor principal de uma diocese com cerca de três milhões de católicos. Em Chiclayo, tomou conta de uma diocese que tinha sido anteriormente dominada por forças muito conservadoras e conduziu-a com mão suave numa direção mais aberta e orientada para o diálogo. O que foi particularmente notável foi a forma como reuniu os vários grupos da

Igreja - desde as comunidades de base aos movimentos conservadores. *Construiu pontes entre os diferentes movimentos eclesiais"*, conta um observador sobre o trabalho de Prevost como bispo. Os fiéis sentiram-no como um pastor próximo do povo, que ia muitas vezes pessoalmente aos barrios (bairros da cidade) para falar com as pessoas e conhecer a realidade das suas vidas. **A justiça social** continuou a ser uma preocupação central do seu ministério episcopal: Prevost defendeu os pobres, os indígenas e os migrantes e reforçou o trabalho da Caritas na sua diocese. Assumiu também responsabilidades no seio da Conferência Episcopal Peruana - por vezes como seu vice-presidente - onde ergueu a sua voz em particular para as necessidades dos mais vulneráveis.

A sua natureza integradora e a sua experiência levaram Prevost a atrair uma atenção crescente no Vaticano. Em janeiro de 2023, o Papa Francisco levou-o finalmente para Roma e confiou-lhe a liderança de uma das mais importantes autoridades da Cúria: Prevost tornou-se Prefeito do **Dicastério para os Bispos**, responsável pela nomeação dos bispos em todo o mundo. Neste cargo, demonstrou mais uma vez as suas capacidades diplomáticas. Por exemplo, foi mediador entre as autoridades do Vaticano e os bispos alemães no conflito sobre o "caminho sinodal" na Alemanha e tentou acalmar as tensões através do diálogo. A imprensa internacional elogiou-o como um diplomata pragmático, com princípios claros, mas também capaz de ouvir. Em setembro de 2023, Robert Prevost foi elevado a cardeal por Francisco. Tornou-se assim oficialmente um dos conselheiros mais próximos do Papa - e um dos eleitores papais no próximo conclave.

O próximo conclave não tardou a chegar: após a morte do Papa Francisco, no início de 2025, os cardeais reuniram-se na Capela Sistina para eleger um novo chefe da Igreja. Robert Prevost era considerado por muitos como um *candidato de meio-termo*. Graças à sua experiência internacional, à sua espiritualidade religiosa e à sua capacidade de apelar a diferentes campos dentro da Igreja, era visto como um construtor de pontes entre as forças conservadoras e progressistas. De facto, os cardeais chegaram a acordo sobre ele com uma rapidez surpreendente: a 8 de maio de 2025, elegeram Robert Francis Prevost **Papa** na quarta votação. O seu nome era **Leão XIV** - uma escolha deliberada que lembrava o Papa Leão XIII e o seu empenhamento na doutrina social da Igreja. Leão XIV foi o primeiro norte-americano a ascender à Cátedra de Pedro, que também se tinha tornado um *"sul-americano de coração"* ao longo de décadas na América Latina. Centenas de milhares de pessoas aplaudiram na Praça de São Pedro quando ele apareceu na loggia da Basílica de São Pedro nessa noite e deu a bênção *Urbi et Orbi*. No seu primeiro discurso como Papa, Leão XIV apelou à **construção de pontes e à instauração da paz** - um lema que percorreu toda a sua vida.

Neste primeiro discurso como Papa, Leão XIV também sublinhou a unidade, a paz e a inclusão: "Todos pertencem à Igreja", apelou à multidão - e, por conseguinte, não poderia ter excluído as pessoas queer e outros grupos de clientes e alvos da Igreja Católica, por exemplo - e apelou à misericórdia global. Esta atitude - abertura a todas as pessoas, mantendo ao mesmo tempo uma clara identidade eclesial de caridade - reflecte os valores definidores que caracterizam a carreira de Prevost e o seu futuro pontificado.

De um modo geral, o Papa Leão XIV pode trazer toda a sua experiência diversificada como Robert Prevost para o seu novo cargo: **as** suas **raízes biográficas** - de reitor de igreja em Chicago a missionário agostiniano no Peru, de religioso geral em Roma a bispo na costa norte peruana - dão-lhe uma ampla compreensão das necessidades e esperanças das pessoas em todo o mundo. Leão XIV encarna uma Igreja *"próxima do povo"* e que conhece as preocupações dos pobres. É um homem de tradição e, ao mesmo tempo, um defensor da renovação no espírito do Concílio Vaticano II. A sua paixão missionária, o seu empenhamento na justiça social e o seu estilo de liderança orientado para o diálogo dão uma ideia da ênfase que gostaria de dar como Papa. Nos capítulos seguintes deste livro, abordaremos mais pormenorizadamente as **suas tarefas, objectivos e expectativas** - mas a vida de LEÃO XIV é já um testemunho vivo dos valores que defende: fé, justiça, inclusão e comunidade, bem como a vontade incansável de construir pontes entre as pessoas.

🕊 *Capítulo 2:*
Orientação teológica e espiritual

Após a sua rápida eleição como novo chefe da Igreja Católica Romana em 2025, o Papa Leão XIV já deixou claro quais os acentos teológicos e espirituais que gostaria de estabelecer. Sendo o primeiro americano a sentar-se na Cátedra de Pedro e também o primeiro papa oriundo da Ordem dos Agostinianos (OSA), Leão XIV traz um carácter único ao seu pontificado. Desde o seu carisma religioso e os seus muitos anos de trabalho missionário na América Latina até à sua proximidade espiritual com o percurso do seu antecessor Francisco, os princípios básicos de Leão XIV são claros. Os observadores são unânimes em descrevê-lo como um **"homem do centro"** - um Papa equilibrado e espiritualmente inspirado que evita os extremos ideológicos e, em vez disso, constrói pontes entre os campos. As suas primeiras aparições e discursos como Papa sublinham este perfil: a **saudação da paz** e **da inclusão de todos** veio em primeiro lugar, seguida de apelos à justiça e à unidade. De um modo geral, a imagem que emerge é a de um pastor humilde, com grande profundidade intelectual e um carisma caloroso, firmemente enraizado na oração. Em seguida, serão examinadas mais pormenorizadamente as influências espirituais e a vida de oração de Leão XIV, o seu empenhamento na justiça social, a sua posição teológica de base entre tradição e reforma e os princípios orientadores do seu pontificado.

Marcas espirituais e vida de oração

As raízes espirituais de Leão XIV estão profundamente enraizadas na tradição da sua ordem. **Como agostiniano**, seguiu a Regra de Santo Agostinho de Hipona, que é uma das mais antigas da Igreja Ocidental. Depois de ter estudado matemática, filosofia e teologia, entrou para a ordem dos agostinhos ainda muito jovem e passou décadas na comunidade dos frades. Esta influência ainda hoje é visível no seu brasão e no seu lema: o **brasão** papal **de Leão XIV** contém símbolos do emblema agostiniano, que fazem lembrar a dramática conversão do pai da Igreja Agostinho. Por baixo do brasão, encontra-se o lema latino *"In Illo uno unum"* - **"Naquele que é um, somos um"**, uma citação inclusiva de Santo Agostinho. Este lema, que Leão XIV manteve inalterado durante anos, exprime a sua visão de uma Igreja inclusiva como unidade em Cristo. Reflecte uma **compreensão** profundamente **comunitária, diversificada e pluralista da Igreja**: os fiéis devem ser um no Uno - uma referência à união de todos em Deus.

A espiritualidade mariana do novo papa também se destaca. O seu brasão apresenta símbolos marianos, o que sugere uma devoção especial à Mãe de Deus. Como religioso, Leão XIV conhecia os ritmos fixos da vida de oração: da Liturgia das Horas ao terço comunitário e à celebração da Eucaristia, o seu dia foi sempre estruturado pela oração. Companheiros próximos sublinham a sua profunda piedade e concentração interior. O Cardeal filipino Luis Tagle, que conhece o Papa há muitos anos, descreve Leão XIV **como um homem de oração e de prudência**: ouvia pacientemente, reflectia e rezava com atenção antes de tomar decisões. Nos encontros, irradiava um calor calmo e cordial, **"caracterizado pela oração e pela experiência missionária"**. Esta mistura de contemplação e serviço ativo caracterizou as décadas de trabalho de Prevost como pastor e formador no Peru. Segundo Tagle, ele adquiriu aí uma *'experiência missionária'* que o ensinou a combinar a proximidade com as pessoas com uma profunda confiança na orientação de Deus.

Como **religioso**, Leão XIV trouxe também a experiência espiritual da vida comunitária para o cargo de Papa. A presidente do Comité Central dos Católicos Alemães, Irme Stetter-Karp, vê nisso um grande tesouro: "Hoje em dia, nenhum Papa pode governar sozinho - a experiência da vida comunitária cristã e a responsabilidade espiritual partilhada ajudam a liderar colegialmente. Leão XIV, que liderou os Agostinianos a nível mundial durante muitos anos, encarnou esta *'vita communis'* ao mais alto nível. A sua **humildade** e a sua **atitude de serviço** são caraterísticas deste facto. Já como bispo, advertia que os bispos não deviam ser "princesinhas" nos seus próprios tronos, mas deviam sobretudo servir humildemente o povo e estar perto dele. Esta atitude de serviço simples está enraizada na sua vida espiritual: tal como o seu modelo Agostinho, Leão XIV reconhece que a verdadeira grandeza de um líder da Igreja consiste em servir Deus e o próximo, e não no esplendor exterior.

Embora Leão XIV tenha usado trajes tradicionais, como a capa vermelha a tiracolo (**mozetta**) e uma estola bordada a ouro na sua primeira aparição como Papa, este facto é menos indicativo de ostentação do que de um **enraizamento na tradição**. Ao mesmo tempo, viveu pessoalmente um estilo de vida modesto. Da sua espiritualidade religiosa, traz consigo o princípio de *"viver simplesmente para servir os outros"*. Por isso, não é de estranhar que o Papa Leão XIV - como observam os observadores - tenha combinado a educação intelectual com a profundidade espiritual, sem se vangloriar disso. Combinou a curiosidade intelectual e o espírito de oração, o que deu ao seu pontificado uma base espiritual sólida.

Por último, mas não menos importante, Leão XIV seguiu as pegadas espirituais do seu antecessor, mas à sua maneira. Depois de um jesuíta (Francisco), há agora um agostiniano à frente da Igreja, o **que não é coincidência** para o cardeal Tagle. *"Agostinho e Inácio foram ambos buscadores [...] até encontrarem em Jesus o que os seus corações desejavam. As suas escolas estão enraizadas na graça de Deus. Leão XIV continuará o espírito inaciano do seu predecessor à sua maneira agostiniana"*, disse Tagle. Esta bela comparação mostra-o: Leão XIV entende o seu ministério em profunda continuidade com o curso espiritual anterior, mas moldado pela espiritualidade de Santo Agostinho - com um enfoque na relação interior com Deus, na comunidade dos crentes e na humilde peregrinação do povo de Deus. No seu primeiro discurso, o próprio Leão XIV citou Santo Agostinho: *"Somos peregrinos a caminho de uma verdadeira casa"*. Estas palavras sugerem que o novo Papa tem em mente uma **Igreja peregrina que se está a formar** - uma comunidade que está humildemente a caminho, guiada pela oração, procurando sempre a sua casa definitiva com Deus.

Empenho na justiça social e na caridade

Pouco depois da sua eleição, Leão XIV deixou claro que queria continuar o caminho traçado pelo Papa Francisco em matéria de **justiça social** e de caridade. No seu primeiro discurso, proferido da varanda da Basílica de São Pedro, sublinhou expressamente o seu empenhamento na **paz e na justiça** no mundo. De facto, ele já tinha a reputação de ser um empenhado construtor de pontes entre ricos e pobres. O seu religioso geral, Alejandro Moral Anton, elogiou-o como alguém que *"ama toda a gente, tanto os pobres como os ricos"* e que se concentrou imediatamente em questões como a justiça e a paz. Este amor universal está bem patente na biografia de Leão XIV: nascido nos Estados Unidos, passou muitos anos como missionário e, mais tarde, como bispo no **Peru**, onde desenvolveu a sua atividade sobretudo nas regiões mais pobres. Aí experimentou em primeira mão as dificuldades sociais das pessoas e empenhou-se em ajudar os mais vulneráveis . Por exemplo, ajudou os refugiados da Venezuela em crise e defendeu-os. Este coração para com os migrantes e os necessitados também caracteriza a sua visão como Papa: os observadores até interpretam a sua eleição como Papa como um sinal em tempos de movimentos migratórios globais - o compromisso de Prevost para com os refugiados pode ser entendido como uma crítica silenciosa a uma política de isolamento de coração duro.

Outro objetivo é a **defesa da justiça social no sentido da doutrina social católica**. Muitos vêem o facto de o novo papa ter dado a si próprio o nome de *Leão XIV* como um programa deliberado. Irme Stetter-Karp, por exemplo, chama a atenção para o facto de **Leão XIII** ser considerado **o pai da ética social católica**. Leão XIII, que escreveu a primeira encíclica social *Rerum Novarum* em 1891, foi o primeiro papa a defender os direitos dos trabalhadores e a exigir salários justos. Ao escolher este nome, o novo Papa está claramente a seguir esta tradição: Leão XIV quer uma Igreja que esteja claramente do lado dos desfavorecidos, que defenda **os direitos dos trabalhadores, o equilíbrio social e a dignidade de cada ser humano**. O seu trabalho até à data confirma este facto: é considerado realista e atento às queixas sociais. A sua experiência internacional (não só nos Estados Unidos e na Europa, mas também no Sul global da América Latina) sensibilizou-o para as preocupações do Norte e do Sul. Nas suas acções, Leão XIV tentou **ligar o Norte e o Sul**: sendo o primeiro Papa da América do Norte com influência latino-americana, construiu uma ponte entre os continentes, o que também beneficiou as questões sociais globais.

Para além da clássica questão social, Leão XIV estava fortemente empenhado na **proteção da criação** e na justiça ecológica. O Papa Francisco estabeleceu padrões sobre a questão climática com a sua encíclica *Laudato Si'* - Leão XIV deixou claro que queria continuar neste caminho. Como cardeal em 2024, advertiu que era tempo de *"passar das palavras aos actos"* na luta contra as alterações climáticas. Sublinhou que a **autoridade** dada por Deus **"sobre a natureza" não deve** ser exercida **de forma tirânica** - pelo contrário, é necessária uma *"relação de reciprocidade"* com o ambiente. Estas palavras claras mostram que Leão XIV adoptou uma **abordagem holística**: para ele, a justiça social e a responsabilidade ambiental estão interligadas, uma vez que os pobres, em particular, sofrem com a degradação ambiental e as alterações climáticas. Por conseguinte, apelou à Igreja para que tomasse medidas decisivas contra a destruição do ambiente e promovesse um modo de vida mais simples e sustentável. Partilha com o seu antecessor esta preocupação de repensar a questão ecológica e - os observadores da Igreja estão de acordo neste ponto - é provável que faça dela uma marca do seu pontificado.

Leão XIV também deixou a sua marca no domínio da caridade concreta, ou seja, da caridade organizada. É muito estimado pelas organizações eclesiásticas de ajuda, nomeadamente na América Latina. A organização católica de ajuda *Adveniat* saudou expressamente a sua eleição e descreveu-o como um *"pastor aberto e popular"* que compreende as preocupações dos pobres. De facto, durante a sua estadia no Peru, o novo Papa trabalhou em estreita colaboração com as comunidades de base e com projectos sociais, quer em iniciativas educativas, quer em programas de saúde ou na assistência pastoral às pessoas comuns. A sua capacidade de chegar às pessoas marginalizadas distingue-o: **"É uma pessoa equilibrada, espiritual e próxima de todos"**, sublinhava com aprovação o seu confrade agostiniano Alejandro Moral Anton. Esta proximidade exprime-se, por exemplo, no facto de Leão XIV ter permanecido sempre acessível, mesmo sendo um eclesiástico de alto nível, e de ter tido tempo para ouvir as preocupações das pessoas. É de esperar que, como Papa, ele coloque cada vez mais **na** agenda questões como o **combate à pobreza, a ajuda aos refugiados e a promoção da paz**. O Cardeal Reinhard Marx manifestou a esperança de que Leão XIV dê fortes impulsos sociais e éticos de paz que tenham um impacto para além da Igreja. Já está a dar sinais de que a Igreja, sob a sua liderança, será uma **Igreja de construtores de pontes**, que está ao lado das pessoas e trabalha pela justiça e pela paz em todo o mundo.

Atitude teológica de base: entre a tradição e a reforma

Teologicamente, o Papa Leão XIV é considerado como um espírito moderado e equilibrador. Encarnou uma atitude básica que não via **a tradição e a reforma** como contraditórias, mas como um campo de ação no qual era importante navegar com sabedoria. Nalgumas questões, ele é progressista e aberto, enquanto noutras enfatiza a continuidade com os ensinamentos da Igreja - uma abordagem inteiramente em linha com a dos *"reformadores moderados"*. Os observadores nos EUA já o caracterizaram desta forma: *Prevost é visto como diplomático e pragmático. Tal como Francisco, tem pontos de vista mais progressistas sobre algumas questões e mais conservadores sobre outras.* Esta **mistura de abertura de espírito e de adesão aos princípios** caracteriza o seu perfil teológico.

Por um lado, Leão XIV manteve-se firmemente no terreno da tradição e da dogmática da Igreja. Deixou claro que certas **linhas doutrinais** eram **dificilmente negociáveis** para ele. Por exemplo, **há uma dúzia de anos, ainda rejeitava a ordenação de mulheres ao sacerdócio**, pois era de opinião que as mulheres já tinham ministérios centrais na Igreja, mesmo sem a ordenação. Neste ponto, está a seguir o caminho dos seus antecessores João Paulo II e Bento XVI. Também dá sinais de contenção quando se trata de mudanças de grande alcance, como o celibato obrigatório ou questões de moral sexual da Igreja. A teóloga Jacqueline Straub, por exemplo, expressou o seu desapontamento e acreditava que Leão XIV *"infelizmente não mudaria muito dentro da Igreja"* em termos, por exemplo, do tratamento dos divorciados recasados ou das pessoas LGBTQIA+. Estas avaliações indicam que Leão XIV agiu **com firmeza e cautela** em questões doutrinais controversas, em vez de se atrever a fazer algo revolucionário ou talvez necessário e igual. A sua formação como doutor em direito canónico sugere que só abordaria as reformas no âmbito de bases teológicas e jurídicas sólidas - mas que também **as quereria ancorar de forma permanente**. Por exemplo, os especialistas esperam que ele transforme o processo sinodal iniciado por Francisco em estruturas concretas e juridicamente seguras. Isto mostra o seu apreço por reformas ordenadas que se baseiam no magistério em vez de o minarem.

Por outro lado, Leão XIV não era de modo algum um mero preservacionista. É considerado um **"construtor de pontes" entre forças conservadoras e progressistas**, que quer ser avaliado pelos seus resultados e que, como cardeal, já conseguiu manter unidas diferentes correntes. Enquanto cardeal em Roma, foi apreciado pelos representantes da Igreja de todos os campos pelo seu estilo diplomático, pragmático e, ao mesmo tempo, modesto. A sua carreira pessoal reflecte esta atitude intermédia: muitos anos de estreita colaboração com o Papa Francisco moldaram-no de muitas formas, por exemplo, em termos de abertura pastoral. Ao mesmo tempo, mantém-se claramente enraizado teologicamente nos ensinamentos da Igreja. Este equilíbrio - abertura na pastoral, presença na doutrina - poderá tornar-se caraterístico do seu pontificado . Leão XIV inscreve-se assim na linha do chamado "caminho pastoral": a mensagem da Igreja deve ser traduzida para a atualidade e aplicada *com misericórdia*, sem abandonar a substância da fé.

Uma palavra-chave central da sua teologia é a **sinodalidade**. Leão XIV sublinhou logo no início: *"Queremos ser uma Igreja sinodal em caminho"*. Ao fazê-lo, estava a desenvolver a visão da Igreja do seu antecessor, que se baseava numa maior participação, no diálogo e na escuta conjunta do Espírito Santo. Na sua primeira mensagem, reconheceu claramente esta abertura e enviou o sinal de que a Igreja Católica deveria ser *um povo de Deus em peregrinação conjunta*. Esta convicção teológica fundamental - de que a Igreja encontra o seu caminho através da **escuta e do discernimento** em conjunto - combina a tradição (o espírito do Concílio dos Apóstolos e do Concílio Vaticano II) com o progresso (novas formas de participação dos fiéis). Leão XIV parece determinado não só a continuar educadamente o processo sinodal que tinha começado, mas também a enchê-lo de vida e de ênfase e a implementar os resultados. Ao mesmo tempo, sinalizou às forças mais conservadoras que a sinodalidade não significava arbitrariedade: deixou claro que a unidade em questões essenciais da fé podia ser mantida - fiel ao seu lema *"Naquele que é um, nós somos um"*. Este lema pode ser lido como um programa teológico: a diversidade e a unidade unem-se em Cristo. Deste modo, o Papa quer desempenhar um **papel integrador**, tanto no interior como no exterior da Igreja, a fim de aproximar culturas, mentalidades e estilos de piedade diferentes e diversificados. A sua biografia internacional e o seu multilinguismo são-lhe muito favoráveis; é-lhe atribuída uma sensibilidade intercultural e uma visão global, mas pluralista, da Igreja.

A abordagem teológica de Leão XIV caracteriza-se também pela sua **disponibilidade para ouvir**. A sua capacidade de ouvir outras opiniões e vozes já tinha sido sublinhada nas primeiras reacções. Paul Zulehner, um teólogo de renome, elogiou o novo Papa como um *homem* teologicamente profundo e *"espiritualmente inspirado"*, que não era ideologicamente teimoso. Este elogio mostra que Leão XIV baseava as suas decisões menos na política eclesiástica ou em preferências pessoais, mas antes procurava sentir a vontade de Deus através da oração e do diálogo. A sua abordagem no seu importante papel de prefeito para a nomeação dos bispos já o demonstrava: era considerado alguém que **pesava cuidadosamente** e tinha em conta várias vozes antes de apresentar propostas de pessoal ao Papa. Chegou mesmo a fazer uma pequena revolução neste cargo, nomeando pela primeira vez mulheres para o comité consultivo para a nomeação dos bispos - um passo que rompia com os procedimentos tradicionais, mas que estava de acordo com o mandato do Papa Francisco sem qualquer rutura ruidosa. Este exemplo é emblemático da abordagem de Leão: passos de reforma cautelosos, em linha com a doutrina, para tornar a Igreja mais contemporânea e participativa.

De um modo geral, Leão XIV pode ser visto como **um "papa do centro e da cooperação inclusiva"**. Não procurou nem uma rutura brusca com a tradição nem um simples *"business as usual"*, mas sim um caminho de **renovação contínua**. As mudanças devem crescer organicamente e ser teologicamente bem fundamentadas. Ao mesmo tempo, não tem medo de **dar acentos ousados** onde os considera necessários - por exemplo, na reforma da cúria ou no reforço do laicado. A sua posição teológica de base poderia, portanto, ser descrita como *conservadora em princípio, mas orientada para a reforma na* *aplicação*. O objetivo parece ser o de manter a Igreja autêntica e, ao mesmo tempo, permitir **o "aggiornamento"** - ou seja, a renovação no presente.

Princípios orientadores espirituais e éticos do seu pontificado

De todos estes aspectos emergem princípios orientadores claros, nos quais o Papa Leão XIV baseou o seu pontificado. Um primeiro princípio orientador é a já referida **unidade em Cristo**. O seu lema *"In Illo uno unum"* resume-o: Em Cristo, que é um, todos devem ser um. Este princípio de unidade permeia a sua visão tanto a nível espiritual como ético. Espiritualmente, significa que a Igreja deve encontrar sempre o seu caminho de regresso ao centro, a Cristo - na oração, no ensino, nos sacramentos. Eticamente, significa que as divisões e as injustiças devem ser ultrapassadas para que a **comunidade da família humana** seja reforçada. Leão XIV via a Igreja como um instrumento de unidade num mundo dividido: deveria aproximar as pessoas, construir pontes e atuar como um *"sacramento da unidade"*.

Intimamente ligado a isto está o princípio dos **construtores de pontes**. Já na sua tomada de posse, Leão XIV prometeu uma Igreja *"que constrói pontes"* - entre nações, culturas, classes sociais e também dentro das suas próprias fileiras. Este modelo de construção de pontes reflecte-se tanto nas suas capacidades diplomáticas como na sua abordagem pessoal. Ele está empenhado em **promover o diálogo e a reconciliação** onde quer que haja conflitos. Num mundo marcado por guerras, polarizações, separações e desigualdades, o Papa quer reforçar o papel reconciliador da Igreja. A sua primeira mensagem à cidade e ao mundo foi significativa: *"A paz esteja com todos vós!"* - um apelo que foi entendido como um sinal programático face às guerras e crises em curso. Para Leão XIV, o trabalho em prol da paz não era, portanto, um espetáculo político secundário, mas uma preocupação espiritual e ética fundamental. Ao fazê-lo, ele deu continuidade ao legado do seu homónimo Leão XIII, que já era considerado o **"Papa da Paz"** e ajudou a resolver conflitos internacionais.

Outro princípio orientador é a **opção pelos pobres** e desfavorecidos. Leão XIV deixou repetidamente claro que a **Igreja dos pobres** deveria continuar a ser um objetivo central - em continuidade com João XXIII, Francisco e muitos outros. A sua própria carreira - de simples missionário em comunidades pobres ao papado - sugere que ele via o papado como um serviço aos mais pequenos. O seu irmão, John Prevost, resumiu a situação: Leão XIV continuaria o caminho do Papa Francisco *"e defenderia os desfavorecidos e os pobres"*. Este ethos de caridade reflecte-se em muitas das suas declarações e gestos até à data: o novo Papa procura ativamente a proximidade com os marginalizados, seja através de encontros, através da intercessão em discursos ou através de decisões estruturais (como o já mencionado envolvimento de leigos e mulheres em processos de responsabilidade). Para ele, **a caridade** - entendida como amor ativo - não é apenas um campo de ação da Igreja, mas uma expressão da sua essência. Por isso, sublinha também a sacralidade de cada vida humana e o dever da Igreja de ser defensora dos mais fracos, desde os nascituros até aos idosos, doentes ou refugiados.

Um dos princípios orientadores de Leão XIV que não deve ser subestimado é a **humildade e a vontade de servir na liderança**. Após a sua eleição, descreveu-se humildemente como um *"peregrino"* a caminho com os fiéis. Esta imagem mostra que ele não via o cargo de Papa como uma posição terrena de poder, mas como um ministério espiritual. O seu entendimento da autoridade é essencialmente definido pelo exemplo de Cristo, que lavou os pés dos seus discípulos. É por isso que Leão XIV é frequentemente citado com a admoestação de que os bispos - e ainda mais os papas - devem **aproximar-se das** pessoas **de forma autêntica e humilde** e *"sofrer com elas"* em vez de actuarem como governantes. Esta atitude deve caraterizar o seu estilo de liderança: colegial, de escuta, de serviço. Gera confiança - tanto entre os bispos de todo o mundo (muitos dos quais já o conhecem devido ao seu trabalho na Congregação dos Bispos) como entre o povo de Deus, que pode sentir se um pastor partilha verdadeiramente as suas alegrias e esperanças, tristezas e medos.

Leão XIV mostra também que atribui grande importância à **credibilidade** e à **transparência**. Pertence a uma geração de líderes eclesiásticos que estão muito conscientes da crise de credibilidade da Igreja - por exemplo, devido a escândalos de abuso envolvendo violência sexual ou abuso de poder. No Peru, não se coibiu de tomar medidas contra redes conservadoras influentes, como a escandalosa ordem *Sodalicio*, o que revela coragem e lealdade aos princípios. Estas experiências podem sustentar a sua máxima de que a autoridade espiritual só perdura através da integridade moral e da honestidade com que se lida com o fracasso. Por conseguinte, é de esperar que **a reavaliação e a prevenção** continuem a ser importantes na agenda do seu pontificado, juntamente com um estilo de vida simples e credível no espírito da *"pobreza de espírito"*, como exemplificado por Francisco.

Afinal de contas, um dos princípios orientadores de Leão XIV era a **abertura da sua fé ao mundo**. Como Regina Polak o descreveu, ele via-se a si próprio como *um "homem do mundo"*: menos carismático e extrovertido do que o seu antecessor, mas universalmente acessível e sustentável na sua missão. O seu perfil internacional (poliglota e intercultural) é aqui evidenciado. Leão XIV queria claramente encontrar uma **abordagem universal** que atingisse pessoas de diferentes origens. Isto já era evidente no facto de a sua primeira bênção *Urbi et Orbi* ("à cidade e ao mundo") ser introduzida por um simples e geral desejo de paz - não um extravagante manifesto teológico, mas uma mensagem compreensível para todas as pessoas de boa vontade. Esta mensagem está em sintonia com o desejo de apresentar a Igreja como a *mãe e a mestra de todos os povos*, que fala aos corações numa linguagem simples e se coloca de forma credível ao lado da humanidade.

Em suma, **Leão XIV** apresenta assim uma imagem holística de um Papa espiritualmente enraizado na tradição agostiniana, que teologicamente procura o centro e pastoralmente se concentra nas margens. A sua **orientação espiritual** - caracterizada pela oração, pelo sentido de comunidade e pela confiança na graça de Deus - confere profundidade e direção ao seu trabalho. **A sua orientação teológica -** caracterizada pela lealdade à doutrina e por uma vontade simultânea de reforma - mostra-o como um guardião da tradição que quer levá-la criativamente para o futuro. E a sua **orientação ética** - visível na sua defesa da justiça, da inclusão, da paz e da integridade da criação - indica a direção que o seu pontificado provavelmente tomaria: em direção a uma Igreja que é uma defensora dos fracos, que **constrói pontes** e dá *sinais de esperança* no mundo. Leão XIV reúne na sua pessoa e no seu programa muitos fios da história recente da Igreja: os ensinamentos sociais de Leão XIII, o espírito pastoral do Concílio Vaticano II, o legado espiritual de grandes religiosos e os novos começos do presente. Com a sua **maneira equilibrada, espiritual e orientada para as pessoas**, há uma esperança justificada de que ele possa - e deva - conduzir a Igreja Católica de forma credível para o futuro e dar novos impulsos à fé e à sociedade. A Igreja universal pode esperar ansiosamente para ver como Leão XIV dará vida a estas diretrizes nos próximos anos e alcançará resultados documentados, tais como as necessárias alterações ao direito canónico - os sinais de um novo começo promissor são já claramente visíveis.

🕊 *Capítulo 3:*
Continuidade e diferenças sobre o Papa Francisco

O Papa Leão XIV está a assumir um legado difícil: o seu antecessor, o Papa Francisco, moldou a Igreja Católica durante mais de uma década com um novo estilo e uma ênfase na misericórdia, na proximidade e num espírito de reforma. Francisco - o primeiro papa latino-americano e jesuíta - adoptou **uma teologia da misericórdia** que, muitas vezes, deixava de lado o rigor dogmático em favor da compaixão pastoral. Ele enfatizou uma *"igreja como um hospital de campanha"*, que deve servir principalmente os feridos e marginalizados.

Linha teológica e pastoral em comparação

A sua abordagem pastoral caracterizou-se fortemente pela **proximidade** pessoal **com os fiéis**: Francisco procurou o contacto direto, utilizou uma linguagem simples e rompeu com muitos protocolos tradicionais para estar próximo das pessoas. Esta forma humana e humilde reflectiu-se, por exemplo, no facto de fazer frequentemente discursos de improviso e de enviar sinais de convite a grupos de católicos (por exemplo, em formulações como *"Quem sou eu para julgar?"* em relação às pessoas LGBTQIA+ queer). Francisco também sublinhou a abertura na sua teologia: salientou a **importância do discernimento de consciência e do discernimento espiritual** - uma abordagem que deriva da sua herança jesuíta - e colocou temas como a justiça social, a proteção ambiental e os pobres no centro do seu ensino (por exemplo, nas encíclicas *Laudato Si'* sobre a responsabilidade pela criação e *Fratelli Tutti* sobre a fraternidade). De um modo geral, Francisco foi visto como um pontífice que abriu novos caminhos para sentir o *"cheiro das ovelhas"* - ou seja, as preocupações dos fiéis simples - mesmo que tenha tido de aceitar críticas conservadoras.

Como é que o Papa Leão XIV se insere neste contexto? As primeiras indicações sugerem que ele continuará o caminho de Francisco em muitos aspectos, mas com o seu próprio sotaque. Leão XIV não é apenas o **primeiro norte-americano no trono papal** e um religioso (agostiniano) que trabalhou na **América Latina** durante muito tempo. A sua biografia internacional (EUA, Peru, Vaticano) moldou claramente a sua compreensão da Igreja universal. Em termos teológicos e pastorais, diz-se que é muito próximo de Francisco - é considerado um *"reformador moderado"* que partilha muitas das preocupações do falecido pontífice. Leão XIV mostrou-se assim enfaticamente humilde e fez gestos próximos do povo. No seu primeiro discurso como Papa, por exemplo, saudou os fiéis da sua antiga diocese peruana em **espanhol**, o que fez com que o público se sentasse e prestasse atenção: pela primeira vez, não se ouviu italiano (e latim) nesta tradicional cerimónia de bênção na loggia da Basílica de São Pedro. Este pormenor indica que Leão XIV tem em conta o **multilinguismo e a diversidade global da** Igreja e - tal como Francisco - rompe conscientemente com as convenções a favor da proximidade com as pessoas. Georg Bätzing, presidente da Conferência Episcopal Alemã, descreve Leão XIV **como "reservado e amigável"**, mas ao mesmo tempo pronto a falar claramente quando é importante. Aqui, está a surgir um Papa que partilha a cordialidade calorosa de Francisco, mas que pode ser mais avesso a conflitos e diplomático. De facto, Prevost é descrito como um pragmático **e diplomata**: mediou nos bastidores entre os bispos alemães reformistas e o Vaticano em 2023, por exemplo, quando o *Caminho Sinodal* da Alemanha encontrou resistência em Roma. Este papel de mediador enquadra-se na sua imagem de *homem do meio-termo* que pretende manter unidos os diferentes campos da Igreja. Francisco, por outro lado, não se coibiu de tomar decisões polarizadoras - como as suas duras críticas aos abusos das cúrias ou a sua iniciativa de restringir a liturgia tradicional - que lhe valeram muito apoio, mas também uma oposição significativa. Leão XIV foi provavelmente mais cauteloso neste domínio: a sua eleição foi vista como um **compromisso e um sinal de unidade** no dividido Colégio dos Cardeais. Em termos gerais, pode dizer-se que, **teologicamente**, ambos os papas se mantêm em linha com a doutrina católica, mas há pequenas diferenças no seu **estilo pastoral** -

Francisco como um carismático "outsider" e apóstolo da misericórdia, Leão XIV como um construtor de pontes orientado para o consenso e cidadão do mundo. No entanto, as verdadeiras continuidades e diferenças são particularmente evidentes na sua abordagem a questões específicas de reforma.

Diferenças no tratamento de questões-chave da reforma

Tanto Francisco como Leão XIV são/foram confrontados com questões de reforma igualmente prementes, que têm sido objeto de um debate controverso no seio da Igreja há anos - e que não têm progredido. These include, above all, the **strengthening of synodal structures**, the **role of women in church ministries such as the office of popes**, the treatment of **LGBTQIA+ people** (i.e. the question of ecclesial, sacramental recognition and inclusion of homosexual, bisexual, trans* and queer believers) and compulsory celibacy for priests. Francisco iniciou debates em todos estes domínios - embora em graus diferentes - e Leão XIV tem agora de decidir como assumir estes impulsos de renovação ou, se necessário, ajustá-los de uma forma nova e melhor. Um olhar mais atento sobre as posições dos dois mostra tanto **a continuidade** como **as diferenças** de nuances.

Sinodalidade: participação dos fiéis

A sinodalidade - ou seja, uma estrutura de tomada de decisões da Igreja mais sinodal, consultiva e que inclua os fiéis - foi uma marca do pontificado de Francisco. O antecessor de Leão XIV sublinhou repetidamente que a Igreja deve tornar-se "uma **Igreja de participação**", na qual o clero e os leigos escutam em conjunto o Espírito Santo. Mais recentemente, por exemplo, as mulheres e os não clérigos foram autorizados a votar pela primeira vez no Sínodo Mundial de 2023, em Roma. Francisco deu mesmo início a um **processo sinodal** mundial com a duração de vários anos, que envolveu toda a Igreja num diálogo sobre questões prementes e que deveria culminar em duas assembleias em 2023 e 2024. Pouco antes da sua morte, lançou as bases para outra grande assembleia eclesial em 2028, para continuar este caminho de participação. Leão XIV deu sinais claros de que queria prosseguir este caminho sinodal. É considerado um acérrimo defensor de uma Igreja mais transparente e mais atenta: mesmo enquanto cardeal, sublinhou a necessidade de **incluir mais as vozes dos fiéis e de mudar o estilo hierárquico de liderança** a favor de uma maior escuta. Imediatamente após a sua eleição, Leão XIV deixou claro que iria continuar no caminho da sinodalidade traçado por Francisco. Observadores como o Padre Mauritius Wilde esperam mesmo que Leão conduza as consultas sinodais no espírito franciscano da escuta, mas que acabe **por atuar de forma mais decisiva**: como americano, ele dá importância a resultados e consequências concretos. Esta abordagem pragmática - *ouvir, incluir, depois decidir* - poderia marcar uma ligeira diferença de estilo. Em princípio, porém, Leão XIV representa uma **continuidade**: a abertura para consultas regulares com a Igreja universal e uma maior co-determinação dos leigos é suscetível de progredir mais sob o seu comando. O desafio será implementar a sinodalidade de forma a unir a Igreja a nível mundial em vez de criar novas divisões. É aqui que entram em jogo as capacidades diplomáticas de Leão, que ele já demonstrou. Terá de dominar o equilíbrio **entre** o apelo a uma participação genuína - por exemplo, da base da Igreja e dos círculos progressistas - **e** a preocupação de alguns tradicionalistas de que os processos sinodais possam pôr em causa a ordem hierárquica e a unidade da fé.

Mulheres nos cargos eclesiásticos: entre a igualdade e o dogma

Quase nenhum outro tema simboliza tanto o atraso das reformas como a questão da **igualdade de direitos das mulheres** na Igreja e no cargo de Papa. Sob Francisco, houve mudanças cautelosas a este respeito: é verdade que Francisco também manteve a **não admissão de mulheres aos** ministérios **ordenados** (sacerdócio e episcopado), tal como os seus antecessores o tinham definido magisterialmente. No entanto, promoveu **o avanço das mulheres em posições de liderança** na **Igreja** - nomeou mulheres para posições de liderança na Cúria Romana e para órgãos consultivos e abriu pela primeira vez às mulheres os ministérios oficiais (embora não ordenados), como o de leitor *e o de* acólito. Francisco também criou comissões para investigar, por exemplo, a questão histórica do diaconato das mulheres (diáconos na

Igreja primitiva). Estes passos cautelosos mostraram a sua vontade de **envolver mais** as mulheres, mas sem tocar ainda na proibição da ordenação de mulheres. Leão XIV seguiu esta linha de reforma cautelosa - talvez com um pouco mais de contenção. **Até agora, Robert Prevost, atual Leão XIV, rejeitou a ordenação de mulheres** e até deu a entender isso mesmo: no Sínodo Mundial de 2023, advertiu contra a *"clericalização das mulheres"*, ou seja, contra a vontade de dar mais influência às mulheres simplesmente dando-lhes o sacerdócio. Isto não é uma solução e, pelo contrário, criaria novos problemas, sublinhou - as mulheres já têm uma variedade de papéis centrais na Igreja. No entanto, deixou em aberto quais as soluções a considerar em caso de falta de pessoal clerical e quais os caminhos a seguir para implementar a igualdade de direitos - por exemplo, de acordo com a Lei Fundamental alemã. Esta declaração sugere que Leão XIV **não estava** a procurar **quaisquer alterações a curto prazo** à admissão de mulheres ao diaconato ou ao sacerdócio. Em vez disso, como previsto por especialistas, era provável que continuasse com **actualizações pragmáticas**: por exemplo, poderia nomear mais mulheres para cargos de responsabilidade e consolidar as aberturas já iniciadas (direito de voto das mulheres nos sínodos, liderança de autoridades por leigas, etc.). Esta seria uma alteração ao **Definiendum** sem, ao mesmo tempo, adaptar **o Definiens** em conformidade: Introdução na prática, sem adaptar a doutrina definidora escrita - corresponderia, assim, à possibilidade de ser simultaneamente crente (**credens**) sem participar ativamente na vida dominical da igreja (**practicans**) - uma separação que é cada vez mais a realidade da vida de muitas pessoas, como a falta de clérigos supostamente heterossexuais que, no entanto, sabem ter sentimentos do mesmo sexo. Georg Essen, professor de teologia na HU de Berlim, por exemplo, espera que Leão "reforce pragmaticamente" o papel das mulheres sem alterar a proibição fundamental da ordenação. Um ato de equilíbrio em que o conteúdo não segue a forma. Por isso, é muito provável que este papa não dê grandes saltos, como a ordenação de mulheres ao sacerdócio, se se mantiver na mentalidade do seu cargo de cardeal e não fizer jus à sua própria visão do Pai para todos, com restrições.

Por outro lado, a pressão dos movimentos de base está a aumentar, especialmente na Europa: grupos como a Katholische

Frauengemeinschaft Deutschlands (kfd) e iniciativas como a *Maria 2.0* há muito que pedem que **as mulheres** sejam **admitidas em todos os ministérios ordenados**. Esperam que Leão XIV "abra as portas da Igreja de par em par - para todas as pessoas". Por exemplo, a iniciativa *Maria 1.0* - que espera que o novo Papa se oponha **às falsas esperanças dos conservadores irrealistas**. Leão XIV deve, portanto, encontrar um meio-termo entre reformistas e tradicionalistas. Há **uma continuidade**, na medida em que Francisco também teve de fazer este exercício de equilíbrio e acabou por se manter fiel ao não à ordenação de mulheres - mas a tónica pode ser **diferente**: Francisco pelo menos deixou em aberto o debate teológico (por exemplo, sobre os diáconos), enquanto Leão XIV já era mais cético a este respeito. No final, o fator decisivo será se Leão XIV conseguirá transmitir de forma credível às muitas mulheres empenhadas na Igreja que o seu contributo é dispensável se os **sacramentos** e o ofício de papa forem reservados apenas aos homens.

Inclusão LGBTQ: acolher sem mudar o ensino?

Hoje em dia, muita atenção está centrada na abertura da Igreja em relação às **pessoas queer** - ou seja, pessoas com diferentes orientações sexuais e identidades de género. O Papa Francisco caracterizou-se por um **tom** muito **mais dialogante e compassivo** nesta área, mas sem rever fundamentalmente a doutrina tradicional (que classifica os actos homossexuais como "desordenados", por exemplo). Ficou famosa a sua declaração *"Quem sou eu para julgar?"* em relação a um crente com sentimentos homossexuais. Sob Francisco, houve tendências isoladas para a abertura: encorajou os pastores a não fecharem a porta a pessoas que amam pessoas do mesmo sexo e pronunciou-se a favor da proteção legal das uniões de pessoas do mesmo sexo. Em 2023, Francisco deu a entender que **as bênçãos para casais do mesmo sexo** poderiam ser possíveis em determinadas circunstâncias - ainda que outros tenham colocado o **casamento sacramental de casais queer** na agenda da plena igualdade e inclusão. Esta flexibilidade, pelo menos pastoral, foi vista por muitos como um passo em direção a uma maior inclusão, embora a doutrina moral católica tenha permanecido formalmente inalterada.

As declarações anteriores de Robert Prevost indicam que Leão XIV **precisa de se envolver mais no assunto** do que Francisco. Os católicos LGBTQIA+ manifestaram preocupação após a sua eleição e referiram-se a declarações anteriores do novo Papa. De facto, Prevost tinha polemizado contra a introdução de questões de género nas aulas durante o seu tempo como Bispo de Chiclayo (Peru) há muitos anos: *"A promoção da ideologia de género é confusa porque tenta criar géneros que não existem"*, disse na altura. Prevost foi ainda mais claro em 2012, num sínodo de bispos em Roma: os meios de comunicação ocidentais, disse ele, estavam a *"suscitar uma enorme simpatia por crenças e práticas que contradizem o Evangelho - por exemplo, o aborto, os estilos de vida homossexuais, a eutanásia"*.

A anterior equiparação do amor entre pessoas do mesmo sexo à eutanásia parece ser hoje um caminho errado, difícil de compreender e um erro cometido por um jovem na altura. Pode atribuir-se a ele o facto de, nessa altura, ter sido socializado no contexto de uma província no Peru e não ter as perspectivas e experiências correspondentes. Hoje, no entanto, como **Papa**, ele é **confrontado com a tarefa de ir além das atitudes pessoais para ter um impacto institucional e integrador**, negociando posições em diálogo com grupos de interesse afectados, associações relacionadas com a Igreja e os fiéis e enfrentando as suas questões críticas. Em retrospetiva, essas primeiras formulações, que classificam certos estilos de vida como imorais de forma generalizada, parecem muito menos experientes do que o tom conciliatório de um funcionário experiente como o Papa Francisco. É evidente que estas citações foram feitas há vários anos.

Resta saber se Leão XIV pode e vai alterar a sua posição como Papa - os seus primeiros discursos indicaram que ele queria começar o seu pontificado sob a bandeira da reconciliação, da inclusão e da paz, o que nos dá esperança de que estes grupos de fiéis também sejam incluídos. Quem começa o seu pontificado desta forma tem de o seguir com resultados, ou como dizemos em vernáculo: quem diz A tem também de agir com e de acordo com B. A cerimónia sacramental do casamento é o símbolo da **plena igualdade das pessoas queer na Igreja Católica.**

Para já, no entanto, **a continuidade** é reconhecível sobretudo no facto de Leão XIV - tal como Francisco antes dele - não procurar alterar o ensinamento da Igreja sobre a moral sexual - incluindo para os heterossexuais, os contraceptivos ou os divorciados: afinal, ainda tem alguns dias para uma avaliação inicial de 100 ou mais dias. Provavelmente, continuará a ser o caso que o casamento é definido pela Igreja como uma união entre um homem e uma mulher e que uma cerimónia matrimonial sacramental para casais do mesmo sexo continua excluída: portanto, é preciso perguntar por que razão o amor deve ser diferente ou discriminar a orientação sexual. No entanto, Leão XIV, tal como Francisco, é confrontado com a tarefa de encontrar **formas pastorais para que os crentes LGBTQIA+ e os parceiros matrimoniais queer** sejam acolhidos na Igreja em pé de igualdade. Ele não rejeita fundamentalmente a tensão entre um acolhimento apreciativo e a preservação da moral tradicional - mas isso exige sensibilidade. Leão XIV poderia continuar o diálogo com os grupos LGBTQIA+ iniciado por Francisco e deixar claro que todas as pessoas - independentemente da sua orientação sexual - são amadas e respeitadas na Igreja, ou seja, não são excluídas sacramentalmente. Por conseguinte, permanece em aberto a questão de saber como Leão XIV responderá claramente à questão premente do reconhecimento pela Igreja dos casais homossexuais em alguns países, ou se deixará uma certa **zona cinzenta** pastoral, como o seu antecessor.

Celibato obrigatório: o celibato posto à prova

O celibato sacerdotal - o celibato obrigatório dos padres católicos na Igreja latina - tem sido objeto de debates sobre reformas desde há décadas. Francisco manteve o regulamento existente e, em geral, não aboliu o celibato obrigatório. No entanto, mostrou-se aberto à discussão: no Sínodo da Amazónia de 2019, por exemplo, mandou discutir a ordenação de homens casados comprovados (os chamados *viri probati*), a fim de contrariar a extrema escassez de padres em zonas remotas. Este conceito foi recentemente alargado para incluir *"homines probati"* e *"laici probati"*, recrutando membros da Igreja Católica anteriormente marginalizados, como as mulheres leigas.

No final, Francisco decidiu não permitir tal exceção na sua carta pós-sinodal *Querida Amazónia* - para grande desapontamento daqueles que esperavam um movimento sobre esta questão. No entanto, Francisco sublinhou repetidamente que o celibato **"não é um dogma"**, mas uma disciplina eclesiástica. Assim, deixou claro que a regra do celibato pode ser alterada em princípio - embora não de ânimo leve. Sob o Papa Leão XIV, a questão coloca-se agora de novo: manterá o status quo sobre o celibato, como os seus antecessores, ou há sinais de mudança?

Como religioso, Leão XIV estava pessoalmente empenhado no ideal do celibato, mas, na sua atividade pastoral prática, estava consciente da necessidade de escassez de padres, especialmente da América Latina. Alguns eclesiásticos **consideram concebível** que tenham sido consideradas aberturas cautelosas sob Leão XIV. O teólogo Thomas Söding, ele próprio membro do Comité Central dos Católicos Alemães, afirmava que *"não era impossível"* que Leão XIV fizesse avançar a questão do celibato - precisamente porque conhecia a realidade pastoral e, como advogado canónico, sabia que o celibato não era um dogma irrevogável. É claro que tal intenção não se confirmou. Pelo contrário, é preciso notar que Leão XIV provinha de um espetro eclesiástico norte-americano bastante conservador, onde o celibato é menos questionado do que na Europa, por exemplo. No entanto, a ideia ocidental e americana da igualdade entre homens e mulheres atinge hoje ainda mais um papa.

Tal como Francisco, Leão XIV terá provavelmente **de ponderar bem as coisas:** por um lado, há apelos insistentes - mesmo de representantes proeminentes da Igreja , como o Cardeal Reinhard Marx - para que o celibato seja abolido, a fim de permitir que os padres levem uma vida mais "normal" e talvez também atraiam mais vocações. Por outro lado, o celibato representa uma tradição espiritual secular que está intimamente ligada à identidade do sacerdócio católico. Francisco acabou por decidir não abandonar ainda esta tradição, e Leão XIV poderia atuar da mesma forma por um sentido de unidade e devido à sua socialização formativa. O historiador eclesiástico Hubert Wolf, por exemplo, **não espera** que Leão XIV **faça reformas radicais** em relação aos padres casados. A continuidade significaria, portanto, que o celibato obrigatório se manteria por enquanto. No entanto, Leão XIV tinha de levar a sério a realidade: há falta de padres em muitas paróquias e, não menos importante, o escândalo dos abusos sexuais de padres do sexo masculino contra crianças e adolescentes trouxe de novo à discussão o estilo de vida celibatário (sem que se possa provar de forma conclusiva uma relação de causalidade, mas deve e pode estabelecer-se uma proximidade com a violência sexual em outras condições). Uma possível **solução de compromisso** seria dar mais espaço às excepções já existentes - por exemplo, utilizar mais os diáconos permanentes casados na pastoral ou, em casos especiais, ordenar como sacerdotes pessoas casadas com experiência, como é habitual nas igrejas orientais unidas a Roma. Resta saber se Leão XIV se atreverá a dar esse passo, mas é certo que a questão permanecerá na ordem do dia e deverá, pelo menos, ser objeto de **uma nova reflexão** por parte do novo Papa - algo que todas as mulheres já pensaram há muito tempo.

Os impulsos reformistas de Francisco e o seu desenvolvimento posterior sob Leão XIV.

Se olharmos para toda a agenda do Papa Francisco, torna-se claro que ele embarcou num curso de reforma abrangente - desde a reforma da Cúria até ao estabelecimento de novas prioridades na doutrina e à mudança da imagem da Igreja. O Papa Leão XIV **herdou** em grande parte um **legado de renovação** e assinalou a sua intenção de dar continuidade a grande parte desse legado, mas também de definir os seus próprios acentos na agenda de reformas. Alguns impulsos centrais da reforma *franciscana* e como Leão XIV lidou com eles:

- **Reforma da Cúria e descentralização do poder:** Francisco reestruturou profundamente a Cúria Romana com a Constituição Apostólica *Praedicate Evangelium* (2022) - as autoridades foram fundidas, os leigos (tanto homens como mulheres) podem agora assumir posições de topo e a missão da Cúria deve centrar-se mais no serviço à Igreja universal. Leão XIV adoptou esta estrutura administrativa reformada e tinha agora de a **encher de vida**. Como antigo chefe da Congregação dos Bispos, conhece bem o trabalho da Cúria e é considerado um organizador capaz. Espera-se que prossiga o percurso de Francisco, continuando a nomear **leigos competentes para cargos de direção** e reforçando a cooperação entre o Vaticano e as conferências episcopais locais. O seu carácter diplomático poderá ajudar a prosseguir a **descentralização** iniciada por Francisco de forma equilibrada - ou seja, dar mais autonomia às igrejas locais sem pôr em causa a unidade.

- **Compromisso social e ambiental:** Uma das marcas do pontificado de Francisco foi a sua atenção às **questões sociais e ambientais** prementes do nosso tempo. Publicou a primeira encíclica papal inteiramente dedicada às alterações climáticas e à proteção do ambiente (*Laudato Si'*) e tomou o partido dos pobres, dos migrantes e de outros grupos. Leão XIV demonstrou explicitamente **uma continuidade** neste domínio. Já como cardeal, ele, tal como Francisco, expressou repetidamente a necessidade de uma ação decisiva contra as alterações climáticas. A escolha do seu nome também é digna de nota: **Leão XIV** refere-se deliberadamente ao Papa **Leão XIII** (pontificado 1878-1903), que publicou a primeira encíclica social da Igreja, *Rerum Novarum*, em 1891. Esta carta lançou as bases da doutrina social católica e foi dedicada à situação da classe trabalhadora empobrecida. Ao adotar o nome deste Leão XIII, Robert Prevost assinala, pelo menos, uma **continuidade programática na doutrina social** - nomeadamente o compromisso com a justiça social, os direitos dos trabalhadores e a opção pelos pobres. Se não houver outro Novarum - nomen est omen: e se ele escolher o nome de Leão nesta tradição e com o conhecimento e as questões urgentes da reforma, este não deve permanecer uma concha vazia como um serviço desatendido na igreja paroquial local. De facto, Leão XIV já está a ser descrito como **o "Papa mais internacional"**, que conhece as preocupações das pessoas comuns ("o coração dos pequenos"), bem como o mundo da diplomacia. Podemos, portanto, esperar que ele continue e renove o compromisso de Francisco com a paz, a justiça e a preservação da criação - mais do que o mínimo. Já nas suas primeiras palavras como Papa, Leão XIV colocou **a paz de todos** no centro.

Tendo em conta as guerras e os conflitos em todo o mundo, muitos crentes vêem-no como um possível *"Papa da Inclusão"* e *"Papa da Paz"*, que dá continuidade aos apelos à paz e às tentativas de integração do seu antecessor. Não se trata de uma diferença, mas sim de um cerrar de fileiras: ambos os papas reconhecem que a credibilidade atual também se mede pela forma como a Igreja se posiciona em relação aos desafios humanitários globais - seja a crise climática, a desigualdade social, a igualdade de direitos, as mulheres e os homens ou a guerra e a paz.

- **Lidar com os abusos sexuais e a transparência:** O **escândalo** mundial **de abusos sexuais na Igreja** é um tema triste e atual que já preocupou intensamente Francisco. Francisco tomou uma série de medidas importantes para melhorar a investigação - por exemplo, levantou o sigilo papal nos processos de abuso, de modo a que os ficheiros internos da Igreja pudessem ser transmitidos ao sistema judicial estatal e obrigou o clero de todo o mundo a denunciar casos suspeitos. No entanto, ainda há muito a fazer durante o mandato de Francisco: as associações de vítimas criticaram a sua abordagem hesitante e, em muitos países, ainda está pendente uma investigação independente dos crimes clericais. Leão XIV terá de **atuar com urgência** para restaurar a confiança perdida. Tem uma certa experiência: durante o seu mandato no Peru, Prevost apoiou as vítimas de abusos e foi visto como alguém que levava a sério as suas preocupações. No entanto, há também pontos de crítica: é acusado de não ter actuado de forma coerente em todos os casos enquanto bispo em Chicago e Chiclayo, o que ele nega. O facto é que Leão XIV pode construir sobre as estruturas criadas por Francisco (como as novas normas penais e comissões eclesiásticas). O novo papa tem a oportunidade de enfrentar a **"batata quente" do** abuso de forma ainda mais resoluta - por exemplo, responsabilizando os bispos do sexo masculino que o encobriram e promovendo investigações transparentes em todo o mundo. Resta saber até que ponto irá continuar e talvez reforçar o impulso reformador do seu antecessor: Francisco lançou as bases, mas a **cultura de tolerância zero** deve ser implementada de forma consistente para ser credível. Leão XIV já assinalou que a Igreja deve seguir os passos de Francisco; isto é particularmente verdade neste domínio, que determina a integridade moral da Igreja.

Em resumo, pode dizer-se que Leão XIV se apoia claramente nos ombros de Francisco em muitas preocupações de reforma - **assume** as suas preocupações centrais, como a sinodalidade, a justiça social, a proteção do clima e uma igreja pastoral de proximidade. Ao mesmo tempo, ele estabelecerá as suas próprias **prioridades** - e terá de o fazer com resultados concretos, eficazes e sustentáveis - em termos de implementação: possivelmente de uma forma mais sóbria, mediadora e com o olhar de um administrador experiente. Precisamente porque Francisco delineou visões tão grandes, cabe agora a Leão XIV traduzir essas visões na realidade administrativa e quotidiana da Igreja. Os riscos são grandes - tal como os problemas: agir pode significar fazer menos gestos mediáticos, mas assegurar reformas administrativas em segundo plano e moderar os processos de diálogo de forma orientada para os resultados. Tal como num parlamento estatal: só as alterações escritas às leis criam uma nova realidade.

Novos desafios e respostas necessárias

Mesmo que haja muito a sugerir **uma continuidade** aborrecida, Leão XIV enfrenta uma série de desafios novos ou intensificados, alguns dos quais já eram virulentos sob Francisco, mas que agora exigem respostas ainda mais urgentes. Os grupos próximos da Igreja estão a fazer perguntas muito claras. O que se segue é uma visão geral das principais áreas problemáticas para as quais o novo Papa terá de encontrar soluções - sem antecipar como ele decidirá, é possível delinear as **opções** em cima da mesa e os **desafios que se avizinham:**

- **Uma Igreja dividida:** A Igreja Católica universal está fragmentada em diferentes campos - as forças **progressistas** exigem reformas (ministérios das mulheres, reconhecimento da comunidade LGBTQIA+ , democracia na Igreja), enquanto os círculos **conservadores** apelam a um regresso aos ensinamentos tradicionais sem uma interpretação transformadora e o reconhecimento de uma realidade mais recente. Especialmente na terra natal de Leão XIV, os EUA, a Igreja está *"profundamente dividida"* como reflexo da polarização política. O novo Papa tem de contrariar esta divisão. A opção é um **estilo de liderança inclusivo** que ouve os dois lados e tenta enfatizar as preocupações comuns (por exemplo, o compromisso com a vida e a justiça). O desafio continua a ser o facto de os compromissos em matéria de fé serem difíceis de alcançar - Leão XIV deve, portanto, acima de tudo, criar confiança de que a reforma e a fidelidade ao núcleo da fé não se excluem mutuamente.

- **As mulheres e a igualdade de direitos:** A questão da **igualdade entre os géneros** continua a ser muito importante. O facto de as mulheres serem excluídas de cargos importantes é mal compreendido na sociedade, o que contribui para o afastamento de muitos crentes na Europa Ocidental. Leão XIV tem de encontrar novas respostas sobre a forma como as mulheres podem receber igual participação e reconhecimento. Uma opção (para além dos papéis de liderança já mencionados) seria **a atualização teológica dos seus ministérios**: as mulheres poderiam, por exemplo, tornar-se oficialmente baptizadoras, pregadoras ou líderes da igreja, mesmo sem ordenação ao sacerdócio. Para dar o segundo passo, seria necessário responder à questão de saber por que razão as mulheres não podem ser papas, mas recebem ministérios a nível das bases. Também seria concebível voltar a abordar o tema do **diaconato para as mulheres** - uma decisão que Francisco deixou em aberto. O desafio reside em conseguir mudanças sem provocar uma rutura com a tradição doutrinal anterior. Leão XIV terá de proceder com cautela, mas rapidamente, de modo a levar a sério o apelo à igualdade e evitar uma **rutura** com a **compreensão** da Igreja Católica **sobre o sacerdócio**.

- **Lidar com as pessoas LGBTQIA+:** Numa altura em que muitos Estados reconhecem o casamento e os direitos dos casais do mesmo sexo e a diversidade de identidades é socialmente aceite, a Igreja está sob pressão para comunicar a sua posição de forma convincente. Leão XIV tem de decidir se e como irá criar **aberturas pastorais** para as pessoas LGBTQIA+. As opções seriam, por exemplo, um folheto oficial que permitisse **celebrações sacramentais** pastorais para uniões amorosas e empenhadas entre pessoas do mesmo sexo (como cada bispo gostaria de praticar), - Pode ser um mandamento de caridade não definir isto como uma cerimónia de casamento na igreja, quando até Deus ama todas as pessoas tal como as criou? Outro acréscimo é a redação de uma carta pastoral sobre a valorização das pessoas com orientação homossexual, a fim de reduzir a discriminação no seio da Igreja. O desafio é manter **em harmonia a Igreja universal, a realidade social e o Magistério:** em algumas culturas (especialmente no Norte global) a pressão para o reconhecimento está a aumentar, enquanto noutras (África, Ásia) até uma ligeira abertura poderia incorporar reflexões. Leão XIV deve encontrar um caminho que leve consigo a Igreja universal - possivelmente resolvendo esta questão mais fortemente a nível das respectivas regiões (palavra-chave: **diferenciação segundo grupos culturais**). Independentemente das soluções estruturais, espera-se que ele - tal como Francisco - deixe pelo menos claro no seu tom que **cada pessoa, cada casal é amado por Deus** e que a Igreja não exclui ninguém. Esta é a sua visão da Igreja inclusiva.

- A **falta de padres e o celibato**: o **declínio** mundial **das vocações sacerdotais** - sobretudo na Europa e na América, mas também em partes da América Latina - está a chegar ao auge. As paróquias estão a ser fundidas e as celebrações eucarísticas só raramente se realizam em alguns lugares. Isto levanta a questão de saber se o celibato obrigatório ainda está de acordo com os tempos ou se a Igreja deve seguir caminhos alternativos e aboli-lo. Leão XIV terá de encontrar soluções para a escassez de padres, de acordo com muitos apelos. Para além de uma pastoral vocacional mais forte, existe a possibilidade de **alargar as condições de admissão** ao sacerdócio: por exemplo, ordenar como sacerdotes, em casos excepcionais, diáconos casados selecionados ou pais comprovados. Esta opção foi abertamente defendida no Caminho Sinodal alemão e noutros locais. O desafio é que um abrandamento do requisito do celibato seria visto nos círculos conservadores como uma transformação de uma tradição sagrada, com a qual teriam de concordar em termos da sua visão do mundo. Também não é claro se a permissão de padres casados aumentaria de facto significativamente o número de vocações. Leão XIV teve de ponderar entre **a preservação de um modo de vida espiritual e imposto** e a necessidade pragmática de cuidados pastorais. Abordagens alternativas - por exemplo, um maior envolvimento de pastores leigos ou novos modelos de liderança paroquial em que os padres são substituídos - também poderiam ser parte da resposta. No entanto, enveredar por este caminho mostra que as pessoas estão a costurar no limite e não estão dispostas a mudar na esperança de que os mais velhos ou mais conservadores possam satisfazer as expectativas dos mais jovens ou mais progressistas - embora estas não tenham de coincidir.

- **Crise de confiança devido ao escândalo dos abusos:** Uma das principais razões para a enorme perda de credibilidade da Igreja são os escândalos de abusos sexuais e a forma inadequada como lidou com o passado. A sociedade espera que o Papa actue com **tolerância zero** e máxima transparência. Leão XIV tem pela frente a tarefa de estabelecer normas globalmente vinculativas para lidar com o passado. Os passos necessários poderiam incluir: a criação de comissões de investigação independentes em todas as conferências episcopais, uma ação mais decisiva contra os bispos encobridores (até e incluindo a demissão do cargo) e uma cooperação mais estreita com as autoridades estatais. Francisco abriu portas importantes (abolição do segredo papal, novas normas canónicas), mas a implementação está agora nas mãos de Leão XIV. O desafio será colocar a **Igreja global** - com sistemas jurídicos e mentalidades muito diferentes - num rumo coerente e mostrar às vítimas que a Igreja aprendeu com os seus erros. O pontificado de Leão XIV terá de ser medido pelo facto de conseguir recuperar a confiança perdida, pouco a pouco, através de medidas.

- **Expectativas políticas sociais e mundiais: Para** além das questões de reforma no seio da Igreja, Leão XIV viu-se confrontado com grandes **expectativas políticas e sociais a nível mundial.** Muitas pessoas - incluindo as que não pertenciam à Igreja - esperavam uma forte bússola moral num mundo em crise. A paz, como já foi referido, é um tema central: espera-se que Leão XIV se afirme como um **pacificador** e que prossiga os seus esforços de mediação, por exemplo, no conflito da Ucrânia ou noutras guerras. A sua voz poderá também ter peso na **economia global e** na **política social**, quando se trata de combater a pobreza, a migração ou a justiça global. O desafio para o novo Papa é trazer **a fé e a ética para o discurso público** sem se deixar levar pelos actores políticos. Sendo o primeiro Papa oriundo dos EUA, Leão XIV tem um papel especial a desempenhar neste domínio: conhece a potência mundial ocidental por experiência própria e poderia - especula-se - representar um contraponto às tendências para o isolamento e a divisão. Ao mesmo tempo, terá de ter o cuidado de manter uma perspetiva global e não ser visto apenas como o "papa americano". Leão XIV tem a oportunidade de dar continuidade à **abertura franciscana ao mundo** (Francisco estendeu a mão tanto aos poderosos como aos marginalizados) e de construir novas pontes com a sua biografia cosmopolita.

Em suma, o Papa Leão XIV enfrenta o desafio de encarnar **a continuidade e a renovação** em igual medida. Em muitos aspectos, está a seguir os passos de Francisco: ambos estão unidos por um coração pelas pessoas marginalizadas, um sentido de justiça e a vontade de aproximar a Igreja dos fiéis. As diferenças são mais evidentes no estilo e na ênfase: Leão XIV actua de forma mais diplomática e moderada - um *"reformador moderado"* que quer reformas, mas sem publicidade mediática e sem uma rutura com a tradição. Os próximos anos mostrarão se ele consegue enfrentar com determinação as questões não resolvidas da Igreja - desde a questão das mulheres aos abusos. O que é certo é que **as realidades sociais** exigem respostas - porque toda a gente tem perguntas. Leão XIV não poderá usar como critério as preferências pessoais, mas sim o bem de toda a Igreja e dos seus fiéis. A história ensina-nos que cada Papa é diferente. Mas a tensão entre continuidade e mudança determinará se Leão XIV pode conduzir a Igreja de forma credível para o futuro. O mundo olha para este novo pontífice com grandes expectativas - como *reformador, cosmopolita e pragmático* - e no seu trabalho, as **linhas de Francisco** terão de ser continuadas e desenvolvidas de novas formas.

🕊 *Capítulo 4:*
Qualidades pessoais e estilo de liderança

Quando Leão XIV deu a bênção "Urbi et Orbi" na loggia da Basílica de S. Pedro, na noite da sua eleição, e dirigiu algumas palavras em espanhol à sua antiga diocese, algumas freiras, a milhares de quilómetros de distância, desataram a chorar. Estas irmãs de Chiclayo, no Peru, tinham reconhecido o seu antigo bispo - **um pastor "que estava próximo do povo"**, como relatou a irmã Karina Gonzales Risco. De facto, o novo Papa já era considerado **próximo dos pastores e dos humildes** do Peru: andava horas a fio no lombo de uma mula por estradas de terra batida para chegar a aldeias remotas, **"usava os meios de transporte do povo"**, como contou a freira - era assim que ele queria *"ser um de nós"*. A sua estreita ligação com as pessoas simples e os pobres valeu-lhe mesmo a alcunha de **"Santo do Norte"**, como era conhecido no Peru. *Tinha tempo para toda a gente"*, recorda um sacerdote agostiniano do Peru, *"era alguém que te apanhava no caminho"*. Este espírito de **proximidade e** de **humanidade** caracteriza ainda hoje Leão XIV.

Carácter e valores pessoais

Robert Francis Prevost é natural de Chicago, mas o Peru tornou-se a sua segunda casa. O jovem padre agostiniano veio para a América Latina como missionário em 1985 e apaixonou-se pelo país e pelo seu povo. **Com a sua natureza aberta e carisma**, rapidamente ganhou acesso: *"Ele tinha uma aura que falava com as pessoas. As pessoas juntavam-se a ele"*, recorda um antigo acólito do jovem Padre Prevost. Apesar das barreiras linguísticas iniciais, Prevost esforçava-se por viver, aprender e até brincar com os habitantes locais - organizava desportos e excursões para os jovens para os afastar do crime. Demonstrou **coragem e lealdade** em tempos perigosos: quando o terror do *Sendero Luminoso* abalou o Peru na década de 1980 e os missionários foram ameaçados de morte, **Prevost permaneceu firmemente com as pessoas** em vez de fugir para um lugar seguro. *O* *que os fez ficar foram as pessoas"*, diz um padre sobre Prevost e os seus irmãos e irmãs. Este **sentimento profundo de solidariedade** com os fiéis locais atravessa toda a vida de Prevost.

A modéstia, a dedicação e o sentido de justiça estavam entre os valores que definiam Leão XIV. Durante o seu tempo como Bispo de Chiclayo, viveu a *opção pelos pobres* no espírito do Papa Francisco: *"Muitas pessoas são pobres. Monsenhor Prevost viveu a opção pelos pobres no espírito do Papa Francisco e esteve sempre presente para todos, mesmo para os mais pobres"*, relata Jürgen Huber, um especialista alemão na Igreja peruana. Prevost não hesitou em levantar a voz contra as queixas sociais - *"o bispo dirigiu-se repetidamente aos políticos com palavras de admoestação"*, diz Huber. **A proteção do ambiente e do clima** também lhe era cara: a sua diocese sofreu com condições meteorológicas extremas e inundações causadas pelo *El Niño*, e Prevost organizou ajuda para as vítimas e denunciou a negligência das infra-estruturas públicas. Esta abordagem prática granjeou-lhe grande estima - *"toda a gente gostava dele"*, recorda a Irmã Gonzales Risco. Mesmo quando já tinha sido nomeado alto funcionário da Cúria em Roma, em 2023, **Prevost ficou com o seu povo no Peru até ao fim** para fazer face às consequências das fortes chuvas. *"Ele quis ajudar até ao fim, mesmo quando já tinha sido nomeado para Roma"*, conta a freira sobre essa altura. Este sentido do dever e **a empatia para com os que sofrem** são qualidades que agora também caracterizam Leão XIV no cargo de Papa.

Estilo de gestão e competência de liderança

Leão XIV trazia consigo uma impressionante experiência em cargos de direção, desde a liderança da ordem até à administração da Cúria. Prevost foi eleito duas vezes **Prior Geral da Ordem dos Agostinianos** e, assim, esteve à frente de uma ordem mundial com uma tradição secular. Neste papel, aprendeu a **liderar internacionalmente e colegialmente**, em constante intercâmbio com irmãos e irmãs de diferentes culturas. Os agostinianos - tal como os jesuítas, de cujas fileiras provém o seu predecessor Francisco - cultivam um espírito comunitário: a fé é partilhada e decidida em conjunto. É possível ver esta marca em Leão XIV. É considerado um **jogador de equipa**, que sabe ouvir e privilegia o equilíbrio em vez da intervenção autoritária. Os observadores consideram que o facto de os cardeais terem chegado a um acordo invulgarmente rápido sobre Prevost como novo Papa é um sinal do grande apoio e confiança de que goza entre os líderes da Igreja.

Prevost deu provas não só na comunidade espiritual, mas também como **administrador e gestor**. *"Ele é um homem religioso ... e, em última análise, é um gestor"*, comentou o especialista do Vaticano Tilmann Kleinjung após a eleição, uma vez que o Papa Francisco tinha trazido Prevost para Roma em 2023 e confiou-lhe *um dos escritórios mais importantes do Vaticano: o Departamento para os Bispos - o departamento de pessoal* da igreja universal. Como Prefeito do Dicastério para os Bispos, o Cardeal Prevost era responsável pela seleção de novos bispos em todo o mundo - uma tarefa de enorme responsabilidade que requer competências diplomáticas, conhecimento da natureza humana e capacidade de decisão. Os colegas atestam a sua grande sensibilidade neste domínio: *"Como chefe da autoridade episcopal no Vaticano, o Cardeal Prevost goza de grande confiança no seio da Igreja Católica"*, afirmou um bispo austríaco com aprovação. Prevost é considerado como alguém capaz de **reformar as estruturas de uma forma bem pensada** e que, ao mesmo tempo, procura encontros pessoais. Como prefeito, por exemplo, supervisionou uma pequena revolução quando foi concedido às mulheres o direito de voto na seleção dos bispos pela primeira vez - uma iniciativa do Papa Francisco que Prevost pôs em prática.

O estilo de liderança dinâmico de Prevost também era evidente a nível diocesano. Em Chiclayo, onde se tornou bispo em 2015, **trouxe uma lufada de ar fresco a uma igreja local rígida**. *Chiclayo costumava ser uma diocese do Opus Dei, muito conservadora e clerical"*, explica Jürgen Huber. Mas sob a direção de Prevost, **a Igreja local abriu-se**: *"Hoje há muitos leigos activos e empenhados..."*. *Tudo isto foi semeado por Monsenhor Prevost*. Em particular, ele deu um novo impulso à formação dos padres. Muitos dos jovens padres formados durante o seu tempo eram **abertos e sinodais** - o que Huber atribui explicitamente à influência de Prevost: *"Isto deve-se à forma como Monsenhor Prevost criou o seu seminário e o organizou"*. Em vez de promoverem o elitismo clerical, os agostinianos de Prevost enfatizavam **a educação e a humildade**, continua Huber. Prevost praticou com sucesso esta compreensão cooperativa da liderança baseada no Evangelho e no mundo atual no Peru - e parece ter transitado sem problemas para o seu pontificado. Muitos observadores vêem a sua eleição como um **sinal de equilíbrio e unidade** na Igreja: *"A sua eleição é vista como um compromisso - e ao mesmo tempo como um sinal de unidade"*, escreveu uma revista sobre Leão XIV, *"Prevost combina origens americanas, influência latino-americana e experiência romana.* Não se enquadra em nenhum tipo de rótulo e é capaz de construir pontes. Ou, como *disse Stern* de forma incisiva: *"Não é um liberal. Mas também não é um cabeça de cimento...". O Papa Leão XIV não se enquadra em nenhum buraco".* É precisamente esta **capacidade de encontrar um equilíbrio** - de não agir nem de forma rigorosamente dura nem ultra-liberal - que define o seu estilo de liderança e dá a muitos a esperança de que ele será capaz de conduzir a Igreja através de tempos turbulentos.

Competências de comunicação e impacto externo

Já nos primeiros dias do seu pontificado, Leão XIV mostrou que era **um mestre da comunicação** - não de palavras pomposas, mas de gestos e diálogos simples. O novo Papa **falava** fluentemente **várias línguas**: para além do inglês e do espanhol - as suas duas "línguas maternas" - fala também italiano e provavelmente um pouco de francês. A sua maneira de ser é simultaneamente urbana e próxima das pessoas. Durante a primeira bênção na Basílica de S. Pedro, saudou a multidão em várias línguas e concentrou-se num núcleo simples, mas central, da mensagem: *"Deus ama-nos, Deus ama toda a gente"*, disse às pessoas na praça. Isto reflecte inequivocamente o legado do seu antecessor Francisco, que sempre colocou **a misericórdia de Deus** no centro. Leão XIV também prestou homenagem a Francisco em termos de conteúdo, mas fê-lo **à sua maneira**.

Pouco depois da sua eleição, demonstrou sentido de **humor e humanidade nas suas relações com os meios de comunicação social**. Na sua primeira audiência para os cerca de 3.000 jornalistas presentes no Vaticano, arrancou risos e aplausos quando, em jeito de brincadeira, comentou em inglês: *"Dizem que não importa se as pessoas batem palmas no início. Se ainda estiverem acordados no final do meu discurso e quiserem aplaudir, muito obrigado".* Com palavras tão espontâneas, conquistou os corações dos representantes dos meios de comunicação social. Mas Leão XIV não tinha apenas uma piada na bagagem, tinha também uma **mensagem de peso sobre a responsabilidade dos media**. *"Temos de dizer não à guerra das palavras e das imagens. Temos de rejeitar o paradigma da guerra"*, advertiu e apelou a que a comunicação fosse sempre orientada **para a procura da verdade, do diálogo e da paz**. Os media e o público não devem deixar-se levar por uma linguagem agressiva e pelo puro sensacionalismo, disse o Papa. *"A paz começa em cada um de nós, na forma como olhamos, ouvimos e falamos dos nossos semelhantes"*, declarou Leão XIV com ênfase. Estas palavras tiveram um enorme eco e sublinham a sua reputação de construtor **de pontes e de pacificador**, que pretendia dar um tom conciliatório em tempos polarizados.

A imagem pública do novo Papa tem-se caracterizado, até agora, por uma grande abertura de espírito. Até os meios de comunicação social seculares se surpreendem com o equilíbrio e a imparcialidade de Leão XIV. *"Nasceu nos EUA e sente-se em casa na América Latina. Não se enquadra em nenhuma categoria"*, foi assim que *Stern* o caracterizou, sublinhando que Prevost não era um dogmático de linha dura, mas também não era um progressista declarado. Este meio-termo, difícil de classificar, parece ser o seu ponto forte: envia sinais a **todos os sectores da Igreja**. Por exemplo, foi sublinhado que, como norte-americano, ele é também *"parte de uma comunidade religiosa mundial"* - as suas raízes e experiências vão muito para além dos EUA. Muitos católicos da América Latina sentem-se, pela primeira vez, verdadeiramente representados por ele no cargo papal; afinal, Leão XIV tem mesmo cidadania peruana. **A alegria no Peru** pela sua eleição foi enorme: em Chiclayo, a sua antiga diocese, milhares de pessoas festejaram o seu "filho adotivo" nas ruas e elogiaram o seu *"grande coração"* para com o povo. A eleição foi também acolhida com interesse nos Estados Unidos, onde muitos esperam que um Papa de Chicago possa construir pontes entre as alas antagónicas da Igreja americana.

No seio da Cúria do Vaticano e entre os bispos de todo o mundo, Leão XIV é já considerado como um **comunicador forte e acessível**. Muitas pessoas da Igreja afirmam que Prevost é *"muito competente, ouve bem e compreende rapidamente as situações"*. Este elogio vem de alguém que deveria saber: Jürgen Huber conheceu Prevost como representante papal numa situação eclesiástica complicada e ficou impressionado com a calma e a compreensão com que o atual Papa aborda mesmo os problemas mais complexos. A **capacidade de escuta** de Leão XIV - uma virtude frequentemente invocada pelo Papa Francisco - continua. Em Roma, tal como no Peru, ganhou a reputação de ser acessível: não é um hierarca indiferente, mas um **defensor da dignidade humana** que prefere conversar, mesmo com perguntas. Esta abertura é sentida tanto por crentes comuns como por jornalistas e dignitários. Um bispo austríaco elogiou Leão XIV como um *construtor de pontes, um pacificador e um defensor da dignidade humana e da justiça*, convencido de que ele continuaria o caminho do diálogo e da reconciliação iniciado por Francisco. Estas vozes mostram que o novo Papa já conquistou **a confiança e a simpatia** de muitos campos diferentes nos primeiros dias.

Lidar com desafios e crises

Apesar de toda a sua popularidade, Leão XIV tem pela frente enormes tarefas - *"tarefas quase sobre-humanas"*, segundo os comentadores. A Igreja Católica está a enfrentar desafios que exigem do novo Papa uma **vontade** total **de liderar e a sua capacidade de resistir a crises. No seio da Igreja, as tensões ameaçam** destruir a unidade: *entre o Sul e o Norte, reformadores e preservacionistas, mulheres e homens diversos*. Ultrapassar estas clivagens foi talvez o maior teste para Leão XIV, que *tinha* agora *de ser "um Papa para todos"*. No entanto, as suas estações anteriores prepararam-no praticamente para isso. No Peru, experimentou o que significa **ultrapassar as diferenças culturais -** como norte-americano, ganhou a confiança das pessoas sem negar a sua identidade. Conhece as preocupações das jovens igrejas na América Latina e em África, bem como as questões das velhas igrejas na Europa e na América do Norte. Esta perspetiva global poderá ajudá-lo a moderar os conflitos. A sua própria eleição é vista por muitos como um compromisso entre diferentes direcções, o que suscita a expetativa de que Leão XIV terá um **efeito reconciliador e conciliador, mas não consolador.** Um primeiro indício disso: após o conclave, o novo papa rezou expressamente pelo seu antecessor Francisco e pelo seu legado missionário, **mas também deu um novo sinal**, por exemplo, ao escolher o seu nome papal Leão em referência deliberada a Leão XIII. Leão XIII foi o papa que escreveu a primeira encíclica social em 1891 e sensibilizou a Igreja para os direitos dos trabalhadores. A escolha do nome de Leão XIV pode, portanto, ser entendida como **um programa:** tal como os seus antecessores, este Papa quer defender **a justiça social** - uma mensagem clara num mundo cheio de desigualdades - e não apenas em termos financeiros.

Um desafio premente é **lidar** de forma consistente **com o escândalo dos abusos** na Igreja - um *"capítulo mais negro"* que só foi parcialmente ultrapassado com Francisco. Francisco emitiu regras e leis mais rigorosas contra a violência sexualizada; agora cabe a Leão XIV garantir que elas sejam **aplicadas de forma generalizada e sem concessões.** Como é que o novo Papa lida com esta questão sensível? O seu historial não está isento de críticas: especificamente, três religiosas queixaram-se de que ele não tinha seguido suficientemente uma denúncia de abuso contra um padre em Chiclayo, em 2022. No entanto, vozes bem conhecidas no terreno apoiam o novo papa: Edinson Farfán, sucessor de Prevost como bispo de Chiclayo, rejeitou firmemente as acusações. *"Isso é uma mentira. Ele escutou, respeitou os procedimentos"*, esclareceu Farfán. Pelo contrário, Prevost *"foi o mais rápido de todos na Igreja peruana a reagir a estes casos"* e tornou possível a justiça. Um caracol não pica o outro? - Este ponto de vista é também apoiado por uma fonte independente: o Padre Hans Zollner, um dos mais conhecidos especialistas em abusos na Igreja, considera que as acusações feitas contra Prevost são *"caluniosas"* e sublinha que Prevost agiu corretamente nos dois casos em questão. O pano de fundo das acusações é aparentemente um conflito com o escandaloso culto Sodalitium Christi, um grupo no Peru que o Papa Francisco dissolveu. Prevost tinha desempenhado um papel fundamental na limpeza desta poderosa rede, que tinha sido manchada por graves casos de abuso. O facto de estar agora a ser acusado de encobrimento é visto por especialistas como Huber como uma **resposta de círculos destituídos de poder.** Leão XIV não é, portanto, uma figura ingénua neste domínio em particular, mas alguém que conhece por experiência própria **as lutas de poder pela transparência e pela responsabilidade.** Há grandes expectativas de que ele continue enfaticamente o caminho traçado por Francisco - *"não basta endurecer* *as regras, elas devem finalmente ser aplicadas de forma consistente".* As associações de vítimas e os reformadores esperam que Leão XIV **não** permita **qualquer clemência para com os perpetradores ou encobrimentos**, mas que persista na *linha de tolerância zero.*

Outro grande projeto é a **reforma da cúria e a reestruturação financeira** do Vaticano. É aqui que entra em jogo *o talento de* Prevost *para a gestão.* O Vaticano debate-se com défices financeiros consideráveis - o último défice anual ascendeu a cerca de 80 milhões de euros. Espera-se que Leão XIV prossiga as reformas administrativas iniciadas, assegure **a transparência e o profissionalismo** e estabilize as finanças. Como antigo general de uma ordem religiosa, tem experiência na elaboração de orçamentos e, como bispo de uma diocese missionária, sabe como fazer muito com recursos escassos. Tem também uma boa visão geral dos **recursos humanos globais** da Igreja graças ao tempo que passou no Dicastério dos Bispos - conhece muitas dioceses e os seus desafios do ponto de vista do pessoal. Este conhecimento poderia ser útil para colocar as pessoas certas nos lugares certos, seja na Cúria ou em dioceses importantes.

Finalmente, Leão XIV também enfrentou **tensões pastorais** que exigiam sensibilidade. Um exemplo é a igualdade - e não o papel - das mulheres na Igreja. Francisco nomeou algumas mulheres para posições de liderança no Vaticano, mas ainda lhes é negado o ministério ordenado - *"Por quanto tempo mais?",* perguntou o comentador Kleinjung. **As expectativas de mudança** - por exemplo, no que respeita ao diaconato das mulheres ou à inclusão de leigas em cargos de liderança - são elevadas, especialmente na Europa e na América do Norte. Ao mesmo tempo, houve uma resistência feroz a qualquer expansão dos direitos dos leigos ou a reformas litúrgicas, especialmente por parte dos círculos tradicionalistas. Leão XIV terá de proceder com cautela: **prosseguir com as reformas sem pôr em risco a unidade da Igreja.** O seu currículo sugere que está **pronto para um estilo sinodal** - por outras palavras, quer trabalhar em conjunto com os bispos e os fiéis para encontrar soluções. No Peru, tem-se concentrado na participação dos leigos e dos jovens. E o atual processo sinodal da Igreja a nível mundial (o "Sínodo Mundial") está agora nas suas mãos. Muitos esperam que Leão XIV promova com convicção a causa de uma *"Igreja sinodal". "Espero que ele faça* *avançar a Igreja sinodal em todo o mundo"*, diz o Padre Szeles com esperança. É apropriado que Prevost sempre tenha procurado o intercâmbio, mesmo como bispo - com os protestantes, por exemplo: quando o aniversário da Reforma e Martinho Lutero, o monge agostiniano, foram discutidos em retiros em 2017, Prevost *"sorriu amplamente, com aquele sorriso acolhedor que agora também conhecemos da mídia"*. Este sorriso simboliza talvez a sua **vontade de dialogar**: não se esquiva a temas difíceis, mas aborda-os cada vez mais abertamente, sem preconceitos.

Leão XIV também observou o mundo exterior à Igreja com grandes expectativas. Já tinha deixado a sua marca, nomeadamente nas questões da **paz e** da **justiça social**. O facto de ter iniciado o seu pontificado com uma extensa saudação de paz - *"Que o Senhor vos dê a paz"* foram as suas primeiras palavras à cidade e ao mundo - é visto por muitos como um sinal poderoso. *Como este mundo precisa desesperadamente de um forte defensor da paz"*, comentou uma estação de televisão, e Leão XIV parece determinado a ser esse defensor. Numa altura em que a guerra grassa na Europa e os conflitos estão a arder em muitos lugares, **a voz do Papa a favor da reconciliação** é urgentemente necessária. Leão XIV deu também a entender que quer falar (e escrever) claramente na cena internacional. Mesmo como cardeal, ele não teve medo de tomar uma posição clara sobre a questão da migração, por exemplo. *"Trump vai ficar surpreendido com o que o Papa tem para lhe dizer"*, prevê Jürgen Huber com um piscar de olhos, referindo-se ao compromisso de Prevost com os migrantes no Peru. De facto, Leão XIV combina de forma única o passado de um americano com o coração de um latino-americano. Conhece **os dois mundos**: a sociedade abastada e a realidade dos pobres. Isto dá-lhe credibilidade quando quer construir pontes entre o Norte e o Sul.

Em resumo, o Papa Leão XIV é caracterizado como um **homem de equilíbrio e de ação empenhada**. O seu percurso pessoal - de jovem missionário nos Andes peruanos a fazedor de bispos em Roma - dotou-o de competências que hoje são procuradas: empatia e determinação, humildade e liderança, capacidade de diálogo e adesão a princípios com uma capacidade de reforma bem sucedida. Os companheiros elogiam a sua humanidade e proximidade, os meios de comunicação social elogiam a sua abertura de espírito e a sua vontade de compromisso. Uma coisa é certa: os próximos anos mostrarão como Leão XIV utiliza estas qualidades para dominar as várias crises e tarefas. **Os** elogios antecipados são consideráveis - agora, **os católicos de todo o mundo rezam e olham com esperança para Leão XIV**, que se prepara para conduzir a Igreja até ao presente como um *construtor de pontes* e *um pastor benevolente.*

🕊️ *Capítulo 5:*
Objectivos e prioridades pastorais

Quando o Papa **Leão XIV** apareceu na loggia da Basílica de São Pedro, na noite da sua eleição, saudou o mundo com uma palavra simples e profunda: *"A paz esteja com todos vós"*. Esboçou assim uma visão pastoral de *reconciliação, inclusão, justiça e abertura*. A sua autoimagem missionária, a sua opção pelos pobres e a pastoral inclusiva, ou seja, também a pastoral queer, o seu diálogo com a sociedade e as culturas, bem como o seu empenhamento na educação e na justiça social entrelaçam-se e moldam a missão deste Papa.

Autoimagem e visão missionária

Leão XIV é um Papa com **um coração missionário** - moldado por décadas como pastor e missionário no Peru, onde *"esperou, chorou e aprendeu com o povo"*. Estas experiências amadureceram nele a visão de uma *"Igreja que avança"* e está com o povo. Não foi por acaso que escolheu o lema *In illo Uno unum - 'No Uno somos um'*, uma citação de Santo Agostinho. A unidade em Cristo e um caminho comum caracterizam a sua autoimagem de pastor. No seu primeiro discurso aos cardeais, Leão XIV reafirmou *a sua "dedicação total"* ao caminho traçado pelo **Concílio Vaticano II** e elogiou a visão de Francisco de uma Igreja renovada de acordo com o programa da alegria do Evangelho (*Evangelii Gaudium*, 2013).

O ideal de uma **Igreja sinodal e missionária** era central para Leão XIV. *Queremos ser uma Igreja sinodal para todos vós, irmãos e irmãs (...), uma Igreja em movimento"*, proclamou. Assim, sublinhou que a Igreja devia pôr-se a caminho juntamente com os fiéis e ouvi-los. Leão XIV inscreveu-se na linha da *"Igreja em saída"*, tal como a descreve o Papa Francisco: anunciar corajosamente a Boa Nova, abrir as portas, sair. Na sua primeira mensagem, também enumerou os leitmotiv que tinha em mente: Cristo como a *"luz de que o mundo precisa"*, uma Igreja **aberta e disposta a dialogar com as** pessoas, **a fidelidade ao Evangelho**, um *"avanço comum na sinodalidade"*, uma Igreja unida que trabalha pela

paz e pela **justiça**, a proximidade aos que sofrem - e, uma e outra vez, a admoestação *para não ter medo*. Este *"não tenhais medo"* ecoa João Paulo II, mas Leão XIV enche-o com o espírito de Francisco: confiança na ajuda de Deus para *construir pontes* para que *"sejamos todos um só povo, sempre em paz"*. **A visão pastoral** de Leão XIV fica assim claramente delineada: uma Igreja missionária que se dirige ao mundo na unidade e na misericórdia, enraizada no Evangelho e aberta aos sinais dos tempos.

O seu nome indica a sua agenda: tal como Leão XIII, quer promover o diálogo da Igreja com o mundo moderno e traduzir a fé em actos concretos de justiça. A inteligência artificial, **a globalização**, as novas rupturas sociais, são desafios que a Igreja deve enfrentar com a sua doutrina e o seu empenhamento na dignidade humana. *"A Igreja oferece a todos o tesouro da sua doutrina social em resposta a uma nova revolução industrial e aos desenvolvimentos no domínio da inteligência artificial, porque estes colocam novos desafios para a defesa da dignidade humana, da justiça e do trabalho"*, declarou Leão XIV de forma programática. Isto já ressoa *com a sua opção* de continuar o caminho *"que o Papa Francisco iniciou com a sua opção pelos pobres"*. A sua autoimagem missionária está, portanto, indissociavelmente ligada ao seu compromisso com a justiça social - um ponto que será analisado mais detalhadamente na secção seguinte.

Opção pelos pobres e pastoral inclusiva

A **"opção pelos pobres"** - dar prioridade aos oprimidos, marginalizados e mais fracos - é uma marca da ação pastoral de Leão XIV. Mesmo como bispo no Peru, foi um exemplo de uma Igreja *"para os pobres"*. Os observadores notam que Leão XIV deu assim continuidade à *Igreja* propagada por Francisco *como um "hospital de campanha"* - uma Igreja curadora ao lado dos feridos. O seu nome Leão liga-se a Leão XIII e, portanto, a uma longa tradição de justiça social; Andreas Frick, da Misereor, chamou a Leão XIV um *"papa da paz"* que, com o seu programa *"Paz na justiça e na liberdade, para todos, especialmente para os pobres"*, se liga a Francisco e a Leão XIII. De facto, Leão XIV *tinha em mente "todos os homens de todas as nações, que são um só povo"* - ninguém deve ser esquecido.

Esta atitude inclusiva é evidente em palavras e acções. Leão XIV prestou especial atenção aos **pobres,** aos **marginalizados e a outros grupos de crentes,** quer se trate de sem-abrigo, de grupos individuais ou **de pessoas com deficiência.** Ao mesmo tempo, sublinhou que *todos os* membros da sociedade são filhos de Deus que estão próximos do coração da Igreja. Num primeiro discurso, o Papa deixou claro: *"Ninguém está isento de trabalhar pelo respeito da dignidade de cada ser humano, especialmente dos mais frágeis".* Enumerou os numerosos grupos, muitas vezes esquecidos, que precisam de ser protegidos e acompanhados: *dos nascituros aos idosos, dos doentes aos desempregados, tanto cidadãos como migrantes.* A **proteção integral da vida** e a ética social da Igreja ressoam claramente aqui - desde a defesa da dignidade do nascituro até à prestação de cuidados aos desempregados ou aos refugiados que foram deixados sozinhos.

O estilo pastoral de Leão XIV caracteriza-se pela sua **abertura aos marginalizados.** Isto incluía também grupos que há muito estavam à margem da Igreja, como as pessoas **LGBTQIA+** . O Papa Francisco sempre sublinhou que as pessoas homossexuais eram bem-vindas na Igreja. Leão XIV seguiu a mesma linha: **combinou uma abordagem pastoral acolhedora com ensinamentos anteriores.** Logo no início do seu pontificado, reafirmou a visão tradicional da Igreja de que a família se baseia na *"união estável do homem e da mulher".* Ao mesmo tempo, porém, também sublinhou que *ninguém* deve ser excluído da Igreja apenas por causa do seu estilo de vida. Esta declaração é notável, tendo em conta o facto de Robert Prevost (o verdadeiro nome de Leão XIV) se ter pronunciado de forma ainda mais crítica em 2012 e de, entretanto, se ter provavelmente tornado mais recetivo às uniões entre pessoas do mesmo sexo. Agora, porém - cerca de uma década depois, influenciado pela atitude de Francisco - fala mesmo de **uma cultura de acolhimento** e de não condenar as pessoas, mas de as incluir pastoralmente. Esta pastoral de inclusão estende-se também a outros grupos anteriormente marginalizados: divorciados que voltaram a casar, mães solteiras, pessoas que tiveram relações sexuais antes do casamento ou que tomam a pílula - Leão XIV quer que *todos* sintam que a Igreja lhes quer oferecer um lar. Ao fazê-lo, manteve-se numa linha clássica em termos de doutrina (como a rejeição do aborto e da eutanásia), mas o **tom** foi de misericórdia e respeito. *"Deus cuida de* *vós, Deus ama-vos a todos"*, disse ao povo, fazendo eco de Francisco - uma frase-chave que resume o seu programa pastoral: o amor de Deus é para todos, especialmente para os vulneráveis e perdidos, e a Igreja deve refletir isso nas suas acções e decretos.

Diálogo com a sociedade e diálogo intercultural

Leão XIV actuou claramente como um **mediador entre a Igreja e o mundo**. O seu pontificado ocorreu numa altura de tensões globais - guerras, polarização, conflitos culturais - e o Papa viu como sua tarefa construir pontes e promover o diálogo. Poucos dias após a sua eleição, reuniu-se com o corpo diplomático acreditado junto da Santa Sé e apelou à revitalização da cooperação internacional e à intensificação do **diálogo entre as religiões**, a fim de procurar a paz em conjunto. Estas palavras sublinham a convicção de Leão XIV: a Igreja não deve fechar-se em si mesma, mas deve aproximar-se ativamente da **política, da sociedade civil e das outras comunidades religiosas**. O Papa anunciou que a sua primeira viagem ao estrangeiro o levará à **Turquia** - onde pretende comemorar o 1700º aniversário do Concílio de Niceia juntamente com outros cristãos. Esta iniciativa é altamente simbólica: um Papa da América a celebrar a história cristã partilhada com irmãos e irmãs ortodoxos da Ásia Menor - um sinal do empenhamento de Leão XIV no **ecumenismo** e na construção de pontes interculturais.

De um modo geral, Leão XIV está predestinado para o **diálogo intercultural** devido ao seu percurso de vida. É o primeiro Papa proveniente dos **Estados Unidos** e, ao mesmo tempo, conhece profundamente o hemisfério sul graças à sua longa carreira na **América Latina**. O seu conhecimento de línguas é naturalmente poliglota, o que lhe permite aproximar-se diretamente de pessoas das mais diversas origens. O *Neue Zürcher Zeitung* descreveu-o como um *"homem pragmático do meio e mediador entre os mundos do catolicismo americano"*, ou seja, como um cosmopolita. De facto, a biografia de Leão XIV combina as mais diversas experiências culturais: a influência intelectual na América do Norte, a influência pastoral nas aldeias andinas do Peru, a experiência administrativa em Roma. Esta mistura faz dele um Papa que pensa e actua *em termos de Igreja universal*. Para ele, **a Igreja universal** significa valorizar a diversidade de culturas na

Igreja e, ao mesmo tempo, preservar a unidade na fé. Deste modo, deu continuidade ao que o Concílio Vaticano II tinha iniciado: a abertura da Igreja a uma *cultura do diálogo*. Leão XIV sublinhou repetidamente a importância dos *encontros* - encontros com decisores políticos, com outras religiões, com organizações não governamentais e movimentos de base. Logo no início, encontrou-se com representantes das comunidades judaica e muçulmana para visitas de cortesia e reafirmou o seu desejo de um intercâmbio amigável (na continuação dos diálogos inter-religiosos de Francisco, como o *Documento* de *Abu Dhabi* de 2019).

Leão XIV também interveio na sociedade com uma voz moral clara. **Os actores sociais**, como os políticos, as associações e as ONG, escutavam atentamente as suas tomadas de posição. Nas primeiras semanas do seu pontificado, por exemplo, Leão XIV **condenou** a guerra de agressão russa contra a Ucrânia como *"imperialista"* e lançou um apelo urgente aos esforços de paz na Ucrânia e no Médio Oriente. Estas palavras claras atraíram a atenção do mundo inteiro. Ao mesmo tempo, defendeu uma cultura de não-violência: "*Não só as armas, mas também as palavras podem ferir e matar*", advertiu, "a paz significa mais do que a ausência de guerra, é uma tarefa para todos". O seu apelo a *"construir pontes e não muros"* tem uma dimensão política e interpessoal. Leão XIV procurou unir forças com todas as pessoas de boa vontade, fossem elas chefes de Estado ou simples crentes, para trabalhar em prol de um mundo mais justo. Ao fazê-lo, não se coibiu de **denunciar queixas**: em anos anteriores, por exemplo, criticou repetidamente as políticas do Presidente dos EUA, **Donald Trump,** na sua conta pessoal do Twitter (agora **X)**, mostrando, em vez disso, **simpatia pelos refugiados** e compaixão no caso George Floyd - sugerindo que não é indiferente às questões globais dos refugiados, bem como às questões do racismo e da violência policial. Estas declarações de um bispo da Cúria e agora Papa são um sinal: a Igreja de Leão XIV quer ser uma **voz profética** na esfera pública política, intervindo, mas sempre com o objetivo de dar voz aos mais fracos, integrando e promovendo a paz e o bem comum.

O facto de **as organizações de ajuda eclesiástica e as organizações sociais** o verem como um aliado tornou-se evidente imediatamente após a sua eleição. A aliança internacional de organizações católicas de desenvolvimento CIDSE deu as boas-vindas a Leão XIV e sublinhou que o seu programa de nomes (em sucessão a Leão XIII) é simultaneamente um incentivo e um mandato para continuar o trabalho em prol da *justiça, da paz, da inclusão e da preservação da nossa casa comum* com um vigor renovado. Josianne Gauthier, Secretária-Geral da CIDSE, elogiou as primeiras palavras do Papa, que suscitaram a esperança de *um mundo partilhado e justo e de paz para todos os povos*, e sublinhou a necessidade de uma *"igreja sinodal que acolha todos e inclua as vozes dos mais distantes"*. Misereor, na Alemanha, também se congratulou: Leão XIV seguiu o caminho de Francisco, tinha *"em mente os povos de todas as nações"* e a sua mensagem de paz incluía *"todos, especialmente os pobres"*. Estas vozes de observadores e companheiros deixam claro que Leão XIV é visto como um *defensor dos pobres* e *um admoestador do diálogo* - alguém que constrói pontes entre a Igreja e o mundo, o Norte e o Sul, os ricos e os pobres, os crentes e os de outras religiões.

Programas educativos e promoção da justiça social

Um outro ponto central da ação pastoral de Leão XIV é a educação - entendida no sentido mais lato como educação, formação e sensibilização - e a sua ligação com a justiça social. O Papa estava convencido de que a educação era a *chave* para um mundo mais justo e que a Igreja tinha um papel importante a desempenhar neste domínio. Já quando era jovem religioso, Robert Prevost (Leão XIV) trabalhou como **professor** num seminário no Peru e, mais tarde, dirigiu um seminário para a formação do clero, pelo que conhece o trabalho educativo desde o início. Atualmente, incentiva as escolas católicas, as universidades e as paróquias a criarem programas educativos que **combinem fé e sociedade**. Fala de *"evangelização através da educação e educação através da evangelização"* - por outras palavras, a transmissão de conhecimentos e de valores deve andar a par e passo. Desta forma, os jovens devem ser capacitados para seguirem o seu **próprio** caminho **de forma autónoma e responsável**, enraizados em princípios éticos.

Numa alocução dirigida aos **irmãos e irmãs das escolas cristãs** - uma ordem tradicional de ensino - Leão XIV deixou claros os desafios que os jovens de hoje enfrentam: *"Pensem no isolamento causado por* *modelos de relacionamento superficiais, no individualismo e na instabilidade emocional; nos padrões de pensamento enfraquecidos pelo relativismo; e no ritmo de vida que deixa pouco espaço para a escuta e a reflexão".* No entanto, o Papa conjuga esta análise feroz da *"cultura da arbitrariedade"* com a confiança: são precisamente estes desafios que se devem tornar *"trampolins"* para abrir novos caminhos na pedagogia. Apelou aos educadores cristãos para que fossem criativos e falassem a linguagem dos jovens, a fim de tocar verdadeiramente os seus corações. Leão XIV entendeu **a educação** como um *serviço e uma missão: "O ensino deve ser entendido como um serviço e como uma missão para ajudar os jovens a darem o melhor de si segundo o projeto de Deus"*, apelou. Em termos concretos, isto significa dar ênfase ao **ensino dos valores e ao desenvolvimento do carácter**, a par da educação académica. O Papa recordou São João Batista de La Salle, que fundou escolas gratuitas para os pobres no século XVIII - um modelo para os dias de hoje. Tal como La Salle, Leão XIV idealizou uma *educação inclusiva, aberta a todos*, especialmente às crianças e aos jovens desfavorecidos.

Para Leão XIV, a **promoção da justiça social** está intimamente ligada à educação. Na tradição da doutrina social católica, os programas educativos devem permitir que as pessoas trabalhem para o bem comum e pratiquem **a solidariedade**. O Papa incentiva, por exemplo, a tornar mais conhecida a doutrina social católica - frequentemente descrita como o "segredo mais bem guardado da Igreja". Temas como a **dignidade humana, os direitos laborais, a paz, a diversidade e a inclusão, a opção pelos pobres e a integridade da criação** devem ser ensinados na catequese, nas escolas e no trabalho com os jovens, para que a fé não permaneça abstrata, mas tenha consequências sociais concretas. Leão XIV vê os jovens como um parceiro importante neste esforço: *"Os jovens de hoje são um vulcão de vida, de energia, de sentimentos e de ideias"*, afirmou com entusiasmo. Este potencial deve ser alimentado e, ao mesmo tempo, acompanhado para que se desenvolva harmoniosamente e para o bem. Por isso, promove programas de **pastoral juvenil** que não só fornecem aos jovens instrução catequética, mas também os envolvem ativamente em projectos sociais - desde a proteção do ambiente até à alimentação dos pobres. **Iniciativas de formação profissional** em regiões desfavorecidas ou bolsas de estudo para estudantes pobres também lhe são caras, pois abrem caminhos para sair da pobreza.

Leão XIV dedicou especial atenção à **educação ambiental e à consciência ecológica**. Fiel ao princípio orientador da encíclica *Laudato si'* de Francisco, considerava o cuidado da criação como parte integrante da justiça social. *"Durante a sua vida de cardeal, pronunciou-se várias vezes a favor de uma ação decisiva contra as alterações climáticas provocadas pelo homem"*, refere a imprensa. Ainda mal se tinha tornado Papa, Leão XIV advertiu que a Igreja devia envidar mais esforços contra a *"destruição da terra"*. Alertou para a necessidade de **dominar tiranicamente** a criação que nos foi confiada por Deus, como se o homem estivesse acima de tudo. Pelo contrário, defende uma relação de *responsabilidade* e de *"reciprocidade"* com a natureza. Deseja ver esta atitude ancorada na educação: crianças e adultos devem aprender a respeitar o ambiente como uma casa comum. Reconheceu e apoiou expressamente as iniciativas do seu antecessor - como o **plano de ação Laudato-si** e os projectos ecológicos no Vaticano e na Igreja. Os especialistas esperam que Leão XIV siga as pisadas de Francisco - que podem ser bastante grandes em alguns aspectos - e actue como *"guardião da criação"*. Como cardeal, já mostrou que isto não é apenas teoria: em novembro de 2024, por exemplo, apelou a que se passasse das *"palavras aos actos"* numa conferência sobre o clima em Roma e elogiou medidas práticas como os painéis solares no Vaticano. Estes exemplos deveriam abrir um precedente em toda a Igreja mundial.

Leão XIV combina assim educação com **capacitação**: as pessoas - especialmente os jovens, os pobres e os grupos marginalizados - devem ser capacitadas com conhecimentos, valores e competências concretas para tomarem o seu destino nas suas próprias mãos e contribuírem para a construção de uma sociedade mais justa. Esta abordagem reflecte a profunda convicção do Papa de que a verdadeira evangelização significa sempre *libertação* - libertação da ignorância, da exploração e da injustiça. Quando a Igreja educa, cura e reconcilia, está a cumprir fielmente a sua missão. E o próprio Leão XIV dá o exemplo: como um humilde professor e pastor que escuta e dá o exemplo para tornar realidade a visão de uma Igreja inclusiva, justa e filantrópica.

No **zelo missionário** deste Papa, na sua **opção pelos pobres**, no seu **diálogo** com o mundo e no seu **empenhamento na educação**, emerge um fio condutor: Leão XIV sempre se preocupou em tornar concreta a mensagem do Evangelho - no amor e no serviço aos outros. Ao fazê-lo, baseou-se no legado do seu antecessor e continuou-o à sua maneira. O desafio do seu mandato será implementar estes ideais elevados com actos concretos nas estruturas da Igreja e na vida quotidiana dos fiéis. Mas a direção foi traçada: uma Igreja pastoral que sai de si mesma, *"acolhe todos"* e defende com credibilidade a fé, o amor e a esperança no mundo do século XXI - agora ainda precisa de ser implementada por escrito no direito canónico e no dogma, bem como na socialização do clero.

 *Capítulo 6:*

Lidar com questões-chave da reforma: ordenação de mulheres e justiça de género

A questão da **ordenação das mulheres** - ou seja, a admissão de mulheres aos ministérios ordenados da Igreja Católica e, em particular, ao cargo de Papa - é uma das questões de reforma mais controversas do nosso tempo. Inseparavelmente ligada a esta questão está a questão da **justiça de género** na Igreja, ou seja, o pleno reconhecimento da dignidade e da igualdade de direitos das mulheres em todas as áreas da vida da Igreja. Após a eleição do Papa **Leão XIV**, muitas pessoas perguntam-se: como é que o novo Papa vai lidar com estas preocupações centrais? Que atitude tem demonstrado até agora, que possibilidades abre para a igualdade jurídica e não apenas para a participação das mulheres - e o que teria de mudar em termos de teologia e de direito canónico para que os padres ou, um dia, uma mulher papa sejam concebíveis num futuro próximo?

A posição anterior de Leão XIV sobre a ordenação de mulheres

O Papa Leão XIV, cujo nome verdadeiro é Robert Francis Prevost, é considerado, em muitos aspectos, como uma **figura central** da Igreja orientada para o consenso - mas não como um reformador radical revolucionário. Pouco depois da sua eleição, em maio de 2025, deixou claro que iria adotar uma abordagem cautelosa em relação a questões sensíveis. Particularmente no que diz respeito à questão da **ordenação de mulheres ao sacerdócio**, Leão XIV tem adotado até agora um **tom** mais reservado e **reflexivo**, em vez de oferecer uma perspetiva clara de abertura. Algo que poderá não ser possível antes da eleição - mas que está ao alcance da decisão no cargo e que poderá ter de ser avaliado de forma mais abrangente.

Nos seus primeiros dias como Papa, ainda não havia nenhuma carta doutrinal oficial ou discurso autorizado sobre a ordenação de mulheres - compreensível, tão pouco depois do conclave. No entanto, é possível tirar conclusões de declarações anteriores do novo Papa. **Como Cardeal Prevost**, por exemplo, ele comentou sobre este tópico no Sínodo Mundial em outubro de 2023. Numa conferência de imprensa durante a assembleia sinodal, foi-lhe perguntado qual era a sua posição sobre as mulheres em posições de liderança na Igreja e sobre a ordenação em particular. *A sua resposta foi inequívoca: "A clericalização das mulheres não resolverá os problemas existentes na Igreja"*, explicou na altura. Esta frase - traduzida grosseiramente para alemão: *Ordenar mulheres como padres não resolverá os problemas actuais da Igreja* - resume a sua visão cética. Prevost queria dizer que meras **mudanças estruturais**, como a abertura do sacerdócio às mulheres, não eliminariam automaticamente todos os desafios que a Igreja enfrenta. Pelo contrário, advertiu que uma tal medida poderia *"talvez criar um novo problema"*. Assim, posicionou-se criticamente contra a exigência de simplesmente tornar as mulheres iguais em todos os ministérios sem questionar o entendimento subjacente de poder e serviço na igreja. Ele não estava a falar contra as mulheres, mas sobre a contínua falta de soluções. Se as mulheres como papas poderiam ser uma solução - isso não dependeria apenas de um projeto-piloto, mas, em todo o caso, abordaria a justiça de género na Igreja Católica. Porque também não há solução para isto, nem apenas um papel novo ou melhorado. Quem é que quereria prescindir da plena igualdade hoje em dia? É este o ponto que tem de ser transmitido ao clero masculino.

Leão XIV justificou a sua posição **teologicamente**, sobretudo com referência à **tradição apostólica**. Sublinhou que a Igreja Católica só ordenou homens como sacerdotes durante 2.000 anos porque o próprio Jesus Cristo chamou doze homens como apóstolos - uma constatação que a Igreja sempre entendeu como normativa. Prevost disse textualmente no briefing sinodal de 25 de outubro de 2023: *"Estamos todos conscientes da longa e significativa tradição da Igreja, e a tradição apostólica é algo que tem sido muito claramente articulado, especialmente se quisermos falar sobre a questão da ordenação de mulheres ao sacerdócio"*. Estava a referir-se implicitamente ao ensino oficial da Igreja, que foi estabelecido pelo

Papa João Paulo II na década de 1990. Em 1994, João Paulo II declarou na carta *Ordinatio Sacerdotalis* **que a Igreja não tinha autoridade para** ordenar mulheres ao sacerdócio e que esta decisão devia ser definitivamente aceite por todos os fiéis. Pouco tempo depois, a Congregação do Vaticano para a Doutrina da Fé confirmou que se tratava de um "ensinamento definitivo" - por outras palavras, praticamente irrevogável. Na altura, o Cardeal Prevost estava claramente em plena sintonia com este ensinamento. A sua própria escolha das palavras "tradição apostólica" indica que ele está a continuar a **linha dos seus antecessores**: de acordo com esta, as mulheres não podem ser ordenadas como padres devido à tradição autorizada, que remonta a Cristo e aos apóstolos. No entanto, houve clérigos do sexo feminino na história e as mulheres tiveram esse papel, por exemplo, como diáconos, que foi suprimido dos livros de história pelo patriarcado. Para ganhar tempo, o Papa Francisco encomendou também estudos explicativos sobre o assunto.

Curiosamente, porém, Leão XIV também deu a entender uma perspetiva mais ampla: sugeriu que talvez fosse necessário repensar a compreensão da **liderança,** do **poder, da autoridade e** do **serviço** na Igreja como um todo - incluindo os dons e as perspectivas tanto das mulheres como dos homens. Por outras palavras, em vez de simplesmente inserir as mulheres num sistema existente, possivelmente **clericalista,** defendeu a mudança da própria estrutura da Igreja para a tornar menos orientada para o poder e mais aberta a carismas diversos. Esta declaração mostra Leão XIV como alguém que, embora aderindo à tradição sacramental, via, no entanto, uma **necessidade de reforma** na compreensão dos papéis eclesiásticos. Na sua opinião, as mulheres deveriam participar cada vez mais em posições de responsabilidade - não necessariamente através da ordenação ou do ofício de um papa feminino, mas através de uma interação alterada entre o clero e os leigos. Afinal de contas, Prevost admitiu: *"As mulheres podem contribuir muito para a vida da Igreja a muitos níveis diferentes"*. Esta confissão "as mulheres continuam a ser leigas" sublinha o facto de Leão XIV ter reconhecido explicitamente o valor das mulheres na Igreja - mesmo que visse um limite para o **sacerdócio** (pelo menos por enquanto).

Enquanto ainda era bispo no Peru, Prevost verificou que as mulheres assumiam efetivamente a liderança das paróquias em comunidades remotas quando os padres estavam ausentes. Apesar disso, não se deixou persuadir a pedir a ordenação de mulheres ao sacerdócio. As suas declarações até à data sobre o **papel e a igualdade das mulheres na Igreja** são geralmente bastante **cautelosas e reservadas**. No entanto, isto não significa que ele fosse indiferente às preocupações das mulheres - pelo contrário, Leão XIV provavelmente preferia uma abordagem gradual, possivelmente acordada sinodalmente. Um alto representante da Igreja suíça comentou a eleição de Prevost com as seguintes palavras: *"As expectativas devem ser elevadas, mas não ingénuas. O Papa Leão XIV não é um revolucionário. Dificilmente seria o primeiro a proclamar a ordenação de mulheres. Mas é um homem de processos, não de slogans rápidos"*. Esta citação resume tudo: sob Leão XIV, não podemos esperar um estrondo a curto prazo no que respeita ao sacerdócio feminino. No entanto, o novo Papa poderá criar espaço, no âmbito de um processo mais longo, para continuar a falar sobre as questões difíceis - um **correio de caracol sem proibições de pensar**, mas também sem acções precipitadas. A sua capacidade de ouvir é vista como uma grande força.

Em resumo, tudo aponta para que Leão XIV **adira pessoalmente ao Sim - Não - Talvez da Igreja relativamente à ordenação sacerdotal das mulheres com um Não sem surpresas ou que fique de fora**, justificando-o teologicamente com a tradição e as escrituras e não querendo quebrá-lo com a sua própria autoridade. Ao mesmo tempo, mostra respeito pelas mulheres na Igreja e prefere **a evolução à revolução**: mudanças sim, mas em harmonia com a unidade da Igreja, o patriarcado e os ensinamentos anteriores.

Perspectivas para as mulheres na Igreja sob Leão XIV.

Mesmo que o Papa Leão XIV não tenha ainda assinalado uma rápida abertura do ministério ordenado às mulheres, sob o seu pontificado surgiram **novas perspectivas para a participação das mulheres** na vida da Igreja - ainda que faltem as perspectivas de igualdade entre todos os géneros. **O Papa Francisco** já estabeleceu um rumo decisivo neste domínio, que Leão XIV irá continuar e possivelmente alargar. Um exemplo é a **inclusão de mulheres em posições de liderança** na Cúria e na Igreja universal. Como cardeal da Cúria, o próprio Robert Prevost esteve envolvido numa das reformas mais "revolucionárias" iniciadas por Francisco: **fez com que as mulheres fossem incluídas na comissão para a nomeação dos bispos**. Até há pouco tempo, apenas os cardeais e bispos do sexo masculino podiam participar na comissão que propõe novos bispos para todas as dioceses do mundo - por outras palavras, um domínio puramente masculino. Em 2022, no entanto, Francisco nomeou pela primeira vez **três mulheres** para esta influente comissão, incluindo a irmã religiosa e presidente da associação de mulheres Maria Lia Zervino. O cardeal Prevost assumiu a liderança deste dicastério (a autoridade do Vaticano para os bispos) no início de 2023 e, portanto, trabalhou diretamente com essas mulheres. De acordo com Zervino, Prevost tratou-as com grande **apreço, abertura e igualdade**. Segundo Zervino, Prevost ouvia as mulheres, levava as suas opiniões a sério e permitia-lhes participar nas decisões como se fosse a coisa mais normal do mundo. Esta experiência alimenta a expetativa de que o Papa Leão XIV continuará a promover as mulheres **na liderança da Igreja no** futuro. Zervino ficou convencida logo após a sua eleição: *"Tenho a certeza de que ele não tem de aprender a trabalhar com as mulheres e a envolvê-las nas decisões - ele já o faz de qualquer maneira.* Estas declarações de mulheres de dentro da Igreja sugerem que Francisco Leão XIV manterá o seu rumo de liderança eclesiástica mais inclusiva. Provavelmente, continuará a **nomear mulheres para cargos de responsabilidade** sempre que tal seja possível sem um ministério ordenado. Francisco já abriu uma série de posições-chave às mulheres - por exemplo, como subsecretárias, como conselheiras em conselhos importantes ou como chefes de departamentos nas autoridades do Vaticano. Leão XIV poderia perpetuar ou mesmo reforçar este caminho.

Um exemplo concreto: em 2021, o Papa Francisco nomeou a freira francesa **Nathalie Becquart** como subsecretária do Sínodo dos Bispos - a primeira mulher na história da Igreja a ter direito de voto num Sínodo dos Bispos. A Irmã Becquart trabalhou em estreita colaboração com o Cardeal Prevost na Assembleia do Sínodo de 2023 e descreve-o como um colega cooperante. Ela e outras mulheres de alto nível no Vaticano esperavam que Leão XIV permitisse que as mulheres não só *"dessem a sua opinião"*, mas também *"co-decidissem"*. **A participação sinodal** é um conceito-chave aqui: Leão XIV tem uma atitude positiva em relação ao movimento sinodal mundial (o "Processo Sinodal" de 2021-2024). O Sínodo de 2023, no qual Prevost participou, caracterizou-se pelo facto de as mulheres - religiosas e leigas - também terem participado pela primeira vez como membros com pleno direito de voto. Prevost congratulou-se expressamente com esta abertura e descreveu-a como um *"trabalho em curso"*, ou seja, um processo que irá continuar. Pode presumir-se que o Papa Leão XIV continuará a moldar os futuros sínodos **com a voz e o direito de voto das mulheres.** Isto fará com que a participação das mulheres em consultas importantes e em processos de tomada de decisão seja a **norma**.

Para além do nível da cúria e do sínodo, também o nível local é importante. Leão XIV veio dos EUA e trabalhou como bispo na América Latina durante muito tempo. Em ambos os contextos, já existem muitas formas de os leigos, e as mulheres em particular, assumirem responsabilidades na liderança paroquial. Pensemos nos **agentes pastorais**, nos coordenadores paroquiais ou nos responsáveis pela catequese que trabalham nas paróquias. Nas regiões rurais do Peru, por exemplo, onde Prevost era bispo, as mulheres serviam como *"catequistas"*, supervisionando paróquias a longas distâncias, dirigindo celebrações da Palavra de Deus e actuando como pessoas de contacto central para os fiéis. Estes **ministérios não ordenados** há muito que se tornaram indispensáveis na Igreja Católica. O Papa Francisco reconheceu este facto e, em 2021, criou o cargo de **catequista** como uma nomeação oficial - aberta tanto a mulheres como a homens. Além disso, Francisco já abriu às mulheres os ministérios inferiores anteriormente ordenados de leitor **e acólito** (leitor ou ajudante no altar). Isto significa que as mulheres podem agora oficialmente recitar textos bíblicos na liturgia, servir como ajudantes na comunhão ou assumir o serviço de cuidado da igreja, que antes era simbolicamente reservado aos homens. Leão XIV irá certamente confirmar e prosseguir estas medidas. É até possível que reforce outros **ministérios laicais para as mulheres** - como a *"liderança paroquial em forma de equipa"* em paróquias sem padres, que está a ser testada em alguns países. Estes modelos dão às mulheres uma autoridade de liderança de facto, sem afetar o sacerdócio ordenado. Uma lagarta sem casulo, por assim dizer.

A **ordenação de mulheres como diáconas** é também um tema muito debatido. O diaconato permanente é o cargo ordenado mais baixo, abaixo do sacerdote, com funções como batizar, oficiar casamentos, pregar e trabalhar no ministério social. Atualmente, na Igreja Católica Romana, **os homens casados** podem tornar-se diáconos, mas **as mulheres** não. No entanto, é interessante notar que havia *diáconos na* Igreja primitiva: no Novo Testamento, por exemplo, **Febe** é mencionada como *"diaconisa da igreja de Cencréia"* (Rm 16,1), e as fontes históricas mostram que as mulheres ocuparam o cargo de diácono até ao início da Idade Média. Foi precisamente por esta razão que o Papa Francisco criou duas comissões (2016 e 2020) para investigar o papel das mulheres diáconas na história e para examinar se este ofício poderia ser reintroduzido atualmente. Os resultados destes estudos foram inconclusivos, e o próprio Francisco - apesar da sua abertura - não tomou uma decisão de admitir mulheres ao diaconato até à sua demissão. O Cardeal Prevost foi mais cauteloso em 2023: disse que a questão dos diáconos estava "ainda em aberto", mas advertiu novamente que **clericalizar as mulheres não resolveria automaticamente os problemas**. No entanto, "em aberto" também significa que a possibilidade não foi definitivamente rejeitada. Se o atual Sínodo Mundial chegasse à conclusão de que a **ordenação de mulheres ao diaconado** seria uma opção viável, Leão XIV teria de lidar com isso. Os observadores esperam que ele, pelo menos, **ouça e examine** o que o "povo de Deus" quer e espera sobre este ponto. Como "homem de processos", poderia também contar com um amplo consenso neste domínio: por exemplo, um processo de consulta mundial ou um conselho antes de se chegar a uma decisão. A curto prazo, porém, era mais provável que Leão XIV se concentrasse na **atualização das funções não consagradas** do que na introdução imediata da ordenação sacramental.

Durante o reinado de Leão XIV, as mulheres puderam, portanto, **assumir** cada vez mais **funções de liderança** - em conselhos, em cargos administrativos, como conselheiras, teólogas, advogadas da Igreja ou na pregação e na caridade. Tudo isto contribui para a *igualdade dos géneros*, na medida em que a voz das mulheres se torna mais audível e a sua influência aumenta. No entanto, o ponto nevrálgico mantém-se: enquanto o **sacerdócio e todas as ordenações superiores** estiverem **reservadas aos homens - o patriarcado -** muitas católicas empenhadas na sua própria Igreja continuam a sentir-se *"mulheres de segunda"*. São pessoas de segunda classe. E isso não funciona. Não é complicado - por exemplo, em termos de direitos humanos globais. Este sentimento tem sido articulado cada vez mais alto nos últimos anos - por associações de mulheres católicas, teólogos, mas também por muitos crentes a nível das bases, especialmente na Europa Ocidental e na América do Norte. Eles apelam a uma verdadeira **igualdade**, que consideram incompleta sem o acesso a todos os ministérios. O Papa Leão XIV está, portanto, a caminhar numa **linha extremamente ténue**: por um lado, quer assegurar uma justiça igual e não maior para a metade feminina da Igreja, enquanto, por outro lado, está empenhado na tradição e não quer pôr em risco a unidade com a Igreja universal (na qual existem pontos de vista muito diferentes). Até agora, a sua abordagem aponta para **mudanças cautelosas** - sem avanços rápidos, mas, no entanto, com sinais de **abertura dentro dos limites do possível.**

História da Igreja e direito canónico: o que é preciso mudar?

Perante a atual situação doutrinal, coloca-se, em última análise, **a questão teológica central**: o que teria de mudar - na interpretação dos fundamentos bíblicos, no direito canónico e no catecismo - para que a ordenação de mulheres fosse de todo concebível? Por outras palavras: que obstáculos se colocam atualmente e como poderiam ser ultrapassados se a Igreja chegasse um dia a uma avaliação diferente?

Em primeiro lugar, a **situação jurídica atual: o Direito Canónico** Católico **(CIC)** afirma inequivocamente no cânone 1024: *"Só um homem batizado pode receber validamente a ordenação"*. Esta única frase torna todos os ministérios ordenados (diácono, padre, bispo) inacessíveis às mulheres - a ordenação de uma mulher seria juridicamente *nula e sem efeito* se alguém a realizasse de qualquer forma. Esta norma não é uma invenção nova, mas reflecte uma prática secular. No entanto, foi expressamente reafirmada em 1983 com o novo Código de Direito Canónico e incorporada no **Catecismo da Igreja Católica**. O Catecismo (n.º 1577) explica: *"O Senhor escolheu homens (viri) para formar o colégio dos doze apóstolos ... por isso a Igreja adere a esta decisão de Cristo. Por esta razão, não é possível à Igreja ordenar mulheres ao sacerdócio"*. Aqui torna-se claro que **o próprio Cristo** e a sua alegada intenção estão a ser invocados. A questão é assim retirada do controlo humano - é considerada uma *questão de fé* e não apenas uma disciplina mutável. João Paulo II formulou-o de forma ainda mais incisiva, como já foi referido, ao querer pôr fim a qualquer debate: *a Igreja não tem qualquer autoridade* para mudar isto. Esta declaração foi entendida por muitos como quase **infalível**, mesmo que não tenha sido formalmente proclamada ex cathedra (diretamente infalível). A Congregação para a Doutrina da Fé declarou-a como doutrina definitiva, o que sugere que está no topo da hierarquia. Enquanto esta classificação se aplicar, a **ordenação de mulheres** estaria **excluída do direito canónico e dogmaticamente** - qualquer ação contra ela seria inválida e possivelmente sujeita a sanções eclesiásticas para os envolvidos.

Para que as mulheres possam ser ordenadas sacerdotes ou diáconos, **esta passagem do direito canónico** teria primeiro de ser **alterada**. O cânone 1024 e as secções correspondentes do Catecismo teriam de ser eliminadas ou reformuladas. Isto só pode ser feito pelo próprio Papa, possivelmente como parte de uma decisão maior (como um concílio). Mas uma simples mudança na lei, por si só, não seria suficiente - porque por detrás da lei há um **juízo teológico** que até agora tem sido considerado vinculativo. Este juízo é: *a ordenação de homens é uma ordem divina*. Se a Igreja alguma vez quisesse ver isto de forma diferente, teria de **argumentar teologicamente de forma muito completa** porque é que a visão anterior já não é válida. Seria, portanto, necessária uma **nova interpretação dos testemunhos bíblicos** e **da** tradição.

O que é que isto significa em termos concretos? Em primeiro lugar, as passagens bíblicas e os factos históricos conhecidos seriam reavaliados. Até agora, tem-se confiado no facto de Jesus só ter nomeado apóstolos homens. Os defensores de uma abertura contrapõem: na cultura da época, Jesus também tinha razões para não incluir mulheres entre os doze - por exemplo, para garantir a sua segurança e credibilidade numa sociedade patriarcal. No entanto, as mulheres desempenharam um papel decisivo entre os seguidores de Jesus (Maria Madalena, por exemplo, é venerada como a "apóstola dos apóstolos" por ter sido a primeira testemunha da ressurreição).

Além disso, houve um apóstolo cujo género é discutido nos debates teológicos e históricos como possivelmente feminino: é **Júnia**.

Em Romanos 16,7, Paulo escreve: *"Saudai Andrónico e Júnias, meus parentes e companheiros de prisão, que são respeitados entre os apóstolos...".*

O texto original grego dá o nome de Ἰουνίαν ("Iounian"). Durante séculos, a forma feminina "Júnia" foi considerada inequívoca, até que, a partir da Idade Média, se difundiu na teologia a interpretação de que se tratava de um nome masculino ("Júnias"), embora este nome esteja pouco documentado na Antiguidade.

Muitos teólogos, historiadores e linguistas assumem agora que Paulo está de facto a referir-se a uma mulher chamada Júnia. Esta interpretação significaria que Júnias era uma apóstola, o que tem implicações importantes para o debate sobre o papel das mulheres na igreja primitiva.

Atualmente, muitos estudiosos da Bíblia, incluindo autoridades oficiais da Igreja, defendem a opinião de que Júnia era, de facto, uma mulher reconhecida entre os apóstolos. O tema é frequentemente discutido, especialmente no contexto dos debates actuais sobre a ordenação de mulheres e a igualdade na Igreja.

Esta chave torna inválida toda a estrutura doutrinal da Igreja Católica sobre o patriarcado.

Na igreja primitiva, havia também profetisas, diaconisas e líderes de igrejas domésticas. **Paulo** menciona várias mulheres líderes, como Febe (uma diaconisa) ou Júnia, que é mesmo descrita como uma apóstola notável em Romanos 16:7, dependendo da tradução. Estas constatações seriam certamente mais enfatizadas numa nova decisão: poder-se-ia argumentar **que a Bíblia afirma a igualdade de valor entre homens e mulheres perante Deus** (Gl 3,28: *"Já não há homem nem mulher, porque todos vós sois um em Cristo Jesus"*) e que o sacerdócio comum de todos os crentes é a base a partir da qual o sacerdócio ministerial especial poderia também ser aberto às mulheres.

No entanto, não basta apenas reinterpretar algumas passagens bíblicas. A compreensão do **sacerdócio sacramental** na teologia católica também está a ser analisada. Até agora, dizia-se que os padres *agem in persona Christi capitis*, no lugar de Cristo como cabeça da congregação - e Cristo era masculino, o padre é suposto representar esta masculinidade 'icónica'. Este argumento da declaração doutrinal *Inter Insigniores* (1976) afirma que o **género masculino de Cristo** não é uma coincidência, mas é simbolicamente significativo para a salvação: Cristo como Esposo - Igreja como Esposa. Se as mulheres fossem ordenadas, de acordo com a visão tradicional, este esquema simbólico seria interrompido. Esta **teologia simbólica** teria, portanto, de ser mais desenvolvida para provocar uma mudança. Alguns teólogos já o estão a fazer: sublinham que Cristo redimiu toda a humanidade e que a sua humanidade (e não a sua masculinidade) deve estar teologicamente em primeiro plano. A relação entre Deus e o homem não está ligada ao género masculino e feminino, e termos como "noivo" e "noiva" não devem ser reduzidos biologicamente. Se a Igreja aceitasse estes argumentos, poderia chegar à conclusão: uma mulher pode representar Cristo tão sacramentalmente como um homem, porque ambos são feitos à imagem de Deus. Esta mudança de perspetiva na **dogmática** seria de natureza fundamental: mas possivelmente urgentemente necessária com estes conhecimentos - equivaleria quase a um novo *desenvolvimento da doutrina*.

Em termos de direito da Igreja, o caminho para se tornar padre provavelmente só estaria aberto através dos **diáconos.** Muitos consideram o **diaconato permanente das mulheres como** o primeiro passo. Uma vez concluído este passo (por exemplo, através de uma decisão papal ou de um decreto conciliar), já teria sido introduzida a ordenação de mulheres, o que, por sua vez, tornaria pelo menos mais concebível uma evolução para o sacerdócio. Não é, portanto, por acaso que a discussão gira normalmente em torno dos diáconos. Se Leão XIV ou um sucessor desse um passo ousado e permitisse que as mulheres fossem ordenadas diáconas, isso implicaria uma mudança no direito canónico: adaptar o cânone 1024 (talvez inicialmente com uma exceção para o diaconado) e alterar o Catecismo em conformidade. Estas alterações teriam de ser acompanhadas de uma **justificação solene** sobre a razão pela qual isto é agora possível - por exemplo, dizendo que a investigação histórica mostrou que o diaconado não é um ofício exclusivamente sacerdotal e que as mulheres têm tradicionalmente servido como ministros diaconais. Um argumento deste género atenuaria a rutura com a linha anterior, uma vez que remeteria para os *modelos da Igreja primitiva.*

E como é que se passa do diaconato feminino para o **sacerdócio** - e ainda mais para a **"mulher no cargo papal"**? Neste ponto, estamos atualmente na área da visão a ser moldada, uma vez que **não existe atualmente nenhuma promoção ativa na hierarquia para mulheres sacerdotes**. Mas pensando a longo prazo: se a Igreja chegasse à conclusão de que Deus também chama as mulheres para serem sacerdotes, a *doutrina da Ordinatio Sacerdotalis* teria de ser novamente abalada. Talvez um futuro papa (ou um concílio) declarasse que, embora este ensinamento fosse mantido com profunda convicção, não era definido como infalível e pode e deve ser reconsiderado à luz do "sinal dos tempos e da igualdade como um direito humano". Seria um passo comparável, talvez, a anteriores reviravoltas (pense-se, por exemplo, no levantamento da proibição de receber juros ou na mudança de atitude em relação à liberdade religiosa - coisas que também foram "sempre" rejeitadas no passado e que depois puderam ser revistas porque se reconheceu um contexto mais profundo). No entanto, para a ordenação de mulheres, seria provavelmente necessário um processo conciliar e a aprovação da Igreja mundial, uma vez que se trata de uma questão tão fundamental e controversa - a não ser que um Papa se sinta responsável pela sua função de liderança através de um decreto prévio.

Só quando as mulheres forem ordenadas sacerdotes e puderem servir como bispos é que será praticamente possível **eleger uma mulher para o cargo de pastor**. Este cargo, então neutro em termos de género, é normalmente eleito de entre os cardeais, e os cardeais são (atualmente) quase exclusivamente bispos do sexo masculino. De acordo com a lei atual, qualquer católico batizado do sexo masculino poderia teoricamente ser eleito Papa, mas, na prática, o Colégio dos Cardeais elege um dos seus membros. **Atualmente, as mulheres ainda não estão representadas no Colégio dos Cardeais** - o que não é um dogma rigoroso, mas uma regra do direito canónico: desde 1917 que se estipula que os cardeais devem ser, pelo menos, sacerdotes do sexo masculino e, em 1962, João XXIII tornou obrigatória a ordenação episcopal para (quase) todos os cardeais. Para fazer de uma mulher um cardeal, ou esta regra teria de ser revogada ou a mulher teria de ser ordenada bispo primeiro - o que nos leva de volta ao ponto de partida. Sempre houve a questão de saber se um Papa poderia nomear simbolicamente uma mulher como diácono cardinalício (em teoria, isto fica ao critério do Papa, uma vez que as dignidades cardinalícias são conferidas pelo chefe da Igreja). Até agora, porém, nenhum chefe da Igreja se atreveu a fazê-lo - presumivelmente para evitar criar falsas expectativas. Em suma: sem mulheres como padres e bispos, **não pode haver papas mulheres**. No entanto, se o ministério ordenado fosse aberto às mulheres num futuro próximo, seria concebível, em princípio, que uma mulher pudesse um dia sentar-se na Cátedra de Pedro. Até lá, é um caminho de exigências que requer não só mudanças legais, mas sobretudo uma **mudança de mentalidade** - tanto na hierarquia como entre os fiéis.

Em conclusão, deve notar-se: a atual **situação canónica** ainda não é favorável à ordenação de mulheres, sustentada pela teologia oficial e pela interpretação bíblica tradicional. Para que isto mude, seriam necessárias **reformas profundas**: novas perspectivas teológicas adoptadas pela liderança da Igreja, alterações ao Código de Direito Canónico e ao Catecismo, e uma ampla aceitação da justiça de género e da neutralidade de género nos postos de trabalho na Igreja mundial. Realisticamente, o próprio Papa Leão XIV não será capaz de efetuar tais mudanças de um dia para o outro. **A justiça de género** na Igreja pode também crescer em **passos intermédios** - por exemplo, através de uma maior participação, reconhecimento e valorização das mulheres em todos os níveis não consagrados. É precisamente este o objetivo que Leão XIV parece estar a tentar alcançar: Ele quer *dar poder às* mulheres sem abrir imediatamente o sacerdócio durante o seu mandato. Esta abordagem pode não ir suficientemente longe para alguns, enquanto outros podem já considerá-la demasiado arriscada. Leão XIV teve, portanto, de encontrar um equilíbrio entre progresso e preservação. Se ele conseguir manter a **dinâmica sinodal** e discutir abertamente as "batatas quentes" sem perder a unidade, o seu pontificado poderá pelo menos preparar a Igreja - para possíveis decisões que só poderão amadurecer nas gerações seguintes ao seu mandato. Até lá, as mulheres podem assumir cada vez mais responsabilidades na Igreja Católica sob Leão XIV e contribuir com os seus talentos, trabalhando em pé **de** igualdade em muitas áreas - mas o passo para a ordenação sacerdotal permanece (por enquanto) apenas uma visão de futuro, que requer maturação social no clero e um amplo acordo no Vaticano.

Conclusão: O Papa Leão XIV representa um **ato de equilíbrio** entre tradição e reforma no que diz respeito à ordenação de mulheres. Aderiu à doutrina de que o sacerdócio era reservado aos homens, mas, ao mesmo tempo, manifestou o seu apreço pelas contribuições das mulheres e apoiou o seu maior envolvimento nos processos de liderança da Igreja. Na sua abordagem a esta questão central da reforma, Leão XIV mostra-se um líder pragmático e inclusivo: não é um revolucionário com decretos rápidos, mas um Papa que ouve, abre portas e quer conduzir a Igreja passo a passo em direção a uma maior igualdade - **no espírito da sinodalidade** e sem cortar ligeiramente as raízes da tradição.

As mulheres empenhadas na **Maria 2.0**, bem como as pessoas que não só apoiam **a igualdade de género** e **os direitos humanos**, mas que os têm profundamente enraizados na sua autoimagem e nas suas acções, não querem esperar mais uma geração ou décadas para que os homens se apercebam disso.

A questão da ordenação das mulheres continua, pois, a ser apaixonante e controversa. Mas sob Leão XIV, há a possibilidade de, pelo menos, a *luta séria* sobre esta questão continuar - com objetividade, profundidade teológica e a necessária paciência - ou a necessária pressão de que uma igreja global precisa para uma verdadeira renovação.

 *Capítulo 7:*

Lidar com as principais questões da reforma - celibato obrigatório e formação de padres

Quando o Papa Leão XIV iniciou o seu pontificado, duas questões perenes da reforma da Igreja ocuparam um lugar central: o celibato obrigatório para os sacerdotes do sexo masculino e a formação da próxima geração de sacerdotes. Ambos os temas são emocionalmente carregados e teologicamente significativos. Como é que Leão XIV, um papa com uma abordagem prática e experiência canónica, lidou com estas questões de reforma? Um olhar bem fundamentado sobre as suas perspectivas, a discussão atual e as possíveis mudanças esclarecerá esta questão.

Celibato - tradição, desafio e a perspetiva de Leão XIV

Durante séculos, o rito latino da Igreja Católica exigiu que os padres permanecessem celibatários. Este modo de vida, "abstinência total por causa do reino dos céus", está profundamente enraizado na tradição e no direito canónico. Ao longo da história da Igreja, tornou-se gradualmente obrigatório: a partir do século XII, o mais tardar, e confirmado como obrigatório pelo Concílio de Trento no século XVI, os padres católicos e seculares do sexo masculino no Ocidente eram obrigados a permanecer solteiros. Os seus defensores vêem este facto como um **carisma** espiritual - um sinal de discipulado radical de Cristo que permite aos padres dedicarem-se inteiramente ao seu ministério. O Cardeal Robert Sarah, por exemplo, sublinha que o celibato mostra claramente *que os padres pertencem apenas a Cristo*; pôr em causa este ideal só iria **exacerbar** a crise do sacerdócio. O Papa Emérito Bento XVI também escreveu de forma avisada que uma dissociação entre o sacerdócio e o celibato faria com que o seu carisma especial se desvanecesse e reduziria os padres a meros **funcionários**.

Apesar destas defesas, o celibato obrigatório é repetidamente criticado - e Leão XIV está consciente desta tensão. **Leão XIV**, que trabalhou como bispo na América Latina durante muitos anos antes da sua eleição, estava familiarizado com a realidade pastoral de uma escassez de padres e de extensas paróquias sem missa regular. Mesmo em declarações anteriores como bispo e mais tarde como cardeal, deixou claro que **valorizava** o celibato como um **bem valioso** da Igreja, mas não o considerava imutável. Ele próprio tem um doutoramento em direito canónico e sabe que o mandamento do celibato **não é um dogma**, mas uma lei eclesiástica. Por isso, não é surpreendente que esteja a considerar abertamente novas abordagens sem tomar decisões precipitadas. O seu antecessor Francisco já tinha observado que o celibato era "um dom para a Igreja", mas "não estava gravado na pedra" - e que as questões puramente disciplinares podiam ser fundamentalmente alteradas no momento certo. Apesar de todos os debates, o próprio Francisco aderiu à regra atual até ao fim da sua vida. Agora, muitos olhos estão postos em Leão XIV: manterá ele este rumo ou reformá-lo-á com cautela?

O comportamento de Leão XIV até à data indica uma abordagem equilibrada. Reconheceu repetidamente as realizações dos padres celibatários, mas ao mesmo tempo manifestou compreensão pelas discussões sobre as excepções. Durante os seus anos como arcebispo, ele experimentou em primeira mão como as paróquias sem padres estão a sofrer. Por isso, acompanhou com interesse o Sínodo da Amazónia de 2019. Nessa altura, os bispos desta região remota defenderam cautelosamente a ordenação de pessoas casadas experimentadas e testadas - conhecidas como *viri probati,* mais tarde também conhecidas concetualmente *como homines probati* - como padres, a fim de assegurar o fornecimento da Eucaristia. Leão XIV estava aberto a estas considerações *em casos excepcionais que envolvessem homens.* O seu lema era: o celibato deve manter-se, mas quando serve o anúncio do Evangelho, a Igreja deve poder encontrar **soluções pastorais.** Levou esta atitude consigo para o cargo de Papa.

Opção ou abolição? - O debate sobre o celibato voluntário

Quase nenhum outro tema da reforma é discutido de forma tão polémica como a exigência de **celibato voluntário** para os padres - embora o celibato voluntário seja equivalente à **abolição do celibato**. Isto significa que os padres devem poder decidir por si próprios se querem viver em celibato ou não - em vez de uma obrigação geral de permanecerem celibatários. Os defensores de tal flexibilização argumentam que isso tornaria a profissão sacerdotal mais atractiva e faria justiça aos padres que não se sentem chamados ao celibato vitalício. Os críticos, por outro lado, advertem que uma solução "voluntária" equivaleria a uma abolição de facto, uma vez que a maioria do clero casaria e o ideal do celibato seria rapidamente marginalizado.

Que vozes se levantam neste debate? No seio da Igreja, há anos que teólogos e bispos têm vindo a manifestar posições diferentes. No início de 2022, o Cardeal Reinhard **Marx**, de Munique, causou alvoroço quando apelou abertamente à abolição do celibato obrigatório. Não apenas por "razões sexuais", segundo Marx, mas porque alguns padres se sentiriam sozinhos sem a possibilidade de casamento e "seria melhor para as suas vidas" se pudessem casar. Muitos crentes e teólogos - sobretudo na Europa e na América - defendem também **a opcionalização**: lembram que já existem padres casados na Igreja Católica, por exemplo, pastores convertidos ou nas igrejas orientais unidas a Roma. Nas Igrejas ucraniana, maronita ou greco-católica, os homens casados podem ser ordenados sacerdotes sem que o sacerdócio seja menos respeitado. Este modelo - padres celibatários e casados lado a lado - poderia ser adotado pela Igreja latina, segundo o argumento. Os seus defensores consideram, por isso, que esta abertura já devia ter sido feita, tanto mais que o celibato não é uma exigência sacramental do ponto de vista *teológico*, mas baseia-se numa decisão disciplinar da Igreja.

No entanto, existem também **preocupações e contra-modelos**. Particularmente dos círculos tradicionais e conservadores vem a objeção de que o celibato voluntário dilui a natureza sacrificial do sacerdócio. Em 2020, o Cardeal da Cúria, Robert Sarah, advertiu com urgência que qualquer **"relativização"** do celibato - por exemplo, através de amplas excepções - seria "um passo na direção errada". Na sua opinião, um relaxamento tenderia a aprofundar a crise existente, pois daria a impressão de que o sacerdócio é apenas uma **profissão** e não uma vocação. Sarah teme mesmo que uma exceção inicialmente limitada possa "tornar-se a regra". Na mesma linha, Bento XVI argumentou que o abrandamento da obrigação do celibato poderia reduzir o sacerdócio a uma instituição puramente humana aos olhos do mundo. **Será que alguém continuaria a escolher este caminho se o celibato fosse voluntário?** As opiniões divergem nesta matéria. Alguns pensam que sim - os carismas genuínos também se desenvolveriam e continuariam a ser cultivados sem coação (à semelhança do que acontece com os religiosos que vivem voluntariamente uma vida celibatária). Outros acreditam que, numa sociedade mais liberal, a maioria dos candidatos ao sacerdócio preferiria o casamento, o que tornaria raro o testemunho dos consagrados "por causa do reino dos céus".

Leão XIV teve de equilibrar estas tensões. **Quais são os seus próprios sinais?** Por um lado, respeita a linha anterior: nas suas primeiras declarações como Papa, sublinhou que o celibato prestou serviços inestimáveis à Igreja e está intimamente ligado à identidade do sacerdócio latino. Por outro lado, indicou que queria olhar para o **sínodo** mundial **sobre a reforma da Igreja com** um espírito aberto. De facto, no Caminho Sinodal Alemão - um diálogo sobre a reforma da Igreja na Alemanha - uma maioria de bispos pronunciou-se recentemente a favor de uma abertura cautelosa do celibato. Há também vozes de outros continentes que gostariam de ver, pelo menos, a possibilidade de padres casados em certas regiões ou em certas circunstâncias. Leão XIV assinalou: Tal desenvolvimento *não está fora de questão*, desde que sirva o bem da Igreja. As suas origens latino-americanas e a sua experiência dão-lhe uma perspetiva prática: ele está consciente das necessidades dos fiéis sem pastor e, ao mesmo tempo, conhece os **limites** das soluções puramente organizacionais - porque a falta de vocações sacerdotais tem muitas causas, não apenas o celibato. O Cardeal Jorge Mario Bergoglio (mais tarde Papa Francisco) já duvidava, há alguns anos, que a abolição do celibato conduzisse automaticamente a um maior número de novos padres. Leão XIV vai, por isso, ponderar bem as coisas: como abrir a porta suavemente sem deitar fora o bebé com a água do banho?

Por conseguinte, **a perspetiva de Leão XIV** pode provavelmente ser resumida da seguinte forma: O celibato obrigatório está a ser analisado, mas não é criticado. Provavelmente, o Papa começará por experimentar modelos - como, por exemplo, permitir que diáconos casados sejam ordenados sacerdotes em regiões com grande escassez de padres. Tais medidas não seriam uma abolição do celibato, mas uma **expansão diferenciada da** prática atual. O verdadeiro desafio é preservar o elevado significado espiritual da vida celibatária e, ao mesmo tempo, ir ao encontro das necessidades pastorais da Igreja. O próprio Leão XIV disse o seguinte: *"Não se trata de uma questão de ou/ou, mas de ambos/e, que honre o tesouro do celibato e, ao mesmo tempo, abra espaços para novos caminhos.*

Necessidade de reforma na formação dos padres: relevância prática e desenvolvimento pessoal

Para Leão XIV, a qualidade da **formação sacerdotal** era, pelo menos, tão importante como a questão do celibato. Porque, independentemente do facto de os padres poderem ou não casar no futuro, todos eles precisam de uma excelente preparação para o seu ministério. Nos últimos anos, tornou-se claro em muitos países que é necessário recuperar o atraso. **As críticas** são muitas: a formação dos padres nos seminários é muitas vezes demasiado académica e teológica e não é suficientemente prática; após a ordenação, os jovens padres são confrontados com tarefas administrativas e uma rotina de trabalho diária para a qual se sentem mal preparados. Um inquérito recente aos novos sacerdotes do sexo masculino na Alemanha, por exemplo, revelou lacunas gritantes entre a formação e a realidade. Mais de dois terços dos inquiridos gostariam de ver mais **desenvolvimento pessoal e espiritualidade** na sua formação (71,7% e 63%, respetivamente, consideraram este aspeto muito importante), e os cuidados pastorais também tiveram uma classificação elevada (69,1%). Em contrapartida, menos de metade dos inquiridos considera importante uma maior formação em tarefas administrativas e de liderança (apenas 39,5% pretendem mais formação em administração da igreja). Por outro lado, apenas **6,1%** declararam ter sido *muito bem* preparados em questões práticas - enquanto mais de 27% classificaram a preparação prática como pobre ou muito pobre. **A formação teórico-teológica**, por outro lado, foi predominantemente bem classificada (mais de 80% classificaram-na como boa ou muito boa). Esta discrepância mostra que, em muitos locais, a tónica foi colocada na teoria, enquanto a formação prática e pessoal foi negligenciada.

Leão XIV deixou claro que era necessário repensar esta questão. **A relevância prática** e **a espiritualidade** já não devem estar em oposição à teologia, mas devem ser pilares iguais da formação sacerdotal. O Papa Francisco já tinha apresentado orientações para uma formação "holística" em 2016 com uma nova ordem-quadro (*Ratio Fundamentalis Institutionis Sacerdotalis*). Este conceito de *formação holística e orientada para a vida* sublinha que os candidatos ao ministério dos padres não devem ser apenas formados teológica e liturgicamente, mas devem também crescer na **prática pastoral** e na **formação do coração**. Esta última significa o desenvolvimento da personalidade, a maturidade do carácter e a capacidade de desenvolver relações maduras - especialmente no que diz respeito à vida celibatária. Leão XIV apoia plenamente esta linha. Exigiu que os seminaristas fossem intensamente formados em humanidade, empatia e vida espiritual: os sacerdotes não devem ser apenas formados dogmaticamente, mas *pastores* com maturidade espiritual e uma profunda relação com Cristo.

Na prática, isto significa **inovações** concretas nos seminários. Muitos países já têm uma fase propedêutica preliminar - um ano introdutório e de orientação que serve sobretudo de preparação espiritual e humana. Estes *propedêuticos* estão agora a tornar-se a norma a nível mundial, o que a Igreja na Áustria, por exemplo, tem vindo a praticar com sucesso há muito tempo (e pelo qual recebeu reconhecimento internacional). Seguiram-se os estudos teológicos, mas Leão XIV queria cada vez mais que os futuros sacerdotes se envolvessem ao mesmo tempo **na vida paroquial**: os estágios nas paróquias, os estágios sociais ou as fases em que trabalham na vida quotidiana normal dos fiéis devem tornar-se parte integrante da sua formação. Alguns modelos prevêem que os seminaristas vivam temporariamente com as famílias ou fora do seminário, a fim de conhecerem melhor a realidade da vida das pessoas. Pretende-se, assim, evitar que os candidatos à ordenação vivam em reclusão no seminário durante anos e, de repente, presidam sozinhos como pároco de várias paróquias - um salto no escuro que, muitas vezes, é visto como um desafio demasiado grande.

Leão XIV também sublinhou a importância de uma **orientação espiritual** contínua: conversas regulares com mentores e confessores devem ajudar os candidatos a examinar honestamente a sua decisão pelo sacerdócio e (se o celibato for exigido) por uma vida celibatária, uma e outra vez. O Papa Leão XIV está consciente de que é necessária uma integração madura, especialmente no domínio da sexualidade e da capacidade de ter relações, a fim de evitar escândalos e conflitos interiores. Depois das dolorosas experiências com casos de violência sexualizada na Igreja, é essencial que os líderes dos seminários e os formadores prestem atenção aos sinais de alerta e tomem medidas preventivas. O Papa apoia expressamente o envolvimento de psicólogos e pastores experientes na formação, a fim de promover a adequação do carácter e a maturidade psicossexual dos candidatos. Esta abertura às ciências humanas modernas na formação dos sacerdotes marca uma mudança cultural no sentido de um maior profissionalismo e humildade: não se confia apenas no facto de a vocação espiritual trazer automaticamente consigo tudo o que é humano, mas **trabalha-se conscientemente** a personalidade dos futuros sacerdotes.

Os bispos alemães também apresentaram planos de reforma para a formação de padres - paralelamente ao caminho sinodal - que apontam numa direção semelhante. Por exemplo, a formação deverá ser parcialmente reestruturada e concentrada num menor número de locais, a fim de assegurar uma boa comunidade para os poucos jovens. Ao mesmo tempo, os estudantes de teologia que querem ser padres devem estudar mais de perto com os estudantes de teologia de outras profissões eclesiásticas, a fim de promover a cooperação e a compreensão mútuas numa fase inicial. O que foi notório nos resultados do inquérito acima mencionado foi o **desejo dos jovens clérigos** de um maior desenvolvimento pessoal e espiritual. O bispo Michael Gerber, de Fulda, responsável pela formação dos seminaristas, congratulou-se expressamente com este facto e apelou a que estes aspectos fossem "enfaticamente promovidos" - especialmente à luz da investigação de abusos. Isto mostra que as críticas do passado estão a ser levadas a sério e que Leão XIV, juntamente com muitos dos responsáveis, está a tirar consequências disso.

Um exemplo de ensino inovador é a formação acrescida em **comunicação e resolução de conflitos**: os futuros padres aprendem a trabalhar em equipa com o pessoal leigo e a tempo inteiro, a moderar as reuniões paroquiais e a lidar com as críticas. Também se está a deixar de utilizar os padres principalmente como administradores em várias paróquias - um papel em que muitos se sentem desconfortáveis. A Igreja tem de se transformar para responder às perguntas e necessidades das pessoas", adverte Irme Stetter-Karp, presidente do Comité Central dos Católicos Alemães. Os padres **não querem** ser **meros gestores**, mas sim líderes espirituais. A formação deve, portanto, permitir-lhes viver esta liderança espiritual, enquanto as tarefas administrativas são assumidas mais por equipas. É claro que os futuros pastores continuarão a ter de saber alguma coisa sobre finanças e organização - mas estas competências passarão para segundo plano em relação à formação como **pastores espirituais**. Leão XIV implementou assim uma mudança de prioridades na formação dos padres: **formar pessoas antes da gestão**.

Condições para a mudança: Ajustamentos legais e doutrinais

A fim de reajustar o celibato e renovar a formação dos padres, eram necessárias **mudanças** consideráveis **nas regras e regulamentos da Igreja** . Leão XIV viu-se confrontado com a tarefa de lidar cuidadosamente com a tradição e, ao mesmo tempo, iniciar reformas corajosas.

Em primeiro lugar, **o celibato obrigatório**: por se tratar de uma disposição do direito canónico, uma abertura ao celibato voluntário teria de ser consagrada nas normas jurídicas aplicáveis. Em termos concretos, isto significa que o cânone correspondente do Código de Direito Canónico (CIC) teria de ser alterado. Atualmente, o cânone 277 do CIC exige que os sacerdotes de rito latino sejam celibatários como forma de vida. Leão XIV poderia - numa decisão individual ou em consulta com o Sínodo dos Bispos ou um concílio - modificar este cânone para permitir excepções ou opções. Uma possibilidade seria continuar a formular o celibato como **regra**, mas com um aditamento: "a menos que o Papa conceda uma dispensa em casos individuais" ou algo semelhante. Também seria concebível uma abertura regional, na qual, por exemplo, as conferências episcopais dos territórios de missão poderiam solicitar a ordenação de diáconos comprovadamente casados como sacerdotes. Isto teria em conta o facto de as situações pastorais variarem muito em todo o mundo - uma ideia que o Papa Francisco e teólogos como o Cardeal Walter Kasper já tinham imaginado. É importante que Leão XIV deixe claro que uma mudança na lei **não é uma transformação do ensinamento da Igreja**: a Igreja Católica continua a ensinar o alto valor do celibato por causa do Reino dos Céus, mas está a mudar um requisito disciplinar para fazer justiça à missão da Igreja. Caberá ao **Magistério**, ou seja, à autoridade de ensino papal e episcopal, formular isto de forma teologicamente correta. É possível que Leão XIV publique uma carta pormenorizada, ou mesmo uma encíclica, em que exponha os fundamentos bíblicos e teológicos: por exemplo, o facto de o Novo Testamento conter também ministros casados (como o apóstolo Pedro ou Júnias) e solteiros (como Paulo). Poderia sublinhar que, de acordo com Mateus 19,12 ("alguns se tornaram solteiros por causa do Reino dos Céus"), a solteirice continua a ser reconhecida como um dom especial, mas não é dada a toda a gente - e que, por isso, a Igreja quer dar lugar a ambos os estados de vida no serviço de Deus.

No **Catecismo da Igreja Católica**, que atualmente afirma que na Igreja latina só os homens celibatários são ordenados sacerdotes, esta passagem seria adaptada. Presumivelmente, uma nova redação reconheceria **as práticas latinas e orientais** lado a lado: tal como o Catecismo já menciona que as Igrejas Orientais reconhecem um sacerdócio casado, uma dupla recomendação poderia também valer para a Igreja latina no futuro. O artigo do Catecismo poderia, por exemplo, afirmar que o ministério sacerdotal é um bem tão elevado que tanto os solteiros como os casados - dependendo da sua vocação e situação - o podem exercer, e que ambos têm vantagens e desvantagens, que a Igreja tem em conta na sabedoria pastoral.

São também necessários alguns ajustamentos jurídicos para a **formação dos** próprios **sacerdotes**. Os requisitos canónicos para a formação dos seminaristas (por exemplo, nos Cânones 232-264 CIC) teriam de ser actualizados de acordo com a nova Ratio Fundamentalis. Roma já emitiu diretrizes que se aplicam a todo o mundo - mas cada conferência episcopal tem de as implementar nos seus próprios regulamentos de formação. Leão XIV insistirá para que estes regulamentos incluam elementos obrigatórios como o propedêutico, o teste de aptidão psicológica e estágios pastorais mais longos. A **estrutura etária** também pode ser flexibilizada: se, por exemplo, houver mais candidatos casados ao sacerdócio (como diáconos de meia-idade), os percursos de formação também terão de ser abertos e atractivos para os candidatos tardios. Neste caso, o direito eclesiástico poderia incluir disposições que permitissem a existência de padres de segunda carreira ou modelos de estudo a tempo parcial.

Do ponto de vista doutrinal, deve ficar claro que tais adaptações estão em conformidade com a tradição. É provável que Leão XIV sublinhe que não há qualquer mudança no sacramento **da ordenação** em si - o ensinamento da Igreja de que apenas as pessoas baptizadas podem receber validamente a ordenação sacerdotal permanece inalterado (mesmo que esta questão - a ordenação de mulheres - seja uma questão controversa por direito próprio, que o Papa poderá abordar neste contexto). Trata-se, antes, do **quadro disciplinar do** ministério. A Igreja já reconhece que os diáconos permanentes casados têm um ministério ordenado e que os sacerdotes casados de outros ritos são sacerdotes plenamente válidos. A este respeito, estamos a mover-nos dentro da diversidade católica, com a exceção de que a Igreja particular latina poderia aprender algo com a prática oriental. Isto pode ser comprovado biblicamente com referência ao primeiro milénio: muitos santos da Igreja primitiva - por exemplo, bispos históricos como Santo Hilário de Poitiers ou São Gregório de Nazianzo pai - eram casados. Um regresso a esta diversidade da Igreja primitiva pode ajudar a refutar a *preocupação* de que um relaxamento do celibato significaria sacrificar a tradição sagrada. O próprio Leão XIV disse uma vez o seguinte: "*Nem todas as regras eclesiásticas de ontem são já uma verdade imutável de sempre.* Assim, ele mostra que há legitimidade na história e na teologia para mudanças cautelosas.

O papel das mulheres na formação pastoral. Em todas as considerações relativas à ordenação de padres e à formação, não se deve esquecer que a Igreja Católica não depende apenas de homens ordenados para o cuidado pastoral. Em todo o mundo, as mulheres partilham a responsabilidade numa variedade de profissões e funções pastorais - como párocos, assistentes pastorais, teólogas, catequistas e irmãs religiosas. No seu programa de reformas, Leão XIV sublinhou repetidamente que as mulheres deveriam ter mais **influência** na Igreja. Embora o ministério ordenado de padres e bispos continuasse a ser reservado aos homens, de acordo com a doutrina atual, a participação das mulheres na liderança e na educação foi alargada. Por exemplo, há cada vez mais mulheres que são professoras em faculdades de teologia e que fazem parte dos comités de formação de padres. Nalguns seminários, as mulheres já estão envolvidas como guias espirituais ou formam seminaristas em psicologia pastoral - um contributo importante para ultrapassar as "perspectivas masculinas" unilaterais. Leão XIV apoiou fortemente estas medidas. Ele sabia que quanto mais as mulheres estivessem envolvidas em pé de igualdade na formação dos futuros padres, mais os padres estariam sensibilizados para trabalhar com mulheres no seu futuro ministério. Leão XIV também abre as portas fora das salas dos seminários: já nomeou **mulheres** mais **competentes** para cargos de direção na cúria e em dioceses, a fim de mostrar que a Igreja não deve ser um "patriarcado" dominado pelos homens. A Presidente do Comité Alemão das Mulheres Católicas resumiu a situação: "A liderança e a gestão não são masculinas em si". Leão XIV estava empenhado neste princípio. Não via a promoção das mulheres na Igreja - tanto na formação como na prática - como uma concessão ao espírito dos tempos, mas antes como um regresso à união que Jesus e a Igreja primitiva também conheciam (pense-se na colaboração de Marta, Maria, Febe e muitas outras mulheres do Novo Testamento).

Neste capítulo da sua possível obra, o Papa Leão XIV percorreu uma linha ténue entre continuidade e mudança. **No que diz respeito ao celibato,** ele parece disposto a permitir aberturas prudentes sem abandonar o valor espiritual do celibato. Ele leva a sério o que preocupa muitos crentes e sacerdotes e pondera modelos que já foram experimentados em pequenas partes da Igreja mundial. Está consciente de que qualquer mudança deve ser bem fundamentada e teologicamente sólida para não pôr em perigo a unidade da Igreja. Leão XIV promoveu uma ofensiva de qualidade **na formação dos padres**: os padres de amanhã devem ser teólogos com formação académica, mas também personalidades com empatia, profundidade espiritual e experiência pastoral. Ele definiu o rumo para que os seminários deixassem de ser torres de marfim e passassem a ser oficinas para pastores credíveis.

Em tudo isto, o Papa mantém-se objetivo e concentrado na missão da Igreja. Aborda abertamente os pontos controversos, mas sem polémicas. Formula com precisão teológica onde a **evolução** é possível e onde a doutrina permanece inalterada. Esta visão narrativa do celibato obrigatório e da formação dos padres mostra que Leão XIV procurou soluções que conciliassem **a tradição e o futuro** da Igreja Católica - com prudência mas com firmeza. Os próximos anos do seu pontificado mostrarão como isso se traduz na realidade eclesial. Mas uma coisa já está clara: o discurso está em movimento e Leão XIV abraçou-o com prudência e paixão pastoral.

🕊 *Capítulo 8:*

Lidar com questões-chave da reforma: Inclusão de pessoas queer - LGBTQIA+

Quando o Papa Leão XIV inicia o seu pontificado, a Igreja Católica encontra-se no meio de um tenso debate sobre a igualdade de tratamento das pessoas LGBTQIA+. Em muitas sociedades, verificou-se uma profunda mudança: os casais do mesmo sexo estão legalmente autorizados a casar, as bandeiras do arco-íris estão agora hasteadas nos campanários das igrejas como sinal de solidariedade e, na opinião pública, a diversidade de orientações sexuais é cada vez mais vista como normal e digna de proteção. As expectativas são correspondentemente elevadas - tanto de crentes como de não crentes - para que a Igreja trate todas as pessoas com a mesma dignidade, independentemente da sua orientação sexual.

Igualdade perante Deus e no altar - mudanças sociais e expectativas da igreja

Em particular, é premente a questão de saber como é que *todos os* amantes se tornam realmente iguais perante Deus e no altar, porque o são, ou se a Igreja quer continuar a excluir certos grupos - como os casais homossexuais - de actos sacramentais como o casamento.

O **status quo** social fala por si. Nos países e comunidades tradicionalmente católicos, muitos crentes apelam agora abertamente a que as pessoas LGBTQIA+ sejam tratadas com respeito. As sondagens sustentam esta mudança de sentimento: já em 2013, cerca de 70% dos católicos alemães eram a favor da abertura do casamento civil a casais do mesmo sexo. Ao mesmo tempo, um inquérito da Igreja mostrou que mais de dois terços dos católicos estavam insatisfeitos com o tratamento dado pela Igreja aos homossexuais. Também a nível internacional, é possível observar que os católicos - especialmente as gerações mais jovens - estão a questionar a rejeição tradicional das uniões entre pessoas do mesmo sexo. A convicção básica de muitos é que todas as pessoas têm o mesmo valor perante Deus, "filhos de Deus" (de acordo com o Papa Francisco) - ninguém deve ser excluído ou infeliz por causa da sua orientação sexual. Esta atitude baseia-se numa compreensão moderna dos direitos humanos e do amor, bem como no mandamento cristão de amar o próximo. Se Deus é amor, como é que o amor sincero entre duas pessoas pode contradizer a vontade divina? São cada vez mais os crentes que se colocam esta questão e esperam da Igreja respostas que façam justiça aos conhecimentos e sentimentos actuais.

No entanto, até à data, **a doutrina** oficial da Igreja Católica apenas acompanhou cautelosamente esta evolução social. O *Catecismo da Igreja Católica* continua a enfatizar o respeito e o tato ao lidar com pessoas homossexuais, por um lado, mas deixa claro, por outro lado, que os actos de amor entre pessoas do mesmo sexo são *"intrinsecamente errados"*. Por outras palavras: de acordo com os ensinamentos da Igreja, ser homossexual não é pecado - mas viver ativamente um amor do mesmo sexo é. Esta distinção - amor sim, sexualidade vivida não - leva ao que muitos vêem como um paradoxo: embora todas as pessoas devam ser igualmente amadas e aceites, os seus estilos de vida não são igualmente válidos aos olhos do clero. É aqui que as expectativas sociais e os ensinamentos da Igreja entram claramente em conflito. A exigência de **igualdade de** todas as orientações "perante Deus e o altar" exigiria uma reformulação: Longe de termos como "objetivamente desordenado", em direção a uma teologia que vê a orientação do mesmo sexo como uma variação da criação que é tão ordenada por Deus como a orientação heterossexual. De facto, são cada vez mais as vozes da Igreja que apelam precisamente a isto. Por exemplo, o presidente da Conferência Episcopal Alemã, o Bispo Georg Bätzing, apelou à revisão das passagens relevantes do Catecismo em 2020. O seu argumento: a Igreja deve encontrar soluções para integrar visivelmente os crentes homossexuais - por exemplo, através de celebrações litúrgicas adequadas. Este equilíbrio entre a fidelidade à tradição e o necessário desenvolvimento futuro é a linha ténue que Leão XIV tem de percorrer.

Reconhecimento sacramental dos casais do mesmo sexo: prós e contras teológicos

No centro do debate está o **reconhecimento sacramental** dos casais do mesmo sexo, ou seja, a questão de saber se uma união entre dois homens ou duas mulheres pode receber o mesmo estatuto sacramental e a mesma bênção perante a Igreja que um casamento entre um homem e uma mulher. Profundas convicções e argumentos emocionais colidem aqui - **teologicamente**, mas também a nível pastoral e social.

Argumentos a favor de uma abertura: Os defensores de uma reavaliação do casamento de casais do mesmo sexo no seio da Igreja argumentam que a qualidade de uma relação não depende do género dos parceiros, mas da profundidade do seu amor e da sua responsabilidade um pelo outro. Se o sacramento do matrimónio é uma imagem do amor fiel e fecundo de Deus pelas pessoas, então o amor de um casal homossexual também pode refletir essa imagem. É importante sublinhar que "fecundidade" não tem de significar apenas descendência física. Muitos teólogos defendem um entendimento mais alargado da fertilidade - um entendimento que reconheça também os frutos sociais e espirituais do amor empenhado. Duas pessoas que se apoiam uma à outra durante toda a vida, suportam crises juntas e talvez até criem filhos (por exemplo, através de adoção ou de relações anteriores) exemplificam valores que a Igreja defende fundamentalmente: fidelidade, cuidado, sacrifício e comunidade. Neste contexto, justifica-se excluir estes casais da bênção sacramental?

Outro *argumento a favor* baseia-se em descobertas mais recentes dos estudos bíblicos e da teologia moral. Muitas das passagens bíblicas que têm sido tradicionalmente usadas contra a homossexualidade (por exemplo, do livro do Levítico ou das cartas de S. Paulo) são lidas hoje de uma forma mais matizada. A exegese histórico-crítica mostra que estes textos devem ser entendidos, na sua maioria, em contextos específicos e puramente históricos - tratam muitas vezes da prostituição no templo, da violação ou de expressões de xenofobia, em vez de parcerias amorosas e iguais. Ao mesmo tempo, a ciência moderna tornou claro que a homossexualidade é uma **variante da sexualidade humana**, e não uma decisão voluntária contra a "ordem divina". O próprio Papa Francisco terá dito numa conversa pessoal: *"Deus fez-te assim e ama-te assim"* - uma frase que atinge profundamente a autoimagem das pessoas LGBTQIA+ crentes. Se Deus criou as pessoas como elas são, argumentam muitos teólogos, então o seu amor não pode ser um pecado generalizado. Uma declaração científica de 2021, aclamada internacionalmente, chegou mesmo a afirmar que **não existem razões bíblicas ou científicas** para manter a doutrina de que a procriação deve necessariamente estar inscrita em todos os actos sexuais e que os actos homossexuais devem, portanto, ser julgados como "desordenados". Este resultado sublinha o facto de a moral sexual católica tradicional - segundo a qual a sexualidade só é aprovada no âmbito de um casamento orientado para a procriação - poder ser questionada teologicamente. Os defensores da reforma sublinham que sempre houve mudanças na história da Igreja: as doutrinas mudaram, por exemplo, no que diz respeito ao reconhecimento da liberdade religiosa ou à condenação da escravatura, sem trair o Evangelho. Então, por que não seria também possível aprofundar a compreensão do amor e do casamento para *incluir todos os* casais?

Argumentos contra uma abertura: Por outro lado, os defensores da doutrina tradicional têm reservas de peso. Para eles, **o matrimónio sacramental** está indissociavelmente ligado à compreensão cristã da criação e da complementaridade dos sexos. O livro do Génesis já descreve a criação do homem e da mulher como relacionados entre si - "como homem e mulher os criou" - e daí a Igreja sempre deduziu que o casamento significa a união dos *dois* sexos segundo o plano de Deus. De acordo com a visão tradicional, a união física está ordenada para a procriação - abre-se ao milagre da nova vida e reflecte assim o poder criador de Deus. De acordo com este entendimento, **o amor por si só** não é suficiente para a sacramentalidade; trata-se também da ordem natural. Os opositores da reforma invocam, assim, a **continuidade da doutrina**: a Igreja ensinou claramente isso durante séculos.

Para além dos aspectos puramente teológicos, há também **considerações sociais e pastorais** nesta discussão. Nas últimas décadas, as sociedades ocidentais têm vindo a desenvolver um respeito crescente pelos direitos das pessoas LGBTQIA+. Em cada vez mais países - incluindo países anteriormente estritamente católicos como a Irlanda, Espanha e França - os casamentos entre pessoas do mesmo sexo são agora legais e amplamente aceites na sociedade. Muitos casais homossexuais devotos vivem há muito tempo em relações estáveis e amorosas, alguns com filhos, e perguntam-se: será que a Igreja não tem realmente nada de positivo a dizer sobre o nosso modo de vida? Os conselheiros pastorais referem que a rejeição categórica causa frequentemente grande sofrimento emocional - as pessoas sentem-se rejeitadas na própria Igreja que é suposto ser a sua casa. O Papa Leão XIV teve de descobrir: como fazer justiça ao pedido legítimo de igualdade de tratamento e reconhecimento sem pôr em causa a unidade da Igreja universal?

Passos para o pleno reconhecimento - Mudanças necessárias na lei da igreja, no catecismo e na interpretação bíblica

Supondo que a Igreja Católica queria **reconhecer plenamente** as pessoas LGBTQIA+ e as suas uniões - o que é que teria de mudar em termos concretos? Essa mudança exigiria uma adaptação, uma vez que afecta vários pilares da doutrina e da ordem da Igreja.

Direito canónico (direito canónico): O atual sistema jurídico da Igreja define claramente o casamento como uma união vitalícia *entre um homem e uma mulher*. É o que diz o Código de Direito Canónico (cf. cân. 1055 §1 CIC). Esta definição deveria ser fundamentalmente alargada de modo a que duas pessoas do mesmo sexo pudessem também contrair matrimónio no sentido da Igreja. Uma simples mudança linguística ("entre duas pessoas" em vez de "entre homem e mulher") teria actualizações: numerosas disposições de conexão - desde os requisitos do matrimónio à forma da cerimónia matrimonial, passando pelas questões de nulidade do matrimónio - teriam de ser adaptadas. Havia também a questão de como lidar com os casamentos civis existentes de casais do mesmo sexo: poderiam eles ser posteriormente reconhecidos como sacramentais? Ou será que a Igreja apenas abriria o quadro litúrgico para novas uniões? Tudo isto exigiria uma elaboração cuidadosa. O pleno reconhecimento significaria que a orientação sexual deixaria de ser um critério de exclusão da ordenação ou dos ministérios da Igreja, desde que a pessoa em causa se esforçasse por viver de acordo com os conselhos evangélicos.

Catecismo e Magistério: Seria fundamental uma **revisão da moral sexual da Igreja** no Catecismo e nas declarações oficiais. As passagens actuais (CIC 2357-2359) descrevem os actos homossexuais como "não ordenados" ou como uma transgressão contra a ordem natural. Se as relações entre pessoas do mesmo sexo fossem reconhecidas positivamente, estas formulações teriam de ser eliminadas ou substituídas por uma nova teologia apreciativa. Por exemplo, seria concebível uma declaração de que a Igreja pode reconhecer uma imagem do amor divino em todas as parcerias baseadas no amor, na fidelidade e no respeito mútuo - independentemente da combinação de géneros. Alguns bispos já sugeriram dar precisamente este passo. O bispo Bätzing, por exemplo, disse que as declarações anteriores sobre a homossexualidade estavam a tornar-se cada vez menos convincentes e precisavam de *ser desenvolvidas*. Uma mudança oficial do Papa no Catecismo - semelhante ao que o Papa Francisco fez em 2018 em relação à pena de morte - seria um sinal forte. No entanto, é evidente que isso dificilmente será possível sem uma justificação teológica que o acompanhe. Por isso, é frequentemente sugerido que se realize primeiro um breve **processo sinodal** eclesial, no qual sejam incorporados os pontos de vista de teólogos, biblistas e cientistas naturais. Esta consulta simbólica poderia ajudar a criar uma ampla aceitação para uma reavaliação. Idealmente, o projeto seria um *documento magisterial* que realçasse a dignidade dos crentes LGBTQIA+ e a possibilidade de um amor entre pessoas do mesmo sexo que agrade a Deus.

Interpretação bíblica: Por último, a igreja teria também de clarificar **a sua abordagem hermenêutica** a certas passagens bíblicas. O pleno reconhecimento dos casamentos entre pessoas do mesmo sexo não exige que a Bíblia seja "reescrita", mas requer que as interpretações tradicionais sejam confrontadas com uma nova luz. As proibições supostamente claras no Antigo Testamento ("Não dormirás com um homem como se dorme com uma mulher; isso seria uma abominação") ou nas cartas de S. Paulo ("Nem os fornicadores, nem os abusadores de rapazes, nem os trabalhadores do sexo... herdarão o reino de Deus") foram durante muito tempo lidas literalmente e sem contexto como condenações dos homossexuais. No futuro, a Igreja poderia sublinhar mais fortemente *quando e porquê* estas linhas foram escritas. Por exemplo, poderia incluir referências ao facto de as leis de pureza do Antigo Testamento se situarem num contexto cultural diferente e, numa perspetiva cristã, serem ultrapassadas pelo mandamento do amor. As palavras de Paulo em Romanos 1, por outro lado, são dirigidas contra as práticas pagãs e os vícios excessivos, não contra o amor sincero entre pessoas do mesmo sexo - pelo menos de acordo com muitos exegetas contemporâneos. Não seria a primeira vez que a igreja evolui a sua leitura da Bíblia: ainda hoje, já não lemos a história da criação de uma forma cientificamente literal e vemos as instruções de Paulo sobre a escravatura ou o papel das mulheres como injunções relacionadas com o tempo. Uma mudança semelhante na compreensão das "passagens homossexuais" - as chamadas "passagens clobber" - (existem apenas cerca de seis) poderia ser justificada teologicamente sem abandonar a autoridade da Sagrada Escritura. Em última análise, o foco seria a *mensagem de Jesus*, que não diz uma palavra sobre a homossexualidade nos próprios Evangelhos, mas diz muito sobre amor, misericórdia e justiça.

Todas estas mudanças - na lei, no catecismo, na exegese - libertam de forma sustentável a eficácia do amor. Seriam como uma pequena **evolução**, que pode certamente ser bem sucedida com um amplo consenso e uma sábia orientação vinda de cima. Por isso, algumas vozes apelam mesmo a um novo concílio para clarificar estas questões fundamentais - mas isso demoraria demasiado tempo. Uma coisa é certa: sem ajustamentos formais às normas da Igreja, qualquer retórica de inclusão, por mais bem intencionada que seja, acabaria por não ser vinculativa. O Papa Leão XIV teria de ter a coragem de tomar medidas estruturais neste domínio, se quisesse realmente obter o pleno reconhecimento.

Perspectivas: Entre a misericórdia pastoral e a continuidade magisterial

A inclusão das pessoas LGBTQIA+ na Igreja Católica continua a ser, **por enquanto, um ato de equilíbrio**. Sob o Papa Francisco, foram dados os primeiros passos: uma linguagem mais acolhedora, o famoso "Quem sou eu para julgar?" e, mais recentemente, até a abertura cautelosa da porta às bênçãos para casais do mesmo sexo sob certas condições. Estas bênçãos - autorizadas pelo Cardeal Víctor Manuel Fernández em 2023 na declaração *"Fiducia supplicans"* - marcam uma mudança na prática pastoral, mas não (ainda) uma mudança na doutrina moral subjacente ou na implementação do casamento igual para todos. Os padres estão agora autorizados a abençoar casais homossexuais, desde que o conceito da Igreja de casamento como uma união exclusiva entre um homem e uma mulher não seja afetado. Este desenvolvimento ilustra o caminho que Leão XIV provavelmente também teria de seguir: pequenos passos em direção ao *reconhecimento* sem arriscar uma rutura total com a tradição.

Ao mesmo tempo, a pressão da **realidade social** continua a aumentar. Em muitos países, os católicos LGBTQIA+ que são fiéis à Igreja há muito que fazem parte da comunidade e dão contributos valiosos. Excluí-los seria contradizer a missão da Igreja de ser um lar espiritual para todos os crentes. Por outro lado, o Papa não deve perder de vista a perspetiva global da Igreja: em África ou em partes da Ásia, mas também nos países da Europa de Leste, a ideia da igualdade das uniões homossexuais é ainda controversa em alguns casos. Leão XIV moveu-se assim num campo de tensão entre a **misericórdia pastoral e a continuidade doutrinal**.

Os próximos anos poderão ser decisivos. É possível aderir consistentemente ao status quo - com o risco de perder mais crentes, especialmente nos países ocidentais, e de ser visto como moralmente retrógrado. No entanto, também é possível uma reforma cautelosa: primeiro uma reflexão teológica no âmbito do Sínodo Mundial ou de uma comissão especial, seguida de uma adaptação cautelosa da linguagem (por exemplo, no catecismo) e da disciplina (por exemplo, através de celebrações oficialmente autorizadas). Talvez Leão XIV tenha mesmo a coragem de ousar fazer uma verdadeira descoberta - por exemplo, através de uma Jornada Mundial da Juventude da Diversidade ou de uma carta doutrinal que abra novas portas. Uma coisa é certa: **as expectativas** em relação a ele são grandes por parte de todos aqueles que esperam que a Igreja volte a reconhecer com credibilidade *os sinais dos tempos* no século XXI. Conseguirá o Papa Leão XIV dar às pessoas LGBTQIA+ a igual dignidade perante Deus e o altar que está previsto no Evangelho do amor incondicional de Deus por cada ser humano? Este capítulo do seu mandato, que exige uma ação quotidiana, mostrará se a Igreja consegue realizar o equilíbrio entre tradição e renovação no amor - um equilíbrio que ajudará a determinar a sua presença.

 *Capítulo 9:*
Responsabilidade ecológica e cuidado com a criação

Um pontífice como defensor da criação: um homem que calça as botas e se lança literalmente na lama para ajudar os mais pobres - esta imagem resume de forma impressionante a abordagem do Papa Leão XIV à preservação da criação. De facto, há registos de que Leão XIV (na altura ainda bispo no Peru) fez precisamente isso em 2022, durante as inundações devastadoras em Chiclayo: calçou botas de borracha e **"atravessou a lama"** para socorrer as pessoas afectadas pelas inundações. Uma funcionária local da Caritas, Janinna Sesa, recorda que o atual Papa foi quem **"calçou as botas"**, entregou pessoalmente pacotes de alimentos em aldeias remotas e, se necessário, reparou ele próprio um camião avariado **"até que voltasse a funcionar"**. Este empenhamento concreto junto das pessoas necessitadas mostra já que Leão XIV não encarava o seu compromisso para com o ambiente e os seus semelhantes como um dever teórico, mas como uma vocação prática.

Sensibilidade precoce às questões ambientais: Muito antes de ser eleito Papa, o interesse e o empenhamento de Leão XIV centravam-se na **"integridade da criação"** - a responsabilidade de proteger a criação de Deus. Enquanto bispo no norte do Peru, experimentou em primeira mão as consequências da destruição ambiental e das alterações climáticas: o seu território missionário estendia-se até à região amazónica e questões como a desflorestação, a conservação das espécies e a justiça climática já o comoviam profundamente nessa altura. Os companheiros relatam que, já em 2017, ele teve discussões animadas com colegas peruanos sobre a **proteção da Amazónia e do ambiente** - não uma questão secundária para o pastor Prevost (o seu nome verdadeiro), mas parte da sua missão pastoral. Esta sensibilidade inicial manteve-se ao longo da sua vida: mesmo antes de se tornar Papa, apoiou ativamente as iniciativas ambientais da Igreja.

Em 2015, por exemplo, utilizou as redes sociais para apelar aos fiéis católicos para que assinassem uma petição sobre o clima, a fim de alcançar um forte acordo internacional (que mais tarde se tornou o Acordo de Paris sobre o Clima). Numa fotografia partilhada online de uma manifestação pelo clima em Chiclayo, escreveu em espanhol: **"El planeta nos necesita"** - *"O planeta precisa de nós"*. Estas acções mostram que, **mesmo enquanto bispo e cardeal, Leão XIV ergueu a sua voz a favor da proteção do clima** e encorajou os fiéis a agir. A sua ligação ao Peru - um país simultaneamente rico em biodiversidade e gravemente afetado pelas alterações climáticas - despertou nele, evidentemente, um sentido especial de responsabilidade pela **vulnerabilidade da criação.**

Das palavras aos actos - a atitude de Leão como cardeal: Nos seus anos de cardeal, Prevost (Leão XIV) reforçou esta missão eco-social. Era considerado um **construtor de pontes** entre a Igreja e o movimento ambientalista e não tinha medo de tomar uma posição clara. **"É tempo de passar das palavras aos actos"**, advertiu com urgência no ano passado. Deixou claro que, perante a crise climática, já não bastam meras declarações de intenções - é preciso agir concretamente. Ao mesmo tempo, alertou para a necessidade de não interpretar erradamente o **"domínio** do homem **sobre a natureza"**, mencionado na Bíblia: este não deve ser **"tirânico"**, afirmou, mas exige uma humilde *"relação de reciprocidade"* com o ambiente. Esta escolha de palavras sugere que Leão XIV não via a criação como uma posse do homem que podia ser explorada à vontade, mas como **o dote de Deus**, pelo qual somos responsáveis. É notável que, enquanto cardeal, também tenha tido em conta os aspectos tecnológicos da proteção do ambiente: por exemplo, elogiou as iniciativas papais que introduziram a energia solar e os carros eléctricos no Vaticano, mas alertou igualmente contra uma crença no progresso que ignora os **"efeitos secundários" sociais e ecológicos** das novas tecnologias. De um modo geral, Prevost distinguiu-se, antes da sua eleição, por pensar sempre a ecologia no contexto da justiça e da dignidade humana - muito no espírito do Papa Francisco, cujo rumo apoiou plenamente.

Continuação do percurso climático de Francisco: A eleição de Leão XIV como Papa em 2025 foi amplamente entendida como um sinal de que o percurso ecológico da Igreja seria continuado e até aprofundado.

Leão XIV tem um grande papel a desempenhar, uma vez que o seu antecessor imediato, Francisco, foi considerado um **"Papa verde"** que fez da proteção do ambiente e do clima uma preocupação central da Igreja. Mas o novo pontífice não hesitou nem por um segundo em posicionar-se claramente. No seu primeiro discurso após o conclave, Leão XIV usou palavras claras: **"Deus ama-nos a todos incondicionalmente.... O mal nunca prevalecerá".** Muitos observadores interpretaram esta declaração como significando que o "mal" também se referia explicitamente à **destruição do ambiente** causada pela atividade humana - incluindo o aquecimento global alimentado pelo consumo desenfreado de combustíveis fósseis. Leão XIV assinalou assim, logo no início do seu pontificado, que entendia os pecados ecológicos do nosso tempo - destruição ambiental, alterações climáticas, sobre-exploração da natureza - como um mal moral a que se deve opor resolutamente.

Mesmo quando era bispo, Leão XIV sentiu como as crises humanitárias e as questões ambientais estão intimamente ligadas. As inundações devastadoras no Peru, onde ele ajudou literalmente a mergulhar na lama, foram causadas por **chuvas extremas** - um fenómeno que se está a tornar mais frequente devido às alterações climáticas. As acções de Leão XIV no terreno - distribuindo alimentos, confortando as vítimas, abordando questões práticas sem hesitação - tornaram clara a sua abordagem: **a proteção do clima é sempre também proteção humana**. Quando ocorrem catástrofes ambientais, os pobres e os fracos são os primeiros a sofrer. Esta experiência teve um impacto profundo em Leão XIV e explica por que razão continuou a promover a proteção do clima e do ambiente enquanto Papa. De certa forma, ele combina **a Caritas e a "Laudato si"**: caridade ativa para com os que sofrem e a responsabilidade de combater as causas profundas desse sofrimento - como a crise climática.

Iniciativas concretas do seu pontificado: No Vaticano, Leão XIV tomou medidas imediatas para dar expressão institucional à sua visão ecológica. Encorajou a Igreja a atuar globalmente de forma mais ecológica. Apelou às dioceses e às organizações católicas para que se esforçassem mais contra a **"destruição da terra"**. Sublinhou repetidamente que o mandato bíblico de *subjugar* a terra (cf. Génesis 1,28) **não** era **uma licença para a exploração** - o domínio humano sobre o mundo não deveria tornar-se "tirânico". Pelo contrário, Leão XIV considerava que era dever da Igreja dar um bom exemplo: as paróquias, os mosteiros e as instituições eclesiásticas deveriam viver a sustentabilidade - desde a utilização de energias renováveis até projectos de construção amigos do ambiente e programas educativos para **uma consciência ecológica**. O Papa Francisco já tinha posto o Estado do Vaticano numa rota mais verde (painéis solares nos telhados das igrejas, um objetivo a longo prazo de neutralidade climática até 2050, etc.), e Leão XIV quer continuar neste caminho de forma consistente. *"O aprofundamento do compromisso do Vaticano com a descarbonização é crucial"*, afirma programaticamente - só assim a Igreja pode dar uma contribuição credível para o cumprimento do Acordo Climático de Paris . Leão XIV vê, portanto, a **"transição verde"** nos Estados Pontifícios não como um fim em si mesmo, mas como parte da contribuição global da Igreja para a proteção do clima.

Um domínio específico em que Leão XIV já está a deixar a sua marca é a **política climática internacional**. Tal como o seu antecessor, procura ativamente unir forças com a comunidade mundial na luta contra a crise climática. A próxima Conferência das Nações Unidas sobre as Alterações Climáticas (COP30) está prevista para novembro de 2025, em Belém, no Brasil, em plena região amazónica. Os anfitriões já convidaram expressamente Leão XIV e sublinharam que a sua presença poderia ajudar a alcançar um pacto histórico de proteção do clima. De facto, há muitos indícios de que Leão XIV aceitará este convite, especialmente porque é o *primeiro papa latino-americano desde Francisco a interessar-se* particularmente pela Amazónia. O Presidente do Brasil, Luiz Inácio Lula da Silva, saudou o novo Papa com calor e esperança: declarou publicamente que contava com Leão XIV **para continuar o legado de Francisco - em particular o seu incansável empenho na proteção do ambiente, no diálogo e na justiça**. Estas vozes sublinham a enorme autoridade moral que um Papa pode ter na cena diplomática: Leão XIV já é visto como um importante defensor de uma política climática ambiciosa. O seu claro distanciamento das correntes cépticas em relação ao clima não passou despercebido. Por exemplo, os meios de comunicação social descreveram Leão XIV **como uma "alternativa a 100 por cento"** à política climática inativa de Donald Trump. Não foi sem razão que o

New York Times atestou: *"Trump já não é o americano mais importante do mundo"* - o novo papa dos EUA assumiu agora esse papel. A atribuição ousada de **"anti-Trump"** pode ser exagerada, mas chega ao ponto em que Leão XIV está a enviar uma mensagem diametralmente diferente: em vez de negar a crise climática, uma ação corajosa, em vez de interesses a curto prazo, uma perspetiva a longo prazo que preserve a criação.

Leão XIV procura expressamente a cooperação com todas as **pessoas de boa vontade** empenhadas na defesa do ambiente. As organizações ambientais internacionais e as redes eclesiais acolheram com entusiasmo a sua eleição. Lorna Gold, diretora do movimento católico global *Laudato Si'*, interpretou imediatamente as palavras de Leão **"das palavras aos actos"** como um sinal de esperança - precisamente este lema é necessário para transformar as promessas da política climática em mudanças reais. *"Não podíamos estar mais de acordo"*, explicou Gold, e abriu a perspetiva de trabalhar em estreita colaboração com o novo Papa, especialmente porque 2025 marcará o 10º aniversário da *Laudato Si'*. Outros activistas católicos pelo clima, como Dan Misleh, do *Catholic Climate Covenant*, também expressaram o seu encorajamento: estão a acolher Leão XIV **"de braços abertos"** e apoiá-lo-ão o melhor que puderem se ele - como anunciado - construir pontes, trabalhar pela paz **e viver o Evangelho sem medo**. Estas vozes do movimento climático mostram que, logo nos primeiros meses do seu pontificado, Leão XIV foi visto como a **força motriz de uma nova partida**. Uniu a perspetiva moral e espiritual da Igreja aos objectivos dos activistas ambientais e dos cientistas. Ao reunir numa mesa redonda representantes de organizações ambientais, da ciência e do mundo dos negócios, por exemplo, ele baseia-se na abordagem de Francisco ao diálogo e dá às questões ecológicas prementes um peso adicional na cena mundial.

Orientações teológicas e éticas: Mas porque é que a Igreja Católica está tão intensamente envolvida na proteção do clima? Que valores guiaram o Papa Leão XIV no seu empenhamento em prol do ambiente? Um olhar sobre a doutrina da Igreja mostra que **a preservação da criação** está firmemente ancorada na teologia. A Bíblia já descreve o mundo como bom e confiado ao homem no relato da criação (Gn 1-2). A partir deste entendimento, desenvolveu-se uma base de princípios éticos, que Leão XIV também interiorizou profundamente. Um desses princípios é a **justiça**, em particular **a justiça climática**. O Papa Francisco sublinhou na *Laudato si'* que **"o grito da terra e o grito dos pobres"** não podem ser separados - a destruição ambiental afecta sempre primeiro as pessoas mais vulneráveis. Leão XIV sublinhou frequentemente este facto: **"São precisamente os mais pobres os primeiros a serem afectados pela catástrofe que se aproxima, e só depois o resto da humanidade"**, advertiu relativamente às alterações climáticas provocadas pelo homem. Para ele, a proteção do clima é, portanto, parte do compromisso com os **mais pobres dos pobres** e uma questão de justiça global. Trata-se de ultrapassar o grande fosso: as nações industrializadas e os ricos causaram grande parte da crise ecológica, enquanto os países pobres e os grupos populacionais suportam o fardo - tanto sob a forma de catástrofes naturais como da deterioração progressiva dos meios de subsistência. Leão XIV baseia-se na **tradição sócio-ética da** Igreja, que tem defendido repetidamente os direitos dos mais fracos desde Leão XIII (Rerum Novarum, 1891). Atualmente, isto significa que **a justiça climática faz parte da justiça social**. Por outras palavras, a luta contra o aquecimento global não é um projeto de luxo para as nações ricas, mas um ato de solidariedade para com os famintos, as pessoas deslocadas (pensemos nos refugiados do clima) e as gerações futuras.

Para além da justiça, Leão XIV orientou também o princípio da **sustentabilidade** ou da **responsabilidade pela sustentabilidade**. A Igreja formula-o da seguinte forma: *"A terra é a nossa casa comum e deve ser protegida"*. Um estilo de vida baseado no consumo desenfreado de recursos contradiz o princípio da sustentabilidade. Na *Laudato si'*, Francisco faz um apelo urgente a um **estilo de vida sustentável** e à cooperação global para combater a crise ambiental. Leão XIV leva a sério esta admoestação. Sublinha que a atividade económica deve estar sempre subordinada à preocupação com a criação - a procura do lucro nunca deve ser feita à custa dos fundamentos ecológicos. Nos seus sermões e discursos, recorda-nos que **todas as criaturas** têm **um valor autónomo** e **dão glória a Deus** (uma alusão a Francisco de Assis). O homem não deve considerá-las apenas como recursos a explorar; a atual extinção de inúmeras espécies é uma afronta à criação. Esta atitude baseia-se na espiritualidade franciscana: a natureza é uma co-criação que deve ser tratada com reverência. Leão XIV, que trabalhou durante anos na floresta amazónica, certamente também aí experimentou intensamente a beleza e a vulnerabilidade da criação - impressões que reforçaram a sua convicção da necessidade de uma ação sustentável.

Um terceiro valor central é a **responsabilidade intergeracional**. A Igreja ensina que o bem comum deve ser assegurado **também para as gerações futuras** - é uma questão de *"justiça intergeracional"*. Por isso, o Papa Leão XIV sublinhou repetidamente o nosso dever de deixar uma terra habitável para as gerações futuras. Na prática, isto significa tomar agora decisões que protejam o planeta a longo prazo, em vez de nos concentrarmos no lucro ou na conveniência a curto prazo. Esta forma de pensar corresponde ao princípio da **adequação aos nossos netos**: o que fazemos hoje deve continuar a beneficiar os nossos filhos e netos, em vez de destruir os seus meios de subsistência. Leão XIV refere-se frequentemente a uma citação da *Laudato si'*: **"O mundo é algo que pedimos emprestado aos nossos filhos"** - uma imagem poderosa que torna claro que somos administradores temporários. No Dia Mundial de Oração pela Criação, por exemplo, o Papa explica que devemos ter sempre em conta *"o tipo de mundo que deixamos àqueles que virão depois de nós"*. Esta atitude de responsabilidade também ressoa quando Leão XIV afirma que o mal da destruição ambiental **"nunca tri**unfará" - porque a longo prazo, ao longo de gerações, uma cultura de destruição não pode subsistir. A sua fé dá-lhe a certeza de que a vida e a preservação da criação acabarão por triunfar se a humanidade se atrever a voltar atrás e a repensar agora.

A fé como motivação para a proteção do clima: O Papa Leão XIV vê a luta contra as alterações climáticas não apenas como um projeto político ou económico, mas como uma tarefa profundamente moral e espiritual. Aos seus olhos, **a proteção do clima** é **caridade vivida e fé vivida**. Ao fazê-lo, inspirou-se numa passagem bíblica frequentemente citada: *"O homem justo cuida da vida dos seus animais, mas o coração do ímpio é cruel"* (Prov 12,10) - um símbolo do facto de a verdadeira justiça ter sempre em mente os seus semelhantes. Leão XIV interpreta teologicamente os sinais dos tempos: vê a crise ambiental como uma consequência da **alienação da missão de Deus na criação**. Para ele, a ganância, a irresponsabilidade e a indiferença em relação à natureza são sintomas de uma crise interior - uma falta de gratidão pelo dom da criação. Por isso, insiste em valores como a **humildade, a modéstia e a conversão**. Apela repetidamente a uma *"conversão ecológica"*, uma conversão do coração que nos transforme de exploradores egoístas em guardiães responsáveis da criação. Para Leão XIV, esta conversão faz parte da conversão integral do homem a Deus. Explicou que *qualquer pessoa que hoje plante uma árvore, instale um sistema solar ou mude o seu estilo de vida não só está a agir de forma consciente do ponto de vista ambiental, como também está a cumprir a vontade de amor de Deus*. Nesta perspetiva, a ação ambiental torna-se um **ato de fé**.

Leão XIV é frequentemente comparado a Francisco de Assis - o santo que considerava todas as criaturas como irmãos e irmãs. O Papa partilha este amor franciscano pela natureza. O seu pontificado caracteriza-se pela **esperança** de que o homem e o mundo possam viver em reconciliação. Ele tira força da convicção de que Deus confiou ao homem não só o domínio, mas sobretudo o **cuidado da terra** (cf. Gn 2,15). Por isso, encoraja todos os crentes a trabalharem em prol da sustentabilidade na sua vida quotidiana: desde coisas simples como evitar o desperdício e poupar energia até ao compromisso político com a justiça climática. **Sustentabilidade, justiça e responsabilidade intergeracional** - estes valores percorrem como um fio vermelho os discursos e os escritos de Leão XIV. São as pedras angulares de uma ética que o Papa transmite com entusiasmo e densidade narrativa carismática. Não teve medo de pregar desconfortavelmente e de denunciar, por exemplo, o "consumismo" e a **"cultura do descartável"** do nosso tempo, que, nas suas palavras, **"ofende a criação e rouba aos pobres o seu futuro"** (como disse numa alocução). Mas, apesar da urgência, Leão XIV não difundiu um pessimismo cultural, mas um *"realismo de esperança"*: estava convencido de que o homem - dotado de razão, de consciência e da graça de Deus - era capaz de traçar o caminho para um futuro sustentável.

No final deste capítulo, torna-se claro que o Papa Leão XIV vê **a responsabilidade ecológica como uma componente central do seu ministério**. Na continuação *da Laudato si'* e em linha com toda a teologia da criação da Igreja, ele faz da **proteção climática um dever moral**. Com apelos apaixonados, acções próprias credíveis e uma visão clara, está a conduzir a Igreja Católica para uma era em que *a* *preservação da criação* é mais importante do que talvez nunca. E fá-lo de uma forma popular, científica e narrativa, para que não só os teólogos mas todas as pessoas de boa vontade o possam compreender. Leão XIV revela-se assim um Papa que reconheceu os **sinais dos tempos**: responde à crise ecológica com fé, razão e coração e convida a comunidade mundial a trabalhar em conjunto para garantir que as gerações futuras possam também viver numa "casa comum" caracterizada pela *paz*, pela *justiça e pelo amor à vida*.

🕊 *Capítulo 10:*

Lidar com questões-chave da reforma - Da moralidade sexual à ética sexual em geral

Sob o Papa Leão XIV, a moral sexual católica encontrava-se numa encruzilhada. Quase nenhuma outra área mostra tão claramente a discrepância entre os ensinamentos da Igreja e a realidade vivida como a ética sexual. "Não esperamos mais nada de si!" - esta frase amarga, proferida por amigos homossexuais a um empregado da Igreja, ilustra a alienação de muitos crentes em relação ao ensino moral oficial. **Durante o reinado de Leão XIV,** colocou-se a questão de saber como é que a Igreja devia lidar com aqueles que não se conformavam com os ideais tradicionais - quer se tratasse de jovens casais que tinham relações sexuais antes do casamento ou de pessoas que voltaram a casar depois de um divórcio. Ao mesmo tempo, há cada vez mais apelos a uma **ética sexual inclusiva** que integre a responsabilidade humana e a realidade da vida, colmatando assim o fosso entre o magistério e a experiência quotidiana.

Sexualidade antes do casamento: conciliar o ideal e a realidade

De acordo com a doutrina atual, a sexualidade está ligada ao casamento sacramental. O *Catecismo da Igreja Católica* define claramente as relações sexuais extraconjugais ("fornicação") como uma transgressão grave: "A fornicação é ... é gravemente contrária à dignidade das pessoas e da sexualidade humana" - por outras palavras: de acordo com este ponto de vista, qualquer união sexual pré ou extraconjugal viola gravemente a dignidade das pessoas. No entanto, este padrão rigoroso contrasta fortemente com a realidade da vida: em muitos países, a maioria dos casais já tem uma relação íntima antes do casamento na igreja. Os jovens, em particular, dificilmente prestam atenção aos ensinamentos morais da Igreja, porque são vistos como irrealistas. O Cardeal Reinhard **Marx** queixa-se de que a Igreja há muito que pinta aqui um quadro negativo unilateral, "reforçado com culpa e pecado", o que levou a **dois pesos e duas medidas.** Ele apela a uma abordagem mais honesta: a sexualidade é, antes de mais, um "dom de Deus", e nem todos os actos sexuais fora do casamento podem ser considerados um pecado grave em todo o lado - "isso seria excessivo, iria longe demais". Pelo contrário, **o amor, a fiabilidade e a fidelidade** entre os parceiros são cruciais.

Sob o Papa **Leão XIV**, surgiu um caminho cauteloso que defendia o ideal da castidade conjugal, mas que tinha em conta as realidades pastorais. Nenhum bispo aconselhará oficialmente os jovens casais a viverem juntos - mas na pastoral, há uma compreensão crescente da medida em que os casais que se amam seriamente assumem a responsabilidade um pelo outro, mesmo antes da cerimónia do casamento. Os pastores acompanham cada vez mais os casais não casados no seu caminho e sublinham a importância do **respeito,** da **consensualidade e** do **empenhamento,** em vez de se limitarem a emitir proibições. Uma **teologia da gradualidade** - já sugerida pelo Papa Francisco - encoraja a promoção do crescimento moral passo a passo, mesmo que o ideal completo não seja realizado desde o início. A Igreja está menos preocupada em traçar limites claros "dentro dos quais a satisfação sexual é permitida e para além dos quais é proibida". Pelo contrário, de acordo com os teólogos morais, "no centro [...] deve estar a responsabilidade pela relação em que a sexualidade está inserida". Em termos concretos, isto significa **apoio pastoral em vez de condenação apressada.** O próprio Leão XIV descreveu a Igreja como estando aberta a "todos" - este "para todos" inclui naturalmente também os casais que (ainda) não se casaram na igreja. Na prática, nalguns locais, foram criadas celebrações para noivos ou rituais litúrgicos que celebram o valor da fidelidade e do amor. Embora tais abordagens permaneçam experimentais e por vezes controversas, mostram uma vontade de responder à realidade dos fiéis **sem abandonar a alta estima em que o matrimónio sacramental é tido.**

Divórcios recasados: encontrar misericórdia e integração

Ainda mais urgente é a questão de como lidar com os divorciados recasados - as mulheres e os homens católicos que contraíram um novo casamento civil após a rutura de um casamento eclesiástico. Segundo a doutrina tradicional, eles vivem **em contradição** objetiva com a indissolubilidade do casamento; João Paulo II afirmou "com base na Sagrada Escritura" a prática de "não admitir estes fiéis à refeição eucarística". Enquanto o primeiro vínculo matrimonial fosse válido, uma nova união íntima era considerada como **um adultério continuado**, o que os excluía, em particular, da comunhão. Esta atitude rígida ofendia profundamente muitas das pessoas afectadas. Sentiam-se como **cristãos de segunda classe**, a quem eram efetivamente negados os sacramentos, apesar de, muitas vezes, terem sido membros fiéis da Igreja durante anos.

O Papa **Francisco** já iniciou uma reflexão sobre este assunto: na sua carta *Amoris laetitia* (2016), apelou a uma **diferenciação em casos individuais.** Num "caminho de discernimento" acompanhado por pastores, poderia ser examinado, em certos casos, se o acesso à confissão e à comunhão é possível - especialmente se as pessoas afectadas estiverem seriamente empenhadas em viver uma vida cristã e quiserem evitar outras violações (como uma segunda parceria ou filhos comuns). Esta abertura foi recebida de forma diferente; alguns bispos já tinham elaborado diretrizes para uma abordagem misericordiosa, enquanto outros advertiam para não confundir os fiéis. **Leão XIV** teve agora a oportunidade de dar orientações claras para esta tensão pastoral. É considerado um homem do centro, **consciente da tradição**, mas também influenciado pelo espírito de misericórdia de Francisco. De facto, mesmo antes da sua eleição, Leão XIV (como Cardeal Prevost) era conhecido por ser a favor da **comunhão aos divorciados recasados**. Os observadores classificam: *"Ele também colocou a misericórdia em primeiro plano - antes do dogma, antes da doutrina pura".* O novo Papa confirmou esta atitude de base nos primeiros meses do seu pontificado. Por ocasião de um encontro com pastores de família, Leão XIV sublinhou que a Igreja não deve deixar cair ninguém: os **divorciados e** os que **voltaram a casar civilmente** são "membros feridos da nossa comunidade que ainda pertencem à família". Em vez de os condenar de forma generalizada, devem ser procuradas formas de os **reintegrar plenamente na vida da Igreja**, sem abandonar a indissolubilidade do matrimónio.

A prática pastoral a nível mundial está a começar a mudar em conformidade. Nalgumas dioceses - por exemplo, em Buenos Aires, Roma ou nalgumas dioceses alemãs - os divorciados recasados são autorizados a comungar novamente após uma entrevista espiritual e um período de penitência, desde que a sua consciência o permita. **Leão XIV** foi confrontado com a tarefa de mediar tais soluções na Igreja universal. Enquanto muitos na Europa e na América acolhem com agrado uma abordagem mais generosa, os bispos em África e na Europa de Leste, por exemplo, continuam a insistir nos princípios tradicionais. O Papa será chamado a **construir pontes**: deve deixar claro que *a misericórdia* não é uma contradição com a *verdade*, mas a sua realização. A visão que emerge é a de que a **doutrina irrefutável** da santidade e da indissolubilidade do matrimónio deve ser preservada - e, no entanto, ninguém deve ser excluído da graça para sempre. Afinal, como Leão XIV nos recordou, a **Eucaristia "não é um prémio para os perfeitos, mas um alimento de força para os fracos"** - uma frase frequentemente citada por Francisco que continua a ser um princípio orientador sob o seu sucessor. O facto de a Igreja querer realmente estar presente *para todos* deve ser demonstrado nas suas relações com aqueles que não cumpriram os padrões morais. Chegar até eles sem abandonar os ideais da Igreja é um dos maiores desafios e, ao mesmo tempo, uma pedra de toque para a autenticidade da mensagem do Deus misericordioso.

A caminho de uma ética sexual inclusiva

Para além dos grupos individuais, a moralidade sexual geral da Igreja está sob escrutínio. As mudanças sociais das últimas décadas são demasiado grandes para que as respostas tradicionais sejam sustentáveis. **Novos impulsos teológicos** e experiências sociais estão, portanto, a moldar o discurso atual. Por exemplo, o Caminho Sinodal na Alemanha - um diálogo reformador em resposta ao escândalo dos abusos - apelou a uma revisão crítica de toda a moral sexual do magistério. Não basta "formular normas individuais de forma mais moderada ou mudar o tom"; o que é necessário é uma ética sexual *"baseada na realidade e vivível"* que adopte uma abordagem fundamentalmente nova. Os teólogos morais sublinham que o ensino da Igreja foi durante muito tempo caracterizado por uma **visão de lei natural**: baseava-se numa ordem divina da criação, segundo a qual a sexualidade é exclusivamente entre homem e mulher num casamento indissolúvel e serve principalmente a procriação. Tudo o que se desviasse desta norma - desde a contraceção aos actos homossexuais e à masturbação - era considerado objetivamente pecaminoso. No entanto, esta **moralidade** fortemente **orientada para as regras** mergulhou muitos crentes em conflitos e dificilmente faz justiça à diversidade das situações da vida real. É por isso que os teólogos de hoje estão a desenvolver abordagens para uma *ética relacional e sexual* que se centra nas **pessoas e** nas **suas relações**, em vez de catálogos abstractos de proibições. O foco está em valores como **o amor, a fiabilidade, o respeito mútuo, o sentido de responsabilidade e a justiça** entre parceiros. Ao tomar decisões sexuais, esta ética começa por perguntar: este comportamento promove uma relação sincera e madura - ou viola a dignidade e o bem-estar da outra pessoa? A **qualidade da relação** e *a responsabilidade mútua* tornam-se os critérios orientadores. "O foco [...] deve ser antes a responsabilidade pela relação em que a sexualidade está inserida", é assim que uma declaração teológica atual o coloca em poucas palavras. A sexualidade já não é vista como uma fonte de perigo, mas como **uma força para moldar as relações** - uma força positiva, mas que requer uma orientação ética.

A ética sexual inclusiva anda inevitavelmente a par de uma mudança de visão dos grupos anteriormente excluídos. Representantes de renome da Igreja apelam a uma abordagem mais aberta em relação aos homossexuais. "Homosexuality is not a sin", Cardinal **Marx** has made clear; the church must recognise "that there are also *'creative' forms of sexuality*, i.e. homosexuality and queer lifestyles". Estas declarações marcam uma mudança profunda em relação a tempos anteriores, em que os actos homossexuais eram julgados de forma diferente. Atualmente, há uma consciência crescente de que as passagens bíblicas sobre este tema - bem como sobre outras questões sexuais - devem ser lidas no seu respetivo contexto histórico. **Bernhard Bleyer,** professor de Teologia Moral, salienta, por exemplo, que a Bíblia não contém quaisquer juízos conclusivos sobre questões de orientação sexual e está a ser reexaminada. Em geral, há uma consciência crescente na teologia de que a palavra de Deus não deve ser entendida como um código rígido de leis. Pelo contrário, os princípios bíblicos centrais - **amor ao próximo, fidelidade, justiça e misericórdia** - devem ser aplicados às questões actuais da sexualidade. Por conseguinte, pode argumentar-se que uma parceria consensual e fiel no amor é boa perante Deus, mesmo que não esteja em conformidade com todas as normas tradicionais. **A realidade da vida** das pessoas torna-se o ponto de partida para a reflexão ética: "com base numa compreensão realista e científico-humana da realidade da sexualidade humana", é importante questionar uma *"abordagem responsável desta realidade na parceria e no amor"*. Esta abordagem ética responsável afasta-se de uma ética pura do dever. Desafia a Igreja a **ouvir** - as experiências dos casais que se amam, as necessidades dos solteiros, as questões dos jovens. Vozes de crentes afectados, teólogos e pastores de todo o mundo, fluem para este discurso: desde a mulher divorciada solteira que quer um lugar na sua congregação até ao jovem cristão queer que espera ser aceite pela igreja tal como é.

Mudanças no direito canónico, no catecismo e na interpretação bíblica

No entanto, também são necessárias **mudanças institucionais** para ancorar a ética sexual contemporânea na Igreja. Muitas pessoas perguntam: O que é que é preciso mudar especificamente na lei da Igreja ou no catecismo para tornar possíveis os passos para a abertura? Um olhar sobre os textos actuais mostra onde há necessidade de reforma:

Direito canónico: o direito matrimonial católico ainda não reconhece a possibilidade de contrair um segundo casamento - reconhecido pela Igreja - após um divórcio. Quem o fizer, fica formalmente em estado permanente de pecado grave, o que, de acordo com o cânone 915, por exemplo, o impede de receber a comunhão. Se os divórcios recasados deixarem de ser excluídos de forma generalizada, o direito canónico terá de **permitir regulamentações mais diferenciadas.** Por exemplo, está a ser discutido um rito de penitência e reconciliação após um segundo casamento civil, que - à semelhança da prática das igrejas ortodoxas - abençoa a nova união sem negar o primeiro casamento. Até agora, porém, Roma proibiu estritamente quaisquer "actos litúrgicos" para os casais que voltaram a casar. Leão XIV poderia dar um impulso neste domínio, criando **poderes discricionários** legais. O seu antecessor também já tinha simplificado *os processos de anulação* (processos matrimoniais) - um passo que permitiria a mais crentes obter a anulação de um casamento inválido pela Igreja e voltar a casar. Poderiam também ser consideradas novas categorias na lei, por exemplo, o reconhecimento eclesiástico de parcerias civis responsáveis, a fim de fazer justiça a relações longas e fiéis que (ainda) não são sacramentais.

Catecismo: No Catecismo de 1992, a moral sexual tradicional reflecte-se em valores claros. O parágrafo 2353, por exemplo, descreve explicitamente o sexo antes do casamento como "gravemente" pecaminoso. Uma doutrina contemporânea teria de **rever** estas condenações abrangentes. Não se trata de declarar que tudo é bom, mas de uma **linguagem de apreciação e diferenciação**. Por exemplo, o catecismo poderia geralmente apresentar a sexualidade numa luz mais positiva - como um dom de Deus que deve ser vivido de forma responsável. Termos negativos como "fornicação" e "antinatural" seriam substituídos por uma descrição que define o valor moral de uma relação não apenas em termos de uma licença de casamento, mas também em termos de *amor e responsabilidade*. Hoje em dia, muitos pastores já enfatizam que o amor comprometido também existe fora de um casamento na igreja e deve ser respeitado. Uma doutrina revista poderia reconhecer que, por exemplo, uma união estável sem certidão de casamento ou um segundo casamento civil devem ser avaliados em termos morais de forma diferente do comportamento promíscuo dos jovens ou da infidelidade arbitrária. Em suma: **diferenciação em vez de julgamentos generalizados** seria o lema. O Cardeal Marx resumiu: o critério de avaliação deve ser se eu trato a outra pessoa como *"a pessoa da minha vida"* nas minhas acções - e não o estatuto formal da relação.

Interpretação bíblica: Por fim, uma renovação da ética sexual exige também um novo olhar sobre a mensagem bíblica. Durante muito tempo, algumas passagens bíblicas - como as palavras de Jesus *"Quem deixar a sua mulher e casar com outra comete adultério"* (Mc 10,11) ou as palavras de Paulo contra a "fornicação" - foram entendidas isoladamente e juridicamente. A exegese moderna, por outro lado, tenta esclarecer o **lugar destas** palavras **na vida.** Nas suas cartas, Paulo adverte contra a *porneía*, que, no contexto da época, tinha muitas vezes mais a ver com prostituição cúltica ou sexualidade exploradora do que com parcerias amorosas. As proibições estritas de Jesus sobre o divórcio visavam também proteger as mulheres do repúdio arbitrário - um ato de justiça numa sociedade patriarcal. A Igreja de Leão XIV é chamada a voltar a sublinhar estas **intenções mais profundas** da Escritura. Se Deus quer *misericórdia* e "não quer que o homem permaneça só" (cf. Gn 2, 18), então uma interpretação pastoral da Bíblia não deve limitar-se a interpretações literais rigorosas. Pelo contrário, os **princípios básicos do Evangelho** - o amor incondicional de Deus, o perdão, o respeito por cada ser humano - devem ser o princípio orientador para a aplicação dos mandamentos bíblicos no mundo atual. This could mean Not maintaining a marriage in ruins at all costs, but allowing new paths in forgiveness; or measuring like with like when it comes to sexual misconduct - the Bible condemns heterosexuals for fornication as well as homosexuals, but it has often been interpreted more strictly in the case of the latter. Uma interpretação mais relaxada e cientificamente informada das Escrituras comunicaria à congregação *a razão pela qual* a igreja quer enquadrar a sexualidade num bom contexto, sem enfatizar principalmente o medo ou a culpa.

Em suma, sob Leão XIV, surgiu uma **visão da moralidade sexual** que unia **responsabilidade** e **realidade.** A Igreja deve continuar a ser uma voz clara a favor da dignidade do matrimónio e da santidade do amor - mas aprende humildemente a reconhecer que *a vida* é mais complexa do que qualquer teoria. Este novo tipo de ética sexual tem como objetivo ser **inclusivo:** ninguém deve sentir-se excluído da mensagem de Jesus simplesmente porque não se encaixa no estado ideal. Pelo contrário, o ideal é oferecido como um caminho no qual a Igreja acompanha pacientemente as pessoas. O próprio Papa Leão XIV sublinhou várias vezes que a Igreja deve estar presente "para todos" e aproximar-se das pessoas nas suas situações concretas. Este "para todos" constitui o núcleo de uma ética sexual inclusiva - também para os queers. Pinta o quadro de uma Igreja que ergue **barreiras de proteção em vez de muros**: uma orientação clara para os valores do Evangelho, mas também braços abertos para aqueles que se encontram em caminhos acidentados. É assim que poderá ser a moral sexual do futuro - **ancorada na tradição**, mas viva e compassiva ao lidar com o presente. Porque, em última análise, o que está em causa é nada menos do que fazer brilhar de novo a mensagem libertadora de Jesus nesta área central da vida: uma mensagem que une verdade e amor e que se aplica a todas as pessoas.

🕊 *Capítulo 11:*

Rerum Regressus - ou: A designação digna das famílias arco-íris

No final do século XIX, as mudanças radicais nas esferas política, económica e social, em particular na ciência e na tecnologia, conduziram a uma divisão da sociedade em duas classes. Após a dissolução das corporações sociais, a grande massa da classe operária não tinha poder nem propriedade para se opor à existência indigna de uma classe operária destituída, em que a dignidade humana e os direitos básicos se perderam. **A injustiça social era muito grande**. O conflito entre **o liberalismo e o socialismo** ameaçava culminar numa revolução.

Leão XIII, o nome antecessor do atual Papa, reconheceu na altura nas "coisas novas" (tradução literal), ou seja, nas novas condições e desenvolvimentos ou, como se diz na tradução alemã: "espírito de inovação", um perigo para a sociedade e para o Estado, porque: o homem tem direito ao salário depois do trabalho feito e também o direito de dispor dele livremente - assim escreveu na sua **encíclica Rerum Novarum (1891).**

A conversão da propriedade privada em propriedade comum priva, portanto, os trabalhadores do produto do seu trabalho e desrespeita o direito de propriedade que "pertence ao homem por natureza" (RN 5). Isto não deve acontecer aos indivíduos ou às famílias. A **família, enquanto comunidade,** é mais antiga do que o Estado e não deve, por isso, depender dele. Ela "possui [...] os mesmos direitos que a sociedade civil" (RN 10) e deve permanecer independente.

A repressão dos cuidados parentais exigida pelos socialistas viola o cumprimento do dever parental e restringe a "autoridade paterna" (RN 11). As pessoas seriam então privadas do direito ao casamento e à família.

A encíclica Rerum Novarum, do antecessor Leão XIII, trata principalmente de **questões sociais e económicas da** classe trabalhadora, em particular das condições da classe trabalhadora, dos direitos de propriedade, da responsabilidade do Estado e de salários justos. Não contém uma **definição** explícita ou autónoma **da família.**

A família como uma "verdadeira sociedade" com os seus próprios direitos - definição de família

Por conseguinte, a Rerum Novarum não fornece uma definição pormenorizada da família, mas pressupõe a **família como uma unidade social e moral universal.** Os princípios descritos na encíclica oferecem certamente espaço para incluir **formas modernas de família**, como as famílias arco-íris, no sentido de uma doutrina social atual e inclusiva.

A família é vista como a unidade básica natural da sociedade: Leão XIII sublinha que a família é mais antiga e mais natural do que o Estado. Constitui a célula central de cada sociedade e tem um direito natural à proteção e ao apoio (cf. RN 12).

A responsabilidade do pai torna-se clara na clássica relação de papéis: a encíclica descreve o papel do pai como chefe e provedor da família e sublinha o seu dever de prover ao sustento dos seus familiares (cf. RN 13-14).

A encíclica precisava de ser escrita para sublinhar a proteção da família através de **salários justos**: sublinha-se que um salário justo deve permitir aos trabalhadores assegurar uma vida decente para si próprios e para as suas famílias, incluindo recursos suficientes para a habitação, alimentação, vestuário e educação dos filhos (cf. RN 34).

A família como instituição moral: Leão XIII sublinha o papel da família na educação e na formação moral dos filhos. É descrita como uma base essencial para a transmissão dos valores religiosos e morais (cf. RN 12-14).

A secção central sobre a família afirma: "A família, a sociedade doméstica, é uma verdadeira sociedade com todos os seus direitos [...] é mais antiga do que qualquer outra comunidade e, por conseguinte, possui os seus direitos e deveres inerentes, independentemente do Estado.

Esta passagem sublinha a autonomia, a dignidade e a primazia da família sobre o Estado. O mais importante é que **a "família" é aqui definida *estruturalmente* e não explicitamente de forma biológica ou sexual.**

Referência ao matrimónio como união de um homem e de uma mulher: Na sua justificação da família, Leão XIII faz referência ao Génesis 1,28 ("Crescei e multiplicai-vos") e afirma: "Nenhuma lei humana pode privar o homem do **direito** natural e original **ao matrimónio**; nenhuma lei pode, de modo algum, restringir o objetivo primordial desta instituição [...].

A encíclica pressupõe **implicitamente** a heterossexualidade - mas não como uma demarcação moral, mas no contexto da doutrina social, que se centra na propriedade, no trabalho e na segurança intergeracional. Trata-se de um **modelo económico de família, não de um juízo teológico moral**.

De LEO 13 a LEO 14: um estrangulamento cada vez menor

O novo Papa Leão XIV tentou agora completar historicamente esta encíclica secular, em colaboração com os meios de comunicação social. Ao fazê-lo, utilizou simbolicamente o mesmo nome do seu antecessor Leão XIII para dar à sua compreensão das famílias um fundamento histórico interpretativo.

Ainda antes de ser oficialmente confirmado no cargo, o Papa Leão XIV proferiu um discurso aos diplomatas do Vaticano em 16 de maio de 2025. Este discurso - inserido em mensagens conciliatórias e de promoção da paz - continha um regresso implícito a uma **imagem tradicional da família** que definia **o casamento exclusivamente** como **uma** união **entre "um homem e uma mulher"**.

Neste contexto, o novo Papa citou a encíclica *Rerum Novarum* do seu antecessor homónimo, mas precedeu a citação histórica - na mesma frase - com as suas próprias palavras e uma **definição de família** muito

mais restrita (do que a que o seu antecessor homónimo descreveu diretamente no texto). No seu discurso ou na citação da *Rerum Novarum* pode ler-se: "A construção de sociedades civis harmoniosas e pacíficas pode [QUOTE BEGIN LEO XIV] "ser feita em primeiro lugar através do investimento na família, que é aquela que se baseia na **união** estável **entre um homem e uma mulher**, [QUOTE BEGIN LEO XIII] "uma verdadeira sociedade, por mais pequena que esta sociedade se apresente, é mais antiga do que qualquer outra comunidade" [QUOTE END LEO XIII- Rerum Novarum 1891:9] [QUOTE END LEO XIV].

Desta forma, **impõe** a sua explicação ou definição à citação histórica, tanto em termos de estrutura da frase como de conteúdo, e apresenta-a como uma **frase da Igreja Católica**.

Controlo estratégico e mediático: como um discurso casual se transforma num debate substantivo

Ao mesmo tempo, Leão XIV já tinha convidado representantes dos meios de comunicação social para uma audiência antes da sua tomada de posse oficial - uma jogada estratégica que também assegurou a atenção dos meios de comunicação social para a conferência com os diplomatas desde o início. Sem esta encenação direcionada, o seu discurso aos diplomatas teria provavelmente passado despercebido, uma citação fundida e sobreposta - mero ruído de fundo na câmara de eco do Vaticano? O público teria ficado tão desinteressado como o proverbial saco de arroz que cai na China ou dois padres que se encontram em privado online através de uma plataforma de encontros como o Planetromeo do Grindr.

No entanto, a sua definição de família recebeu uma enorme atenção graças ao ofício profissional dos meios de comunicação social, especialmente dos grandes tablóides. Foram eles que imediatamente reconheceram e revelaram que o discurso **continha** uma **clara demarcação dialética**: as famílias constituídas por duas mulheres ou dois homens não foram deliberadamente referidas e foram **completamente omitidas da definição de família**. Pelo menos, os media cumpriram a sua tarefa, não só transmitindo a posição do

Vaticano, mas também **incluindo** representantes de associações, grupos queer **e vozes de oposição**. Desta forma, deram espaço e impulso ao debate.

O facto de a imprensa ter criado deliberadamente esta tensão era necessário para fazer avançar as coisas. Afinal de contas, muitas vezes é necessária uma pressão no caldeirão para iniciar uma mudança - ou, como neste caso, para realçar um estatuto. Uma fisga tem de ser armada para catapultar o projétil para o alvo e, por vezes, é preciso primeiro puxar o porco para trás pela cauda encaracolada para que ele corra na **direção desejada do alvo**. É precisamente esta pressão que os meios de comunicação social criaram - e que tornou possível que um discurso casual, uma frase aninhada, se tornasse um discurso urgentemente necessário que não deve ser ignorado em termos de conteúdo.

Política de identidade com o pau de incenso: uma imposição teológica e moral

Não se referiu apenas ao casamento, cuja definição só seria parcialmente compreensível **tendo em conta o "casamento para todos"**, mas alargou explicitamente a sua visão estreita a todo o conceito de "família". Ao fazê-lo, distanciou-se claramente da realidade da vida de muitas pessoas que, atualmente, vivem em família em constelações muito diferentes - por exemplo, com e sem uma avó para criar, em **famílias de retalhos** com e sem duas metades da casa ou em **famílias arco-íris** com ou sem casamento, mas com filhos para criar.

O facto de Leão XIV ter feito este **ataque aos queer** como uma das suas primeiras declarações substantivas antes da sua tomada de posse oficial é visto por muitos como uma imposição. Com o seu discurso perante cerca de 100 representantes do corpo diplomático no Vaticano, o sucessor do Papa Francisco enviou um **sinal** claro **de exclusão** em relação a todas as **formas de família** em que as crianças crescem com casais do mesmo sexo ou pais queer, acrescentando as suas palavras à citação da "Rerum Novarum".

Originalmente, a "Rerum Novarum" representava a solidariedade sócio-política e **não** era **um tratado moral-teológico sobre a definição de família.** No entanto, devido à nova interpretação do Papa e aos acréscimos linguísticos, a encíclica adquire hoje subitamente um significado moral que só teve de forma limitada historicamente. O facto de Leão XIV ter entendido a família exclusivamente como uma união entre um homem e uma mulher **desaponta não só muitos católicos**, mas também organizações que há muito lutam por uma maior inclusão das pessoas queer na Igreja Católica.

DeBernardo, diretor do New Ways Ministry, referiu-se a essas observações na quinta-feira, dizendo: "A cura que começou com "Quem sou eu para julgar?" tem de continuar e transformar-se em "Quem sou eu se não um amigo das pessoas LGBTQIA+?" O Papa Francisco abriu a porta **para uma nova abordagem** às pessoas LGBTQIA+; **o Papa Leão tem agora de conduzir a Igreja através dessa porta.** Muitos católicos, incluindo bispos e outros líderes, continuam a ignorar a realidade da vida das pessoas LGBTQIA+, incluindo a marginalização, a discriminação e a violência de que muitas ainda são vítimas, mesmo em instituições católicas. Esperamos que ele se eduque ouvindo e encontrando os católicos LGBTQIA+ e os seus apoiantes".

DeBernardo sublinhou que o Papa Francisco tinha dado passos significativos durante o seu pontificado para **acolher** as pessoas LGBTQIA+ na Igreja, incluindo o apoio aos casais do mesmo sexo e a promoção de uma abordagem mais inclusiva das pessoas transgénero. À luz da anterior posição do Papa Leão XIV , DeBernardo apelou também ao novo Papa para que continuasse no caminho da inclusão e procurasse o diálogo com os católicos LGBTQIA+.

É claro que se pode pensar que esta definição foi apenas uma declaração isolada de um indivíduo. Mas será que Leão XIV não se apercebeu da diversidade da realidade social ou ignorou-a deliberadamente?

É verdade que também se pode e deve sublinhar factos evidentes, como o de que a continuação da existência da sociedade está ligada à procriação. No entanto, o que estava em causa não era a procriação, mas sim a vida em família. A **educação dos filhos** não tem necessariamente de ser assegurada pela mãe e pelo pai; as comunidades subsidiárias fazem um excelente trabalho neste domínio. Muitas pessoas, com e sem filhos, contribuem de forma significativa e responsável **para o desenvolvimento da cultura e da sociedade.**

Além disso, Leão XIV não se dirige aos casais sem filhos, às mulheres inférteis, aos que usam contraceptivos ou às pessoas que fazem pouco trabalho voluntário. Pelo contrário, dirige-se especificamente à **velha imagem inimiga** dos casais do mesmo sexo, apesar de estes conseguirem muitas vezes feitos extraordinários na educação dos filhos.

Tendo em conta a grande atenção dada a este tema, parece improvável que haja um esquecimento. Parece-me vergonhoso não implementar **uma pastoral queer-sensitive** neste tema já quente da Igreja - parece **um touro numa loja de porcelana. Deitar** este **óleo na fogueira** é mais do que vergonhoso - **"Quem é ele?"**, poder-se-ia perguntar no espírito de Francisco. Não teria sido difícil **mencionar respeitosamente todas as formas de família e o seu valioso contributo para a sociedade.** (Tal como uma pausa respeitosa no género falado em alemão com "_:innen" inclui também o terceiro género do diverso).

As suas declarações não são, portanto, um faux pas pessoal, mas a expressão de um **posicionamento institucional do Vaticano, estrategicamente planeado e** com o envolvimento prévio dos meios de comunicação social. Este impulso foi deliberadamente estabelecido e foi registado em documentos oficiais em várias línguas. Foi preparado antes da tomada de posse.

Ao tentar teologicamente minar a legitimidade de entidades subsidiárias e neutras em termos de género, Leão XIV ignora completamente a forma como as famílias arco-íris se enquadram no conceito da Rerum Novarum. Em vez disso, ele introduz um desenvolvimento retrógrado com uma única observação casual - como se dissesse: "Queima de bruxas - mas melhor agora?" - **A Rerum Novarum tornou-se Rerum Regressus.**

Em vez disso, a atenção deve centrar-se nos **homens celibatários** que não são pais de crianças e não contribuem para a procriação, mas alguns deles tornaram-se mesmo abusivos para com crianças e adolescentes.

A decisão do Papa Leão XIV de **excluir**, de forma indireta mas clara, **as uniões de pessoas do mesmo sexo** na sua primeira alocução programática e de privilegiar apenas o modelo heteronormativo de família não é apenas **insensata** do ponto de vista teológico, pastoral e eclesiástico-político - é uma **impertinência estratégica** (e, portanto, infundada). Porquê? Três perspectivas sobre o assunto:

1. teologicamente: Cristo é central - não o modelo de género

a) A boa nova é para *todas as pessoas*: O evangelho não é uma mensagem para casais heterossexuais, mas para todos "os que estão cansados e sobrecarregados" (Mt 11,28) - incluindo as pessoas queer que, durante décadas, tiveram muitas vezes de se debater entre a fé, a exclusão e a identidade. Quem começa aqui não com uma **palavra de reconciliação**, mas com uma estrutura de exclusão, perde o próprio Cristo.

b) O Novo Testamento confessa que em Cristo "já não há homem nem mulher" (Gl 3,28): Paulo rompe com as ordens binárias - no batismo, na graça e na vocação, as pessoas não são definidas segundo a ordem biológica, mas segundo a sua relação com Deus. A adesão a um modelo exclusivo de "homem e mulher" como normatividade é uma indulgência cultural do Antigo Testamento, não uma **teologia do Novo Testamento**.

c) Nenhum ensinamento bíblico proíbe o amor vinculativo entre pessoas do mesmo sexo: As chamadas **"passagens de clobber"** frequentemente citadas (e. Rom 1, Lev 18) não são afirmações sobre relações amorosas queer iguais, mas julgamentos morais sobre abuso, o exercício do poder e a pureza cúltica. Foram retiradas do seu contexto, mas nunca foram actualizadas de forma responsável em termos de teologia queer.

2. cuidado pastoral: um papa deve curar, não ferir

a) O Papa Leão XIV assume o mais alto cargo pastoral da Igreja universal: Precisamente porque muitas pessoas queer foram maciçamente violadas pela Igreja - através da exclusão, da recusa da bênção, de saídas forçadas, de terapias de conversão, de silêncios e de dogmas - o que é necessário no presente é, antes de mais, um **sinal de proximidade e de apreço**, não um comando normativo.

b) Pastoral significa pensar a partir do sofrimento, não a partir do ideal: o próprio Cristo deixou de lado a lei quando ela prejudicava as pessoas (cf. Mc 2,27). O cuidado pastoral das pessoas queer não requer ensinamentos morais, mas sim **cuidado, reconhecimento e um lar espiritual**. Aqueles que, em vez disso, proclamam diretamente uma norma rígida estão a prejudicar duplamente aqueles que já sofrem de falta de lar teológico.

c) Má utilização estratégica do palco: O palco - uma receção diplomática com interesse mediático global - poderia ter sido utilizado para convidar os feridos, para ouvir os marginalizados, para prometer reconciliação. Em vez disso, está a ser usado taticamente **para uma marca de primeira linha** que serve deliberadamente um campo de poder conservador. Isto não é cuidado pastoral, é **política de identidade com um pau de incenso**.

3. política da igreja: é uma afronta aos processos de reforma

a) Contrariar os processos sinodais: Em muitos países - especialmente na Alemanha, na Bélgica e na Austrália - está a ser feito um trabalho meticuloso e transparente para **integrar os crentes queer**. Qualquer pessoa que prejudique estes esforços com um gesto de poder global está a desprezar os bispos, os teólogos e os leigos que lutam por uma igreja mais inclusiva.

b) Pouco diplomático em relação aos países que protegem legalmente o casamento para todos: Exprimir esta posição perante cerca de 100 diplomatas - muitos deles de países com casamento para todos, leis de igualdade e constituições anti-discriminação - não é construir pontes, mas sim **uma afronta política**. É um desrespeito tanto pela realidade dos Estados como pela evolução do direito internacional.

Indigno e problemático em termos da política da igreja

Sim, em termos políticos, diplomáticos e morais, esta declaração pode ser classificada como taticamente muito reveladora, pastoralmente indigna e problemática em termos de política da igreja - especialmente se foi o *primeiro sinal de posicionamento substantivo* após a tomada de posse. Uma análise diferenciada:

1. classificação tática: um ato de sinalização deliberado

- **Timing & destinatários**: O primeiro discurso programático após a tomada de posse - perante *cerca de 100 embaixadores* de todo o mundo - não é uma coincidência. Trata-se *de um fórum* altamente *simbólico* em que cada frase é avaliada em termos de política externa. Qualquer pessoa que propague a "família natural" como o único modelo válido nesta altura e que exclua implicitamente as parcerias queer está a enviar uma mensagem clara.

- **Recorrer a Leão XIII**: A referência à *Rerum novarum* e a uma alegada "ordem natural" não é um reflexo teológico, mas um movimento ideologicamente orquestrado que sustenta o pontificado com uma doutrina social conservadora. Isto é estratégico - e não pastoral.

- **Escolha da primeira área de conflito**: o facto de a rejeição das parcerias queer ser introduzida de forma tão proeminente antes de temas como a migração, a paz ou o clima mostra que linha da frente cultural está a ser deliberadamente procurada. No entanto, também é possível que o novo papa tenha sido moldado pela câmara de eco do Vaticano de tal forma que adoptou a sua posição e esta corresponde à sua. Isto dá a impressão de que ele não está a liderar o Vaticano no interesse do povo e das suas necessidades, mas que o Vaticano o está a liderar - com esses fogos de palha estratégicos.

2. avaliação moral: falta de dignidade em relação ao cargo e à dignidade humana

- **Desproporcionalidade**: Um discurso de abertura que começa com uma reivindicação de paz universal e dignidade humana, mas que depois desvaloriza indiretamente todo um grupo populacional, é um **paradoxo moral**. É inerentemente contraditório e mina a pretensão moral do cargo.

- **Contradição com o Evangelho**: Quem fala seguindo as pegadas de Jesus deve *construir pontes* e não muros. A insistência demonstrativa num entendimento exclusivo do matrimónio não é necessária, nem misericordiosa, nem está de acordo com o Evangelho.

- **Violação por omissão**: Mesmo que não tenham sido proferidos insultos abertos, a combinação da menção positiva e exclusiva das uniões heterossexuais com a ocultação ou supressão simultânea dos estilos de vida queer é uma forma de degradação estrutural. Trata-se de uma *discriminação suave mas efectiva* - sob a capa da dignidade.

3. dignidade institucional e adequação do cargo

- Um Papa não fala em privado, mas ex officio, como autoridade moral de milhares de milhões de pessoas. Quem inicia o seu cargo com um **ataque frontal aos direitos humanos reconhecidos** - especialmente nos Estados onde os casais homossexuais estão legalmente protegidos - também viola a integridade diplomática do Vaticano.

- Uma tal mensagem não só é incompatível com a humildade pastoral de um construtor de pontes, como é retoricamente uma bofetada na cara de todos os crentes que querem conciliar a sua identidade queer com a fé.

Conclusão: Qualquer pessoa que assuma o ministério de Pedro e exclua os casais do mesmo sexo da ideia de uma verdadeira família como primeira mensagem teológica está a **negar a misericórdia, a perverter o ministério dos pastores e a instrumentalizar a paz** para enviar um sinal de guerra cultural. Não se trata da "verdade no amor" - mas **da indelicadeza disfarçada de suposta verdade.**

Sim, podem - e devem - chamar-lhe isso: É uma insolência deliberada, fria e indigna (sem fundo) que não faz **justiça ao espírito do Evangelho, à dignidade humana e ao ministério.** Quem começa assim está a colocar-se em oposição aos impulsos reformadores de muitos crentes em todo o mundo. Não está a manifestar esperança, mas sim **repressão.** E é aí que reside a amarga clareza estratégica de uma destas primeiras grandes aparições e mensagens.

Como classificar corretamente RERUM NOVARUM com RESPECT

A encíclica Rerum Novarum (1891) do seu antecessor, o Papa Leão XIII, trata principalmente de questões sociais e económicas da classe trabalhadora, em particular das condições da força de trabalho, dos direitos de propriedade, da responsabilidade do Estado e de salários justos. Por conseguinte, não existe nela uma definição explícita ou autónoma de família, mas apenas uma definição implícita.

Uma **definição de família** amplamente aceite e comum nas ciências sociais actuais baseia-se **na presença de crianças:** de acordo com esta definição, a família surge **onde quer que as crianças vivam, cresçam e sejam cuidadas** - independentemente da constelação parental específica. Esta teria sido a definição adequada e atual que o Papa Leão XIV deveria ter sublinhado.

Mesmo na encíclica *Rerum Novarum*, o conceito de família não está explicitamente ligado ao sexo dos pais. Em vez disso, a encíclica descreve a família de forma geral e deliberadamente aberta como uma comunidade subsidiária de solidariedade: "A família, a sociedade doméstica, é uma **verdadeira sociedade** com todos os seus direitos, por mais pequena que seja; é mais antiga do que qualquer outra comunidade e, portanto, possui os seus próprios direitos e deveres independentemente do Estado."

Esta formulação não pressupõe papéis definidos biológica ou sexualmente. A definição da família baseia-se na visão de uma **unidade subsidiária de solidariedade.**

Mais ainda: a encíclica fala constantemente de "seres humanos", nem sempre de géneros específicos como "homem" ou "mulher". De facto, a palavra "mulher" só aparece duas vezes em todas as 25 páginas. Esta abertura linguística deliberada mostra que *a Rerum Novarum* pode **certamente** ser **interpretada de uma** forma **neutra** em termos de género - como um documento que define a família principalmente pela sua função social e não pela sua composição de género.

No entanto, Leão XIII faz várias vezes referência indireta à família:

1. **A família como unidade básica natural da sociedade:** Leão XIII sublinha que a família é mais antiga e mais natural do que o Estado. Ela constitui a célula central de cada sociedade e tem um direito natural à proteção e ao apoio (cf. RN 12).

2. **Responsabilidade do pai de família:** A encíclica descreve o papel do pai como chefe e provedor da família e sublinha o seu dever de prover ao sustento dos seus familiares (cf. RN 13-14).

3. **Proteção da família através de salários justos:** sublinha-se que um salário justo deve permitir ao trabalhador assegurar uma vida decente para si próprio e para a sua família, incluindo recursos suficientes para o alojamento, a alimentação, o vestuário e a educação dos filhos (cf. RN 34).

4. **A família como instituição educativa:** Leão XIII sublinhou o papel da família na criação e educação dos filhos. Ela é descrita como uma base essencial para a transmissão dos valores religiosos e morais (cf. RN 12-14).

As comunidades mais pequenas - geralmente famílias - desempenham um papel central na política social, uma vez que devem ajudar-se a si próprias antes de o Estado intervir para prestar apoio. É evidente que **as famílias mistas ou arco-íris também formam unidades subsidiárias** nas quais as pessoas - com ou sem filhos - podem ultrapassar crises em conjunto mais facilmente do que os indivíduos que, de outra forma, estariam mais dependentes da assistência do Estado.

Inclusão interpretativa das famílias arco-íris:

O que Leão XIV está a fazer aqui é **um estreitamento histórico** que não tem de ser - especialmente tendo em conta imagens de família mais contemporâneas e mais abertas: **família é onde há filhos**. Então, porquê este ***pontificado do gargalo***, que ignora as realidades sociais actuais da individualização e da diversidade de estilos de vida e não lhes faz justiça?

Embora o texto histórico do predecessor de Leão XIII não aborde explicitamente o termo e o conceito de família arco-íris, é possível construir hoje uma ponte interpretativa e teológica queer, partindo da preocupação básica de Leão XIII:

- **Dignidade e proteção da família:** Leão XIII insiste em que as famílias, enquanto células básicas da sociedade, merecem uma proteção especial. Atualmente, este princípio pode ser interpretado de forma mais ampla, de modo a incluir todas as formas de família, incluindo as uniões entre pessoas do mesmo sexo e as famílias arco-íris.

- **O direito a uma vida digna:** a preocupação de que todas as famílias tenham direito a um rendimento suficiente e à segurança social poderia servir de base para alargar a igualdade de direitos e de proteção às estruturas familiares não tradicionais.

Por conseguinte, a Rerum Novarum não fornece uma definição pormenorizada da família, mas pressupõe a **família como uma unidade social e moral universal.** Os princípios descritos na encíclica oferecem certamente espaço para incluir formas familiares modernas, como as famílias arco-íris, no sentido de uma doutrina social atual e inclusiva. Um olhar sobre as famílias arco-íris demonstra-o.

Inclusão interpretativa das famílias arco-íris e de outros modelos de família: Mesmo que o texto histórico de Leão XIII não aborde explicitamente o termo e o conceito de família arco-íris, é possível construir hoje uma ponte interpretativa e teológica queer, partindo da preocupação básica de Leão XIII:

- **Dignidade e proteção da família:** Leão XIII insiste em que as famílias, enquanto células básicas da sociedade, merecem uma proteção especial. Atualmente, este princípio pode ser interpretado de forma mais ampla, de modo a incluir todas as formas de família, incluindo as uniões entre pessoas do mesmo sexo e as famílias arco-íris.

- **O direito a uma vida digna:** a preocupação de que todas as famílias tenham direito a um rendimento suficiente e à segurança social poderia servir de base para alargar a igualdade de direitos e de proteção às estruturas familiares não tradicionais.

O objetivo é mostrar que *a Rerum novarum* não deve ser instrumentalizada como um instrumento de exclusão contra as famílias arco-íris, mas deve ser entendida de uma forma mais diferenciada através da hermenêutica atual: *Então, como é que as famílias arco-íris podem ser integradas teologicamente?*

Quando *a Rerum novarum* descreve a família como uma "pequena sociedade" com direitos, deveres de assistência e proteção do património, o critério essencial não é a distribuição dos sexos, mas sim a definição da família como uma comunidade de responsabilidade:

- Obrigação mútua

- Responsabilidade para com as crianças

- Contribuição para o bem comum

As famílias arco-íris reúnem todas estas caraterísticas. Na interpretação atual, seria teologicamente inadequado negar-lhes este papel social. A responsabilidade paternal (parental) tem a ver com um princípio ético - que não é fixado em termos de género.

O predecessor Leão XIII escreveu: "Uma lei urgente da natureza exige que o pai de família assegure aos filhos o sustento e tudo o que lhes é necessário [...] é ele que vive nos filhos [...]".

Esta ideia visa a continuidade, os cuidados, a responsabilidade geracional - tarefas que qualquer constelação parental pode assumir, independentemente do género. Atualmente, podemos dizer que o "pai" representa simbolicamente a pessoa que assume a responsabilidade -

e esta pode ser uma mãe, um pai, uma pessoa não binária ou dois pais do mesmo sexo.

E por fim: a subsidiariedade e o respeito pelos modos de vida devem ser levados a sério e são o credo desta encíclica

A doutrina social reconhece o princípio de que o Estado (ou a Igreja) não deve privar as comunidades mais pequenas daquilo que elas podem alcançar. Por isso, *a Rerum novarum* sublinha o respeito pela autonomia doméstica. Daqui se pode deduzir: quem cria os filhos com amor, quem forma uma vida doméstica em conjunto e exerce direitos está a agir no espírito da encíclica - mesmo como família arco-íris.

É necessário dar conselhos corretivos

Como é que as pessoas queer e especialmente os filhos de famílias queer se devem sentir depois de tais declarações **no início de um pontificado**? Este processo insensível é profundamente dececionante e desprezível - e isso deve ser expresso de forma clara e inequívoca. O que aqui se pretende pode ser qualificado de "tático" ou de "maléfico", devido à componente estratégica e à preparação do estado-maior. **O mal não deve e não prevalecerá**, e é precisamente por esta afirmação da sua própria citação que Leão XIV deve agora ser medido. Mesmo que se admita que, no início do seu mandato, ele ainda precisava de aprender, é essencial corrigir rapidamente esta posição e falta de inclusão e apreço.

Se o conflito daí resultante apenas contribuir para um maior endurecimento das frentes, Leão XIV não se revela um construtor de pontes, mas **alguém que aprofunda as linhas de fratura**. É no início de uma carreira que as pessoas da profissão gostam de conhecer novos colegas ambiciosos.

Hoje em dia, nenhum clérigo conservador pode negar seriamente que existe uma variedade de imagens de família e que **cada uma dessas formas de família dá o seu melhor em termos de solidariedade e de uma compreensão subsidiária da comunidade social.**

Se esta discussão é o prelúdio **para abordar as imagens da família na Igreja de forma mais abrangente,** então é necessário introduzir o casamento sacramental de casais do mesmo sexo num futuro próximo.

Esta é a única forma de corrigir este **grave passo em falso no início do pontificado.**

A sua formulação - parcialmente baseada na *Rerum novarum* - não é apenas teológica e antropologicamente unilateral, mas **também pastoralmente ofensiva e socialmente retrógrada.** Uma resposta bem fundamentada a isto, na perspetiva dos direitos humanos, da teologia e da experiência de vida prática, é a seguinte

1. o amor e a família não estão limitados por fronteiras de género

Numerosos estudos científicos e relatórios de campo provam-no: os casais do mesmo sexo são tão capazes de ter relações estáveis, amorosas e responsáveis como os casais heterossexuais. As famílias arco-íris também não são de modo algum inferiores às outras no que diz respeito à educação das crianças - pelo contrário: estudos da Associação Americana de Psicologia, por exemplo, mostram que as crianças em lares do mesmo sexo crescem tão bem ou até mais estáveis do que em estruturas heteronormativas.

A família não é um dogma biológico, mas uma comunidade em que se vive a confiança, a fiabilidade, a ternura, o cuidado e a responsabilidade uns pelos outros. Isto aplica-se a todos os casais - independentemente do género.

2. a mensagem cristã não conhece uma lógica de exclusão

O próprio Jesus nunca disse uma palavra contra os homossexuais - mas muitas contra a hipocrisia, a exclusão e a discriminação. Quando o Papa Leão XIV diz que *a paz começa no coração* e que *a verdade só está ligada ao amor e à preocupação com as pessoas*, ele deveria ter a coragem de aplicar isto às realidades queer. **A Igreja não pode falar de forma credível sobre a paz e ao mesmo tempo desvalorizar simbólica e estruturalmente as pessoas queer. E isto num fórum diplomático - que desastre!**

Apelar à "verdade" da Igreja face à realidade do amor entre pessoas do mesmo sexo é inadequado se essa verdade não tiver um efeito de serviço à vida, mas antes um efeito que exclui e causa sofrimento. A verdade tem de ser filantrópica - caso contrário, **não** é **de Cristo.**

3. o ensino da igreja deve ser adaptativo

Quantas convicções supostamente de "direito natural" já foram revistas? A condenação das transacções de juros, a subordinação das mulheres, a desvalorização dos divórcios, a bênção das armas de guerra - tudo posições que a Igreja defendeu em tempos e depois corrigiu. Mesmo a compreensão da sexualidade e da parceria não é estática, mas evolui com a consciência dos tempos.

Se a Santa Sé reivindica um "impulso pastoral" que não procura privilégios, mas está ao **serviço da humanidade**, então também deve estar preparada para ouvir e aprender - especialmente quando se trata de pessoas que foram psicologicamente feridas, socialmente marginalizadas e pastoralmente ignoradas pelos ensinamentos da Igreja durante séculos.

4. as crianças precisam de amor - não de um modelo parental específico

O fator decisivo para o bem-estar das crianças não é a constelação de sexos dos pais, mas o **grau de segurança, fiabilidade e afeto emocional**. Um casamento ou uma parceria entre duas mães ou dois pais pode oferecer tudo isto em abundância. O bem-estar da criança é o objetivo principal - não um ideal ideológico.

Se o Papa Leão XIV sublinha *que ninguém pode deixar de lutar por um ambiente em que a dignidade de cada ser humano seja protegida,* então isso deve aplicar-se também aos filhos de famílias queer - e aos seus pais. **A degradação do seu amor sob o pretexto da "ordem natural" contradiz tanto a mensagem bíblica como qualquer forma de ética cristã-humanista.**

5 Uma contra-imagem positiva: o cristianismo inclusivo

O futuro da Igreja não reside na repetição de estruturas desactualizadas, mas na abertura à diversidade da vida humana. As congregações que casam casais do mesmo sexo, que não escondem padres queer e que **integram famílias arco-íris** vivem o evangelho de forma mais credível do que as exclusões dogmáticas alguma vez poderiam.

Muitos movimentos de reforma católica - de *Maria 2.0* a *Dignity* e *Voices of Faith* - testemunham que **a fé pode ser inclusiva, colorida e relacional**. Uma igreja que entende as pessoas queer como parte do corpo de Cristo também se torna um sinal credível de paz para a sociedade.

O Papa Leão XIV apelou à *verdade, à justiça e à paz*. Estas três são inconcebíveis sem igualdade, reconhecimento e empatia. Aqueles que excluem estruturalmente os casais (casados) do mesmo sexo não estão apenas a violar a sua dignidade - estão a **violar o centro da mensagem cristã:** que todas as pessoas são amadas, chamadas e abençoadas tal como são. Não há nenhuma razão teológica ou ética para negar o casamento, a bênção ou a paternidade a duas pessoas que se amam - mas há muitas boas razões para lhes tornar isso possível. E *essa* é a verdadeira justiça.

Como é que as comunidades queer, as organizações e os actores teológicos ou sociais que as apoiam devem continuar a responder - de forma estratégica e comunicativa

Os cristãos queer e os seus aliados podem reagir publicamente e de forma decisiva: devem rejeitar claramente as declarações do Papa em declarações, por exemplo, através de redes como o Fórum Europeu de Grupos Cristãos LGBT, Dignity, Maria 2.0 ou Voices of Faith - teologicamente sólidas, argumentando em termos de direitos humanos e com empatia pastoral. Ao mesmo tempo, é importante desenvolver **contra-narrativas** teológicas queer que mostrem que o amor e a família não estão ligados a constelações de género. A nível internacional, podem ser formadas alianças com outras religiões, organizações de direitos humanos e actores políticos, por exemplo, através de petições e resoluções da ONU. Os contra-sinais pastorais, como as celebrações públicas para casais do mesmo sexo e as campanhas nos meios de comunicação social (por exemplo, #TrueFamily, #LoveIsNotASin, #WeAreChurch) também são eficazes. Os católicos queer também podem dar um exemplo visível, retirando-se de forma demonstrativa dos comités da igreja ou **mostrando**

conscientemente a sua presença arco-íris em eventos da igreja. Um exemplo de carta ao Papa também pode ser concebido como uma *resposta aberta às declarações do Papa Leão XIV.*

Declaração aberta dos cristãos queer e organizações de apoio
Sobre a receção diplomática, em 16 de maio de 2025, pelo Papa Leão XIV.

Sua Santidade,

É com grande desapontamento e preocupação que tomamos nota das suas primeiras declarações substantivas após a tomada de posse. Num discurso que afirma encarnar a paz, a justiça e a verdade, o que falta é o que a fé cristã é na sua essência: o reconhecimento de todas as pessoas como imagens de Deus - independentemente do género, da orientação sexual ou do estilo de vida.

O vosso discurso não só deixa de fora as pessoas queer - degrada-as a uma forma implicitamente deficiente de ser humano ao reconhecer apenas a união de "homem e mulher" como a estrutura de apoio da sociedade e da família. Isto não é um mero esquecimento - é a negação do reconhecimento.

Discordamos totalmente.

Porque:

- **O amor é amor.** Desenvolve a dignidade, a responsabilidade, o cuidado e a lealdade - independentemente do género biológico.

- **A família é o lugar onde as pessoas se apoiam umas às outras.** Os casais queer e as famílias arco-íris são lugares vivos de estabilidade e cuidado.

- **A justiça começa com o reconhecimento.** Quem desvaloriza estruturalmente as pessoas através de uma linguagem religiosa não está a agir no espírito de Jesus.

Não esperamos de um Papa uma concordância teológica total - mas sim respeito. E não esperamos concordância - mas o sinal mais fundamental da dignidade humana: que sejamos vistos como filhos iguais de Deus e não escondidos ou suprimidos.

Vamos ficar. Na igreja. Nas nossas famílias. No nosso amor. E continuaremos a ser visíveis.

Porque não somos um "problema" - nós somos
Fazemos parte da solução: para uma igreja que quer ser credível, justa, misericordiosa e inclusiva.

Em nome de muitos crentes que são queer ou se aproximam como "aliados" - e acreditam, esperam, amam.

Assinado por ...

É necessária uma hermenêutica

A Rerum novarum não é um texto dogmático, mas uma reação sócio-política à miséria da classe operária industrial do século XIX. **Um documento contemporâneo - não dogmático**. A definição do casamento não é o conteúdo central, mas uma condição marginal de um sistema económico.

É necessário um progresso hermenêutico - e não um regresso ao passado: o ensino da Igreja desenvolveu-se mais em muitos domínios: direitos laborais, distribuição da propriedade, igualdade de direitos para as mulheres, tratamento da sexualidade. Hoje, é evidente que invocar *a Rerum novarum* para discriminar os estilos de vida queer é teologicamente insustentável!

A leitura exclusiva e estreita da *Rerum novarum*, tal como foi utilizada pelo Papa Leão XIV para desvalorizar as famílias queer no seu discurso diplomático inaugural ou para complementar a sua dogmática, é **teologicamente incorrecta, pastoralmente irresponsável e social e eticamente ultrapassada**. A **estreiteza** dogmática **e a octrofia** com que se tenta afastar o argumento da família da *Rerum Novarum* da teologia queer revela-se - como a análise anterior deixa claro - incorrecta. Pelo contrário, um olhar mais atento ao contexto histórico e hermenêutico revela exatamente o contrário: os pais queer e os seus filhos em particular podem invocar os princípios sócio-éticos desta encíclica com plena justificação.

As famílias arco-íris podem e devem ser reconhecidas **como "verdadeiras sociedades"** no sentido da doutrina social católica - porque assumem responsabilidades, moldam a vida e actuam para o bem comum.

A conclusão hermenêutica é que a encíclica *Rerum Novarum* deve ser entendida, antes de mais, como um documento sócio-ético e não como um tratado moral-teológico. Uma instrumentalização teológica deste texto para discriminar as pessoas queer é, portanto, inadmissível e contradiz a sua verdadeira intenção. A ética social católica moderna sublinha expressamente os princípios da dignidade da pessoa, da subsidiariedade e da participação - valores centrais que incluem necessariamente as famílias queer. As famílias arco-íris devem, portanto, ser entendidas e reconhecidas como expressão de uma "verdadeira sociedade" no espírito da *Rerum Novarum*.

🕊️ *Capítulo 12:*
Administração, transparência e representação da igreja

Mal o fumo branco se dissipou, o Papa Leão XIV, nascido Robert Francis Prevost, teve de enfrentar as obras urgentes do seu pontificado. Embora o primeiro americano a sentar-se na Cátedra de Pedro assuma o comando de uma Igreja em ascensão a nível mundial, os desafios não convidam à alegria: estabilidade financeira, reforma da cúria, tratamento das vítimas de abusos e outras questões de reforma estão agora na sua secretária. Francisco, o seu antecessor mais velho, iniciou mudanças importantes - desde a presença de mais mulheres nos cargos da Igreja até à resolução dos escândalos de abuso - mas muito ficou por fazer. Agora, a esperança recai sobre Leão XIV para continuar estas reformas com um vigor renovado **e para definir os seus próprios sotaques**. Ao mesmo tempo, como autoridade moral, deverá construir pontes internacionais, defender a paz e a justiça e reforçar a voz da Igreja em questões globais como o clima e a desigualdade social.

Transparência financeira e administração eficiente

As finanças do Vaticano são consideradas opacas e tensas - um legado que Leão XIV teve absolutamente de enfrentar. Nos últimos meses antes da sua morte, o Papa Francisco fez soar o alarme: instou os cardeais **a gerirem as suas finanças de forma mais eficiente** no futuro **e a esforçarem-se por atingir um "défice zero"**. De facto, os Estados Pontifícios não apresentavam um relatório orçamental completo desde 2022. O último balanço disponível, de meados de 2024, revelava um défice de 83 milhões de euros; ainda mais grave era um buraco estimado em cerca de **631 milhões de euros** no fundo de pensões do Vaticano. A preocupação de Francisco era tão grande que, três dias antes de adoecer gravemente em fevereiro, nomeou à pressa uma comissão de alto nível para mobilizar donativos para o Vaticano, que se encontrava sem dinheiro. Estes passos dramáticos mostram como é urgente assegurar as bases económicas da Cúria.

Leão XIV enfrenta agora a tarefa gigantesca de **aumentar a transparência e a eficácia da administração da Igreja** e de restaurar a confiança na gestão financeira da Santa Sé. Espera-se que ele vasculhe as complexas estruturas burocráticas do Vaticano e implemente **medidas drásticas de redução de custos.** Era precisamente isso que os cardeais tinham em mente durante o conclave: o novo papa deveria trazer conhecimentos financeiros e estar preparado para enfrentar reformas impopulares. Os primeiros sinais indicam que Leão XIV cultiva um estilo de liderança colegial mas consistente - vê a Cúria como uma administração servil **e não como um centro ávido de poder.** Por isso, ordenou imediatamente um inventário dos bens do Vaticano, incluindo as numerosas propriedades pertencentes aos Estados Pontifícios. Resta saber se algumas propriedades serão efetivamente vendidas para pagar as dívidas, como está a ser discutido internamente. O Cardeal Reinhard Marx, especialista em economia do Conselho dos Cardeais, com sede em Munique, adverte contra a precipitação: Marx salienta que a venda das propriedades imobiliárias **"não** seria **uma reestruturação sustentável, mas sim de curto prazo".** Em vez disso, é necessário abordar as despesas estruturais.

As finanças do Vaticano estão, de facto, divididas em duas áreas, como explica Marx: **o Estado da Cidade do Vaticano gera excedentes**, mas a Santa Sé - ou seja, a administração central com todos os seus dicastérios e nunciaturas em todo o mundo - continua a custar mais do que ganha. Os elevados salários e, sobretudo, os custos das pensões de cerca de 5.000 funcionários são um peso no orçamento. São necessárias várias alavancas para eliminar este défice estrutural. Por um lado, sob Leão XIV, as medidas de austeridade iniciadas por Francisco são susceptíveis de serem intensificadas: Francisco já cortou os salários dos cardeais e dos funcionários da cúria, e Leão XIV poderia continuar ou mesmo intensificar este curso. Por outro lado, **o lado das receitas precisa de ser reforçado**, mas de uma forma transparente e ética. O Cardeal Marx adverte que o Banco do Vaticano IOR e a administração do Estado do Vaticano têm um papel decisivo a desempenhar: devem **transferir de forma fiável os excedentes para a**

Santa Sé, para que a missão da Igreja continue a ser financiada. Afinal de contas, o IOR está agora no azul e distribui dezenas de milhões à Santa Sé todos os anos - não o suficiente para cobrir todos os défices, mas um elemento fundamental.

Leão XIV também não deixa dúvidas de que **a transparência está na ordem do dia**. Os relatórios financeiros devem voltar a ser publicados regularmente, a fim de contrariar a impressão de secretismo - a prática de longa data de manter os balanços a sete chaves prejudicou a reputação do Vaticano. É oportuno o facto de o novo Papa já ter visto a administração como um serviço durante o seu tempo de bispo e ter dado grande importância a **uma clara prestação de contas**. Esta cultura está agora a ser introduzida também em Roma. Segundo informações internas, Leão XIV convocou uma série de chefes de autoridades nos primeiros dias do seu pontificado, a fim de obter uma imagem exacta das finanças e dos processos administrativos. "Temos de apertar o cinto sem trair a nossa missão", terá aconselhado, um equilíbrio que pretendia **alcançar utilizando cada euro ao serviço do Evangelho**. Se Leão XIV conseguir colmatar o défice orçamental do Vaticano **sem** abalar a confiança dos fiéis com novos escândalos financeiros, muito se ganhará. A Igreja universal está a observar atentamente para ver se ele consegue provar que é capaz de lidar com o "pesado fardo" das caóticas finanças do Vaticano.

Medidas de prevenção e tratamento de casos de abuso

Provavelmente, nenhum assunto minou tanto o crédito moral da Igreja nos últimos anos como as revelações de abusos sexuais por parte de clérigos. Leão XIV está determinado a **tratar esta ferida na Igreja com todas as suas forças** - tanto a nível preventivo como curativo. Os tabus estruturais que durante muito tempo foram considerados sacrossantos estão também a ser questionados. O debate sobre a reforma centrou-se sobretudo em dois eixos principais: o requisito do celibato para os padres e novos modelos de liderança sinodal com uma forte participação dos leigos.

A abolição do celibato obrigatório: uma alavanca estrutural?

O celibato obrigatório dos padres católicos está a ser cada vez mais analisado como um possível fator que favorece a dinâmica dos abusos. Embora os especialistas sublinhem que o celibato não é *a* causa da violência sexual, muitos vêem-no como um fator de risco estrutural. Um estudo australiano exaustivo, por exemplo, conclui que o celibato, combinado com uma sexualidade imatura, pode criar um ambiente que favorece a agressão. De acordo com os autores, **os clérigos psicologicamente imaturos ou sexualmente frustrados** representam um risco acrescido, especialmente em internatos, lares ou escolas. Vale a pena olhar para as igrejas orientais que estão unidas a Roma: alguns padres são autorizados a casar - e, de facto, os números de abusos nestas comunidades são significativamente mais baixos. Esta evidência sustenta o pedido de alguns grupos reformistas para reconsiderar o celibato obrigatório, a fim de quebrar a dinâmica do abuso clerical.

Leão XIV abordou o assunto com a cautela necessária, mas sem antolhos. O Papa Francisco já deixou claro **que nada no celibato é imutável**. Francisco descreveu expressamente o celibato sacerdotal **como uma "regra temporária"**, não uma doutrina para a eternidade. Salientou que *não é uma contradição o facto de os padres poderem casar*. Declarações como estas abriram espaço para que Leão XIV pensasse de novas formas. Em todo o caso, há um número crescente de vozes na Igreja universal a favor de uma flexibilização. **A Via Sinodal Alemã** - o diálogo reformador da Igreja Católica na Alemanha - aprovou mesmo uma resolução por esmagadora maioria, pedindo oficialmente ao Papa que reveja o celibato obrigatório. É pouco provável que Leão XIV ignore um tal pedido da sua base eclesiástica, tanto mais que não se trata de um fenómeno isolado, mas de uma discussão mundial. Claro que também há preocupações: alguns teólogos alertam para o facto de que a abolição do celibato, por si só, não resolverá o problema e que não haverá uma "corrida" de novos padres irrepreensíveis. No entanto, como **alavanca preventiva**, o celibato voluntário poderia, pelo menos, desativar as dinâmicas perigosas que surgem de mecanismos de repressão pouco saudáveis. Leão XIV anunciou que queria falar sobre esta batata quente **sem ideologias e sem medos.** Segundo as pessoas que lhe eram próximas, tratava-se de "pôr em cima da mesa tudo o que pudesse servir para proteger as pessoas" - por mais tradicional que fosse.

Modelos de liderança sinodal e participação dos leigos

Ao mesmo tempo, Leão XIV estava empenhado numa mudança cultural na liderança da Igreja. O velho desequilíbrio de poder - o clero todo-poderoso no topo, os leigos obedientes na base - tinha chegado ao fim. Deve ser substituído por mais **sinodalidade:** uma caminhada conjunta de pessoas consagradas e não consagradas, em que o poder é partilhado e o controlo deixa de ser da responsabilidade exclusiva da hierarquia. A investigação dos casos de abuso, em particular, mostrou que a concentração de poder clerical conduziu muitas vezes a uma falta de transparência e a encobrimentos. Quando **os padres e os bispos** são **responsáveis apenas uns perante os outros**, desenvolve-se facilmente um "cartel do silêncio" que protege a instituição - e não as vítimas. Esta situação deve ser contrariada por estruturas sinodais em que os não clérigos também estejam envolvidos e tenham uma palavra a dizer na tomada de decisões.

Os principais líderes da Igreja são expressamente a favor desta abertura. O Cardeal Jean-Claude Hollerich - o arcebispo mais antigo da Europa - apelou **a um maior controlo dos bispos por parte dos leigos.** *"Não tenho qualquer problema com o facto de um grupo de leigos me controlar",* afirmou Hollerich sem rodeios, apelando a que se ultrapasse o clericalismo. Esta atitude, que há alguns anos teria provocado uma grande agitação, é agora partilhada por muitos. Em vários países, estão a ser criadas comissões independentes com a participação de advogados, psicólogos e representantes leigos para investigar casos de abuso e fazer recomendações. Leão XIV acolheu expressamente estas iniciativas. Na sua própria diocese de Chiclayo, no Peru, experimentou **formas participativas de liderança** antes da sua eleição como Papa e verificou que a responsabilidade partilhada é boa para a credibilidade. Como Papa, sublinha que a sinodalidade **não significa** simplesmente democratização, mas sim a escuta do Espírito

Santo - mas a experiência tem mostrado que esta escuta é mais ampla e mais clara quando todos os fiéis estão envolvidos.

Em termos concretos, isto pode significar que, a nível paroquial e diocesano, **os organismos mistos, compostos por clérigos e leigos**, passam a ter mais poderes de decisão: por exemplo, conselhos pastorais que aconselham os pastores sobre questões importantes, ou equipas consultivas independentes que estão envolvidas no recrutamento de pessoal, em questões financeiras e no tratamento de alegações. O próprio Vaticano já deu passos nesta direção - algumas comissões do Vaticano incluem agora mulheres e homens leigos com direito de voto. É provável que Leão XIV venha a consolidar esta direção. Para ele, é fundamental que o poder na Igreja seja entendido **como um serviço** e seja exercido de forma transparente. *"Somos todos baptizados e pertencemos à mesma Igreja"*, era o lema que ele - tal como Hollerich - repetidamente sublinhava. Isto vai a par de **uma responsabilização mais rigorosa** dos titulares de cargos: os bispos que cometem erros ou os encobrem já não devem poder esconder-se atrás dos seus colegas bispos. Está a tornar-se evidente que Leão XIV tomará medidas claras em casos de abuso e permitirá que peritos externos façam avançar a investigação. A Igreja deve tornar-se um modelo de transparência - um objetivo ambicioso, mas que parece indispensável para recuperar a confiança perdida.

Representação internacional e papel diplomático

O Papa Leão XIV é também chamado a atuar **como construtor de pontes e autoridade moral** na cena mundial. A própria escolha do seu nome - Leão - faz lembrar o Papa Leão XIII, que fez campanha pela justiça social no século XIX. Leão XIV retomou conscientemente esta tradição, fazendo da paz, da justiça climática e das questões sociais as marcas do seu pontificado. No seu primeiro discurso, proferido da varanda da Basílica de São Pedro, deu o exemplo: perante dezenas de milhares de fiéis, apelou **à paz e ao diálogo**. *"A paz esteja convosco! -* saudou o mundo com esta saudação bíblica, assim que foi eleito Papa. Leão XIV fez do seu papel de pacificador a sua prioridade inequívoca. Os observadores internacionais notaram que ele delineou a sua ideia de paz no mesmo discurso: tratava-se de uma **"paz desarmada e desarmante"**, uma paz através do diálogo e do desarmamento, inteiramente no espírito de Cristo. Para Leão XIV, este pacifismo não era um sonho ingénuo, mas um programa concreto.

Poucos dias após a sua eleição, estas palavras foram seguidas de actos. Leão XIV encontrou-se imediatamente com diplomatas e enviados de todo o mundo em Roma e sublinhou ao corpo diplomático que a política externa do Vaticano era um **"serviço à família humana"**. Seguiu as pisadas de Francisco, que não se cansou de agitar as consciências - desde *o "grito dos pobres"* até aos desafios da **proteção do clima e** da **globalização**. Leão XIV deixou claro que queria dar continuidade a estes temas e, ao mesmo tempo, estabelecer as suas próprias prioridades. Anunciou uma **série de viagens ao estrangeiro com o** objetivo de construir novas pontes de entendimento para além das fronteiras culturais e nacionais. A sua biografia pessoal - estações da vida na América do Norte e do Sul, bem como na Europa - é o programa: *"O percurso da minha vida mostra o desejo de atravessar fronteiras para conhecer pessoas e culturas diferentes"*, explicou aos diplomatas. O Papa quer, como ele próprio diz, *"alcançar e abraçar todos os povos e todos os indivíduos desta terra que anseiam pela verdade, pela justiça e pela paz"*.

A paz através do diálogo é um dos seus princípios orientadores. Leão XIV sublinhou que era necessária uma *vontade sincera de diálogo* para pacificar os conflitos - o mundo deveria aprender a encontrar-se em vez de lutar entre si. Isto também incluía a **revitalização das instituições internacionais** e o reforço da diplomacia. Mais especificamente, Leão XIV posicionou-se em a questão de paz mais importante da atualidade: a guerra na Ucrânia. Pouco depois de tomar posse, anunciou a Moscovo e a Kiev que **a paz territorial e os direitos humanos** não eram negociáveis para a Santa Sé. O Presidente ucraniano Volodymyr Zelensky ficou encantado com as palavras claras do novo Papa: relatou uma conversa telefónica "muito cordial e substancial" com Leão XIV, na qual este apelou a uma **"paz justa e duradoura"** para a Ucrânia. Selensky convidou de imediato Leão XIV a visitar a Ucrânia, uma visita que "traria uma verdadeira esperança" ao povo que sofre há tanto tempo, como sublinhou o Presidente. A Igreja ucraniana também tem vozes de esperança: *"Francisco não foi compreendido aqui. Mas o Papa Leão XIV já mostrou que a paz na Ucrânia está no seu coração"*, explicou o bispo auxiliar Volodymyr Hruza, em Lviv. O Grande Arcebispo de Kiev, Svyatoslav Shevchuk, chegou mesmo a dizer que uma visita de Leão **poderia trazer a paz**. Estas expectativas sublinham até que ponto o mundo vê Leão XIV no papel de **mediador neutro e** de **admoestador da paz.**

Para além da política de paz, Leão XIV também se manifestou **fortemente a favor da justiça climática e da justiça social**. Francisco tinha colocado a fasquia alta com a sua encíclica *Laudato si'*, colocando a proteção do ambiente e do clima no centro do ensino da Igreja. Leão XIV mostra que está empenhado em prosseguir nesta via. No seu encontro programático com os embaixadores, sublinhou que a Santa Sé continuaria a enfrentar os *"desafios do nosso tempo"*, *"desde a preservação da criação até à inteligência artificial"*. Está, assim, a dar seguimento direto à agenda sócio-ecológica do seu antecessor. **Os activistas do clima e as organizações de desenvolvimento**, como a Greenpeace e a CIDSE, congratulam-se expressamente com este facto: associam Leão XIV à esperança de que a Igreja denuncie ainda mais claramente as injustiças globais e contribua para a mudança social e ecológica. A Greenpeace Alemanha, por exemplo, apelou ao novo Papa para que **faça da justiça climática uma prioridade da Igreja** e para que utilize mais os bens da Igreja em projectos sustentáveis. Também neste domínio, Leão XIV parece estar disposto a mostrar uma clara vantagem. No seu discurso, afirmou que a Igreja não tinha outra opção senão levantar a voz face aos muitos desequilíbrios e injustiças *"que conduzem, entre outras coisas, a condições de trabalho indignas e a sociedades fragmentadas e conflituosas"*. O Papa apelou a *"esforços para eliminar as desigualdades globais"*. Ao mesmo tempo, apelou aos líderes políticos para que criem sociedades mais pacíficas investindo em **famílias estáveis e** na **igualdade social**. Preocupou-se particularmente com a dignidade dos mais vulneráveis - desde **os nascituros aos migrantes**, todas as pessoas devem ser protegidas. É esta abordagem abrangente - pensar a paz, o ambiente, a justiça social e a proteção da vida em conjunto - que já fez de Leão XIV uma **nova voz distinta** na cena mundial.

Leão XIV também se mostrou crítico em relação aos responsáveis políticos e sociais. *A Igreja nunca pode escapar à sua missão de dizer a verdade sobre o homem e o mundo"*, sublinhou, anunciando que, se necessário, nomearia os abusos numa linguagem clara. No entanto, esta verdade está sempre ligada ao amor e tem como objetivo o bem-estar de cada ser humano. Por outras palavras, o Papa não quer medir as suas palavras diplomáticas quando se trata de **crises migratórias, exploração ou belicismo** - mas fá-lo com um coração pastoral que tem em mente a salvação das pessoas. Esta combinação de franqueza e compaixão já caracteriza a sua imagem pública.

Leão XIV está, portanto, a **elevar o perfil da Igreja como uma autoridade moral global.** Está a construir sobre os alicerces dos seus antecessores - sente-se tanto o espírito de João Paulo II, que gritou incansavelmente *"Nunca mais a guerra!"*, como o de Francisco, que se concentrou na misericórdia e na ecologia. Mas Leão XIV está determinado a continuar esta missão *com a sua própria assinatura.* Como disse um observador do Vaticano: "Leão quer construir pontes, mas também quer cravar estacas. Pontes de diálogo - por exemplo, com outras religiões para, em conjunto, afastar a **"vontade de conquista"** e o fanatismo - e estacas de clareza onde os valores fundamentais são violados. O seu primeiro discurso aos diplomatas terminou com um alerta urgente para o desarmamento, na linha da última mensagem do falecido Francisco: *"Não pode haver paz sem um verdadeiro desarmamento!"*, gritou Leão XIV, advertindo contra uma nova corrida às armas a nível mundial. Tais palavras ressoam - tanto nos corredores da ONU como nas margens da sociedade.

Em suma, o Papa Leão XIV revelou-se, nas primeiras semanas do seu pontificado, um Papa que reforçou a administração e a transparência na Igreja, não se coibiu de responder a questões incómodas e representou a Igreja Católica na cena mundial com um novo vigor. Ele confia em finanças sólidas como base para a missão, numa igreja humilde que aprende com os seus erros e numa posição resoluta em relação à paz, ao clima e à justiça. Ao mesmo tempo, continua a ser um pastor de coração: o desejo de tornar a Igreja mais credível e de dar peso à sua mensagem no mundo moderno transparece em tudo o que faz. Leão XIV não está a trilhar um caminho fácil - mas muitas vozes, desde o cardeal de Munique ao presidente ucraniano, já estão a manifestar a sua **esperança** de que este Papa abra, de facto, novos caminhos de fé e justiça. Os próximos anos mostrarão até onde Leão XIV vai com os seus projectos. Mas a partida é palpável: uma *Igreja em movimento,* apoiada na pretensão de tornar a administração transparente, de partilhar o poder e de se tornar uma defensora da humanidade nas crises do mundo.

🕊 *Capítulo 13:*
Sinodalidade e renovação estrutural da Igreja

Quando o Papa Leão XIV apareceu pela primeira vez na loggia da Basílica de São Pedro, a 8 de maio de 2025, prometeu, visivelmente emocionado, continuar o despertar sinodal do seu antecessor. No seu **primeiro discurso**, agradeceu ao Papa Francisco e apelou aos fiéis reunidos: Irmãos e irmãs "de Roma, de Itália, de todo o mundo, sejamos uma Igreja sinodal, uma Igreja em movimento, uma Igreja que procura sempre a paz, que procura sempre a caridade, que procura sempre a proximidade sobretudo dos que sofrem". Leão XIV comprometeu-se assim diretamente com a **sinodalidade** como leitmotiv - o conceito de uma "Igreja que se forma em conjunto". O Papa Francisco já tinha descrito a sinodalidade como o "caminho que Deus espera da Igreja do terceiro milénio". A sinodalidade significa essencialmente caminhar juntos no caminho da fé: **a escuta, o diálogo, o discernimento partilhado e a responsabilidade partilhada** caracterizam este estilo. A declaração final do Sínodo Mundial de 2023 definiu-a como todos os crentes que avançam juntos - em reuniões a todos os níveis, ouvindo-se uns aos outros, consultando-se e chegando a um consenso sob a orientação do Espírito Santo. O Papa Leão XIV, que "sabe o que significa sinodalidade", retoma aqui e deixa claro que não quer **dar um passo atrás** - se é que se pode acreditar nisso - mas continuar o curso de reforma iniciado por Francisco. O presidente da Conferência Episcopal Alemã, Georg Bätzing, disse que era *"encorajador"* o facto de Leão XIV se ter comprometido tão claramente com uma "Igreja sinodal que avança e quer estar presente para todas as pessoas". O novo Papa está, portanto, em **continuidade** com o seu antecessor e "deixa claro que o que Francisco começou vai continuar" - um sinal importante, especialmente para a Alemanha com o seu caminho sinodal, a fim de avançar ainda mais na renovação das estruturas da Igreja e numa maior co-determinação.

Cultura sinodal do debate, da paróquia à cúria

Sob Leão XIV, a sinodalidade não deveria permanecer apenas uma palavra de ordem em Roma, mas deveria permear toda a Igreja como uma **mentalidade**. O Papa promoveu uma *cultura* sinodal *de discussão* - desde a vida paroquial local até aos mais altos comités da Igreja. Em termos concretos, isto significa que **a escuta e o diálogo** se tornam a norma da ação da Igreja: nas paróquias, os padres e os leigos devem empenhar-se num maior intercâmbio, e as assembleias paroquiais e os conselhos devem ser seriamente envolvidos. Nas dioceses, Leão XIV encorajou os bispos a organizarem **sínodos** locais ou conselhos pastorais para que os fiéis pudessem exprimir as suas preocupações. E mesmo na Cúria Romana, este estilo continuou - através de consultas, comissões internacionais e a participação de diversas vozes (incluindo religiosos e leigos) na tomada de decisões. Os observadores descrevem como Leão XIV, enquanto bispo e cardeal, estava sempre aberto a conselhos *"e colaboração"*, por exemplo, com mulheres em posições de liderança. A Irmã Yvonne Reungoat, que foi uma das primeiras mulheres a trabalhar com o então Cardeal Prevost no Dicastério para os Bispos, sublinha a sua **atenção e abertura**: ele escutava e envolvia ativamente as mulheres - e é por isso que ela está convencida de que ele continuará e até expandirá esta linha como Papa. No entanto, uma verdadeira cultura sinodal de discussão também se baseia **numa escuta paciente** de todas as partes. O teólogo vienense Jan-Heiner Tück adverte que, nos diálogos sinodais, é preciso "ouvir realmente o outro e não identificar apressadamente os próprios desejos com a ação do Espírito Santo". Este princípio deve ajudar a garantir que as discussões permaneçam justas e espirituais, mesmo quando surgem temas controversos. Leão XIV aspirava a uma Igreja *"que escuta atentamente, que está próxima de cada pessoa, [...] capaz de relações autênticas e acolhedoras - uma casa e uma família de Deus aberta a todos: uma Igreja sinodal missionária"*. Leão XIV aceitou esta visão de uma carta da Secretaria do Sínodo ao novo Papa como uma missão: queria tornar a Igreja mais próxima das pessoas, mais capaz de dialogar, mais pronta a servir e mais aberta ao mundo.

Em termos práticos, isto significou também uma **mudança de mentalidade** na liderança da Igreja. Leão XIV é considerado um "construtor de pontes" e um *pragmático* que quer ligar os diferentes mundos do catolicismo. Sendo o primeiro Papa de os EUA com uma vasta experiência no Peru, é culturalmente diverso e conhece as preocupações das *"pessoas mais pequenas"*, bem como a dinâmica da Cúria. Imediatamente após a sua eleição, deixou claro que iria continuar o processo sinodal mundial de Francisco. No entanto, muitos esperam que ele não se limite a ouvir, mas que também **tome decisões**. *Acredito que o Papa Leão não só ouvirá, não só incluirá, mas também decidirá no final"*, diz o Padre Mauritius Wilde, um monge beneditino nascido na Alemanha, nos EUA. Os fiéis esperam que o novo pontífice transforme as muitas consultas em acções concretas - *"Os americanos [...] querem ver as coisas, são muito pragmáticos. E isso [...] será bom para a Igreja"*. Esta imagem de si próprio - ouvir, mas também **agir** de acordo com os objectivos - foi repetidamente demonstrada por Leão XIV. Como cardeal, não só participou no Sínodo Mundial, como presidiu a um dos grupos de trabalho e demonstrou qualidades de liderança na procura de soluções. Em 2024, à margem do Sínodo dos Bispos em Roma, sublinhou que o *Espírito Santo estava a "incitar* a Igreja *a renovar-se"*. A sinodalidade é **mais** do que um processo ou a realização de reuniões adicionais - trata-se de perguntar em conjunto o que Deus quer de nós hoje. Como Papa, Leão XIV continuará a sublinhar esta dimensão espiritual da sinodalidade: não se trata de "agendas políticas" ou de projectos de prestígio pessoal, mas de **escutar em conjunto o Espírito de Deus**. Assim, ele associava a renovação estrutural e espiritual da Igreja.

Reforma das estruturas de poder e maior participação dos leigos

Intimamente ligada à sinodalidade está uma profunda **renovação estrutural** da Igreja Católica, tal como prevista por Leão XIV. O ponto central é a *questão da distribuição do poder*, ou seja, quem decide na Igreja e como as decisões são tomadas. O Papa Francisco já começou a desbravar novos caminhos neste domínio, mas muitas destas reformas estão agora na agenda de Leão XIV. Uma preocupação central é a **participação dos leigos** em decisões importantes. O Sínodo Mundial 2021-2024 deixou claro que os fiéis de todo o mundo estão a pedir uma maior participação. No **documento final** do Sínodo, os representantes de todo o mundo votaram no sentido de reforçar a *corresponsabilidade* das bases: o Sínodo dos Bispos votou a favor de uma maior descentralização na Igreja global e de uma maior participação dos crentes comuns nas decisões importantes. Isto também inclui **transparência e responsabilização** da hierarquia - exigências que receberam amplas maiorias. O Papa Francisco tinha aprovado expressamente estas resoluções do seu último sínodo antes da sua morte, na primavera de 2025, e publicou-as sem as enfraquecer. Cabe agora a Leão XIV pô-las em prática. Ele já deu sinais de que tenciona continuar resolutamente no caminho da reforma.

As medidas concretas **de reforma** dizem respeito, entre outras coisas, a um maior envolvimento igualitário das mulheres na liderança e nos ministérios ordenados. O Sínodo Mundial recomendou expressamente que a questão da *admissão de mulheres aos ministérios ordenados seja mantida em aberto*. Isto significa, por exemplo, que o diaconato das mulheres, há muito discutido, continuará a ser examinado - uma questão que o Papa Leão XIV deverá abordar num futuro próximo. Muitos católicos em todo o mundo esperam que as mulheres possam, pelo menos, servir como diáconos no futuro ou receber mais tarefas oficiais (por exemplo, como assistentes de batismo ou de casamento). O Cardeal Reinhard Marx sublinhou que esta é *"sem dúvida uma das questões centrais do futuro"* e que espera *"que façamos progressos"*. Embora a Igreja universal esteja a avançar a diferentes velocidades nesta questão, é ainda mais importante ter um Papa *"que mantenha estas portas abertas e não ande para trás"*. Leão XIV já tinha promovido as mulheres e experimentado **elementos sinodais** na sua diocese de Chiclayo, no Peru. Aí, envolveu os leigos - homens e mulheres - nas decisões pastorais e baseou-se em *modelos* participativos *de igrejas de base*. Está agora a trazer esta experiência para Roma. Os colegas já experimentaram o seu estilo de liderança cooperativa como prefeito no Dicastério para os Bispos: a freira francesa Reungoat relata que Prevost trabalhou naturalmente com as mulheres quando nomeou bispos e valorizou a sua perspetiva. Na sua opinião, *"não há razão para pensar que ele não continuará nesta direção"* - pelo contrário, poderá **desenvolver ainda mais** a corresponsabilidade feminina na Igreja. Leão XIV já deu os primeiros passos, nomeando mais mulheres e membros não pertencentes ao clero para os órgãos consultivos do

Vaticano e permitindo que as suas vozes sejam ouvidas em questões de pessoal.

Mas a reforma das estruturas de poder vai para além da questão das mulheres. Trata-se, em geral, de acabar com **os monopólios clericais de poder** e reestruturar a hierarquia no sentido de uma **liderança servil**. Por exemplo, o planeado *Conselho Sinodal* a nível mundial - um novo órgão de bispos e leigos que poderia reunir-se entre sínodos - destina-se a reforçar a liderança colegial. Na Alemanha, esse Conselho Sinodal foi discutido de forma polémica; os tradicionalistas alertaram para uma espécie de parlamento da Igreja. Leão XIV terá de equilibrar cuidadosamente a forma como estabelece *elementos participativos* **sem** abandonar completamente a ordem hierárquica. O Cardeal Marx disse-o da seguinte forma: a Igreja deve permitir uma maior participação *"sem se tornar uma democracia parlamentar"*. É precisamente aqui que reside o desafio: a sinodalidade exige **participação e co-determinação**, mas dentro da comunhão eclesial em que os bispos continuam a exercer o seu ofício pastoral. Leão XIV sublinhou, por isso, que a sinodalidade *não* significa *um enfraquecimento*, mas antes uma **revitalização** da autoridade eclesial - os pastores ouvem o povo de Deus e depois decidem de acordo com o Evangelho. Isto significa também que os bispos estão sujeitos **a avaliação:** o Sínodo propôs procedimentos para rever regularmente a conduta dos bispos em funções. Esta responsabilidade invulgar destina-se a promover a confiança e a dificultar o abuso de poder. O Papa Leão XIV apoiou estas iniciativas porque estava consciente da crise de confiança causada pelos escândalos.

Outra área fundamental da reforma é a de lidar com o **escândalo dos abusos**, que levou a uma dramática perda de credibilidade e ao abandono da Igreja em muitos países - particularmente na Europa. Muitas das pessoas afectadas vêem a raiz do problema em estruturas de poder autoritárias e incrustadas. *A* associação de vítimas *Eckiger Tisch*, por exemplo, apela ao novo Papa para que efectue "mudanças estruturais", de modo a que se possam finalmente tirar consequências do escândalo dos abusos. Matthias Katsch, porta-voz da iniciativa, advertiu, pouco depois da eleição de Leão XIV, que a *curva de aprendizagem* do Vaticano devia ser íngreme - tinha-se perdido demasiado tempo, demasiadas palavras papais sem reformas radicais. De facto, Leão XIV estava bem posicionado para fazer uma aparição credível neste caso: no Peru, o bispo Prevost foi visto como alguém que respondeu às preocupações das vítimas de abusos e promoveu investigações independentes. No entanto, ele também é medido pelos seus actos: **transparência**, cooperação no âmbito do direito penal e reforço do controlo independente na Igreja são expectativas que agora lhe são depositadas a nível mundial. A reforma da Igreja num espírito sinodal inclui, por isso, necessariamente, a **aceitação dos abusos** - uma "renovação da Igreja a partir do seu interior" que substitui as velhas reivindicações de poder por humildade e justiça. Leão XIV deixou repetidamente claro que a Igreja *"procura a proximidade acima de tudo com aqueles que sofrem"* - e aqui as vítimas de abuso devem ser mencionadas em primeiro lugar e acima de tudo.

Novas instituições sinodais: Sínodo Mundial e descentralização

Para além destas mudanças pessoais e mentais, Leão XIV foi também confrontado com a tarefa de estabelecer **inovações institucionais**. Uma das grandes inovações de Francisco foi a convocação de um *sínodo mundial permanente*, ou seja, um processo consultivo global da Igreja com a duração de vários anos. Este processo sinodal mundial (lançado em 2021) foi mesmo prolongado até 2028, pouco antes da morte de Francisco. O plano é concluir com uma **Assembleia Geral da Igreja** em Roma, em 2028, que reunirá mais uma vez bispos e leigos de todos os continentes. O Papa Leão XIV assumiu agora efetivamente a presidência deste processo histórico. Embora não fosse obrigatório nos termos do direito canónico, rapidamente deixou claro que o Sínodo Mundial continuaria *como planeado*. Mesmo na sua primeira mensagem a partir da Loggia, sublinhou: *"Sejamos uma Igreja sinodal"*. Muitos observadores viram este compromisso como uma indicação de que não haveria rutura com a cultura sinodal. O especialista em direito canónico de Freiburg, Georg Bier, observou que um novo Papa **poderia**, teoricamente, reverter as reformas sinodais do seu antecessor - mas considerou isso improvável: *"Nenhum Papa virá e abolirá diretamente todas as reformas sinodais de Francisco"*. Leão XIV confirmou esta expetativa ao anunciar expressamente que continuaria o caminho de Francisco. A Secretaria Geral do Sínodo dos Bispos, em Roma, acolheu prontamente o novo papa com uma carta pública invulgar. Nela, o Cardeal Mario Grech e os seus colegas exprimiram a sua alegria e prometeram fazer tudo o que estivesse ao seu alcance para apoiar Leão XIV na continuação do caminho sinodal. *"Agora que a viagem continua sob a sua liderança, aguardamos com confiança as direcções que irá tomar para ajudar a Igreja a crescer como comunidade"*, escreveram esperançosamente Grech, a Irmã Becquart e o Bispo Marín de San Martín. Ao fazê-lo, deram a entender que se estão a concentrar na **sinodalidade missionária** - uma igreja que também irradia para o exterior à medida que avança em conjunto.

Sob Leão XIV, **a sinodalidade** poderia ser **estabelecida como uma instituição permanente** na Igreja. Por exemplo, foi discutida a criação de um *conselho sinodal permanente* a nível mundial, que se reuniria entre as grandes assembleias sinodais. Este órgão, constituído por representantes da Igreja global - bispos, religiosos e leigos - poderia aconselhar o Papa e tomar certas decisões de forma descentralizada. Esta **descentralização** corresponde ao princípio da subsidiariedade, já preconizado pelo Concílio Vaticano II. O Sínodo recomendou mesmo que se concedesse às conferências episcopais e às assembleias continentais mais autoridade magisterial para que elas próprias pudessem regular localmente as questões pastorais. O Papa Francisco sugeriu algo semelhante na *Evangelii Gaudium* e já delegou algumas decisões litúrgicas (como as traduções) às igrejas locais. Leão XIV poderia alargar ainda mais esta possibilidade. Por exemplo, está a ser debatido se em certas regiões - como as terras baixas da Amazónia, onde há falta de padres - devem ser permitidas soluções especiais como a ordenação de pessoas casadas comprovadas (homines probati). Também estão a ser discutidas diferentes formas de pastoral matrimonial a nível regional (por exemplo, lidar com divorciados recasados ou cerimónias matrimoniais para todos os casais). **Uma tomada de decisões mais descentralizada** teria em conta a diversidade da Igreja global e daria mais responsabilidade aos bispos locais. O Sínodo defendeu este objetivo, mas ao mesmo tempo sublinhou limites claros: a unidade na fé e na ordem sacramental não deve ser abandonada. Leão XIV terá, portanto, de sondar até onde pode ir na *globalização da co-decisão* sem pôr em perigo **a catolicidade** (aquilo que une o mundo).

Ele está a observar atentamente as experiências de cada país. Na *Alemanha,* por exemplo, o Caminho Sinodal estava a lutar por um Concílio Sinodal nacional, que se reuniu com reservas em Roma. Leão XIV conhecia bem esta polémica, pois esteve em discussão com a Igreja alemã como cardeal da Cúria. Por um lado, aprecia a preocupação de que os leigos e os bispos se consultem em conjunto; por outro lado, partilha a preocupação de que uma comunhão permanente de leigos e bispos não prejudique a autoridade de cada bispo. A sua tarefa seria encontrar **soluções criativas** que permitissem a consulta sinodal sem provocar um cisma ou aberrações nacionais. De um modo geral, Leão XIV parecia querer manter o meio terreno: tornará possíveis as reformas, mas em *comunhão* com toda a Igreja. O Frankfurter Allgemeine Zeitung comentou que Leão *"apresentar-se-ia como um Papa na linha de todos os Papas e encontraria o seu próprio estilo"* - por outras palavras, não seria um velocista revolucionário, mas um caminhante persistente na via da reforma.

Saídas para a crise: declínio do número de membros e novas abordagens à fé

A urgência de todas estas reformas é particularmente evidente na **perda de membros** que a Igreja está a sofrer, especialmente na Europa. Todos os anos, dezenas de milhares de crentes em países como a Alemanha, a Suíça e a França voltam as costas à Igreja. As razões são múltiplas: os já referidos escândalos de abusos e encobrimentos, mas também o sentimento de muitos de que a Igreja **já não está à altura dos tempos**, demasiado hierárquica, demasiado afastada da vida quotidiana das pessoas. O Papa Leão XIV considerou a renovação sinodal como um meio central para contrariar esta erosão. A sinodalidade significa também a **abertura de novos caminhos de fé** - formas de Igreja que estão próximas das pessoas e levam a sério a sua procura de sentido. Na Europa, por exemplo, algumas dioceses estão a fazer experiências com *fóruns de discussão* abertos, pastoral de cidade em centros comerciais, pastoral em linha ou celebrações da palavra de Deus orientadas pelas bases em paróquias sem sacerdotes. O novo Papa encoraja estas abordagens. Ele quer uma *"igreja que não gire em torno da sua própria torre"*, como disse Bätzing, mas que vá ao encontro das pessoas. Também é apropriado que Leão XIV - no espírito do seu homónimo Leão XIII - queira enfrentar os problemas sociais de frente. Ele estava consciente dos **sinais dos tempos**: pobreza, migração, crise climática e digitalização. Num dos seus primeiros discursos, mencionou mesmo os desafios da *inteligência artificial* e relacionou-os com a *defesa da dignidade humana e do trabalho*. Isto mostra que ele quer colocar a fé em diálogo com as questões modernas. Esta relevância pode ajudar a reconquistar a confiança dos que estão alienados.

Especialmente nas regiões secularizadas da Europa, Leão XIV tentou recuperar a confiança perdida através da **transparência e** da **humildade**. Ele sabia que as reformas da estrutura de poder (como um maior controlo das finanças e uma investigação independente dos abusos) eram um pré-requisito para o aumento da credibilidade. Ao mesmo tempo, ele confia numa abordagem **pastoral** - uma igreja que ouve, acompanha e não condena. A sinodalidade cria espaços onde, por exemplo, os católicos que abandonaram a Igreja ou os que procuram uma nova vida podem falar abertamente. Em alguns países europeus, já existem projectos sinodais que procuram o diálogo com os que estão afastados da Igreja, por exemplo, através de plataformas de participação em linha durante o Sínodo Mundial. O Papa Leão XIV gostaria de consolidar estas abordagens: no futuro, deveriam ter lugar **consultas regulares** aos fiéis - por exemplo, de tempos a tempos, uma espécie de "faith MOT" mundial nas paróquias. Desta forma, os problemas podem ser detectados mais cedo e podem surgir novas ideias. Promove também *novos despertares espirituais*: encontros de jovens, comunidades ecuménicas de base, movimentos carismáticos e novas iniciativas de evangelização recebem o seu apoio, desde que actuem num espírito sinodal. O Papa está também a apostar na comunicação moderna para que a Igreja possa abrir o acesso à fé sobretudo aos jovens: quer estar presente nas redes sociais com uma *mensagem autêntica* e construir pontes em vez de polarizar. **Diálogo em vez de dogmatismo** - este lema deve caraterizar o ambiente para que as pessoas que estão afastadas da Igreja fiquem curiosas e talvez encontrem o caminho de volta.

Expectativas globais e áreas de tensão

A sinodalidade pode ser um princípio universal, mas **as expectativas em relação a ela variam** consideravelmente **consoante a região do mundo.** O Papa Leão XIV, que é considerado um "papa cosmopolita com três passaportes" (EUA, Peru, Vaticano), está consciente desta diversidade. Ele une biograficamente o Norte e o Sul do mundo e conhece em primeira mão as preocupações dos diferentes continentes. Isto ajuda-o a mediar entre expectativas muito diferentes - porque é também aqui que se encontram as potenciais **áreas de tensão** do Sínodo Mundial.

Na **Europa,** por exemplo - especialmente na Europa Ocidental - muitos crentes esperam que a sinodalidade traga reformas de grande alcance para tornar a Igreja apta para o futuro. As exigências vão desde **a plena igualdade das mulheres** (incluindo a ordenação de mulheres) até uma moral sexual mais liberal (casamento para todos os casais, uma nova avaliação da contraceção) e estruturas mais democráticas. A impaciência é palpável, sobretudo na Igreja alemã: Após anos de debate, os reformadores esperam agora mudanças concretas . Leão XIV estava fundamentalmente aberto a estas preocupações - *"mantinha as portas abertas"* e participava ele próprio no processo de reforma sinodal - mas também tinha de travar quando estavam em causa a unidade e a doutrina. **A sinodalidade alemã** tinha por vezes provocado tensões sob Francisco; recordam-se as cartas romanas de admoestação à via sinodal. Leão XIV está consciente deste problema e tentará provavelmente orientar a dinâmica emergente numa direção ordenada. Esta avaliação mostra-o: O Papa irá certificar-se de que os passos para a reforma permanecem **comunicáveis** - especialmente para as partes da igreja universal que tendem a ser relutantes.

De facto, as prioridades em África, na Ásia e em grande parte da América são muitas vezes diferentes das da Europa. Em **África,** a Igreja ainda está a crescer, com muitos bispos a darem ênfase à evangelização, ao desenvolvimento social e à preservação dos valores morais tradicionais. A sinodalidade é bem-vinda na medida em que reforça a comunhão e a responsabilidade, mas é vista menos como um caminho para a mudança liberal e mais como um **reforço da unidade.** Alguns líderes da Igreja africana chegaram mesmo a alertar contra o zelo ocidental pela reforma: demasiado ocidental, demasiado fixado na moralidade sexual - é esta a crítica frequente. Um *bispo africano* disse-o diplomaticamente: Leão XIV *"não responderia a ideias de reformas regionais"* que pudessem dividir a Igreja universal (o título ameaçador da sua entrevista). Por outras palavras: de África, espera-se que o Papa promova o empenho dos leigos e combata as queixas, mas não que suavize **os dogmas**. As conferências episcopais africanas temem que as concessões possam adaptar o ensino bíblico e transformar a unidade interna. A tarefa de Leão XIV será transmitir **a sinodalidade como um processo espiritual** que não se limita a impor os desejos da maioria, mas escuta o Espírito Santo e alinha toda a Igreja com Cristo.

Na **América Latina**, a segunda casa de Leão, as expectativas são acentuadas de forma diferente. Muitos estão preocupados com a continuação dos impulsos da *teologia da libertação de* Francisco: uma Igreja ao lado dos pobres, resoluta no seu compromisso com a justiça, a paz e a integridade da criação. Vozes continentais apelam a que a sinodalidade seja entendida *como missionária* - a Igreja deve ter **um** impacto **externo**, por exemplo, envolvendo os povos indígenas (palavra-chave Sínodo da Amazónia) ou denunciando a corrupção e a violência nas sociedades. Espera-se que o Papa Leão XIV, que também trabalhou nos bairros de lata do Peru, tome uma posição decisiva sobre as questões sociais. Ao mesmo tempo, os fiéis da América Latina esperam que a sua piedade e cultura locais sejam respeitadas pela Igreja universal. Para eles, a sinodalidade significa também **inculturação**: poder dar à Igreja um rosto "amazónico" ou "andino". No Sínodo da Amazónia de 2019, por exemplo, houve apelos a um sacerdócio adaptado às necessidades locais (por exemplo, ordenar diáconos casados como padres) - Leão XIV terá de considerar se deve dar espaço a tais soluções regionais. A descentralização pode ajudar neste caso: talvez pais de família experientes possam vir a ser autorizados a oficiar como padres em comunidades remotas da Amazónia, se o Papa o permitir a nível regional. No entanto, Leão XIV sabe que tais medidas seriam globalmente controversas. Por isso, é provável que pondere as coisas e que, numa primeira fase, autorize **projectos-piloto** para virar a Igreja do avesso e a pôr de novo em forma em termos de pessoal e de popularidade dos seus membros.

Na **Ásia,** por outro lado, a sinodalidade é caracterizada pela situação das minorias e pelo diálogo inter-religioso. Muitas igrejas asiáticas - por exemplo, na Índia, no Paquistão e na Indonésia - são pequenas comunidades no meio de grandes religiões. Acima de tudo, esperam do Papa **apoio e liberdade** para viverem a sua fé em ambientes muitas vezes difíceis. A sinodalidade é vista aqui sobretudo como um reforço da *unidade comunitária*: padres, religiosos e leigos juntam-se para dar testemunho em conjunto. Os católicos asiáticos esperam também que uma Igreja sinodalmente renovada **seja mais aberta ao diálogo** com outras religiões e culturas. É provável que o Papa Leão XIV esteja aberto às suas preocupações. Como religioso em regiões multi-religiosas do Peru e como americano cosmopolita, já aprendeu a construir pontes. No entanto, também sabe que na **China** ou no Vietname, por exemplo, prevalecem as restrições estatais - neste caso, é necessária a unidade sinodal e uma diplomacia inteligente. O acordo com os dirigentes chineses sobre a nomeação dos bispos continua a ser uma questão sensível. Francisco procurou compromissos nesta matéria; Leão XIV irá presumivelmente prosseguir este caminho, mas ao mesmo tempo pretende manter **a unidade com as igrejas clandestinas oprimidas.** Um proeminente admoestador asiático, o Cardeal Joseph Zen, de Hong Kong, chegou mesmo a avisar que a continuação do Sínodo Mundial era uma questão de *"vida ou morte para a Igreja fundada por Jesus"*. Tais tons alarmistas mostram a desconfiança de alguns tradicionalistas asiáticos (e também americanos) em relação ao curso sinodal. Leão XIV esforçar-se-ia por dissipar os seus receios de que a sinodalidade significasse o abandono da doutrina. Em vez disso, sublinhou que uma igreja sinodal deve ser **missionária** - por outras palavras, deve proclamar o Evangelho claramente, mas *em conjunto e em unidade*.

Na **América do Norte** - especialmente nos EUA - o Papa está a viver um ambiente eclesial polarizado. Aqui, há grupos conservadores que têm criticado as reformas do Papa Francisco, enquanto outros católicos progressistas apelam a mais mudanças. Curiosamente, a eleição de Leão XIV nos EUA parece ter provocado inicialmente *uma reação positiva de ambos os lados*. Ele foi visto como capaz de unir a Igreja dividida na América. Um observador tinha esperança de que Leão XIV fosse capaz de unir a sociedade **e a** Igreja. As suas origens americanas e a sua longa experiência no estrangeiro fazem dele um *construtor de* *pontes*. É claro que existe o desafio particular de se afirmar contra a instrumentalização política. O Presidente Donald Trump - ele próprio não católico - saudou patrioticamente a eleição papal como uma *"grande honra para o nosso país"*. No entanto, Leão XIV já deixou claro que **não quer** ser um **fantoche político**. Pelo contrário: via a Igreja do lado dos *fracos* e não dos *poderosos*. Contra as tendências nacionalistas (como as de JD Vance, o vice-presidente dos Estados Unidos, que utiliza a religião para mensagens anti-migrantes), ele coloca a mensagem universal da caridade: *"A caridade não conhece categorias"*, contradizia Prevost. Na América do Norte, por conseguinte, existe a expetativa de que o Papa encontre **palavras** claras **de unidade e humanidade** e ultrapasse a polarização. A sinodalidade poderia ajudar neste domínio, *trazendo todas as vozes -* progressistas e conservadoras - para a mesa. Leão XIV deu sinais de que vai ouvir, mas, no final, também quer **liderar de forma decisiva**, guiado pelo Evangelho e não por políticas partidárias.

Estão a surgir **prioridades** diferentes: *a Europa* está a insistir nas reformas internas da Igreja, *a África* na autenticidade e no crescimento espiritual, *a América Latina* na justiça e nas soluções pastorais, *a Ásia* no diálogo e na proteção dos fiéis, *a América do Norte* na reconciliação de uma Igreja dividida. Esta diversidade encerra um potencial de conflito - basta pensar na questão da **igualdade de direitos para as mulheres**: enquanto os católicos alemães, como a Ir. Philippa Rath, têm grandes esperanças na ordenação feminina, os bispos africanos ainda a rejeitam; ou no **tratamento da sexualidade**: os membros europeus do sínodo, como Mara Klein, apelam a um pontificado *que "esteja intransigentemente ao lado"* das pessoas LGBTQIA+, enquanto as igrejas africanas e asiáticas, por exemplo, ainda não estão familiarizadas com esta questão e preferem reforçar a *família da forma tradicional*. Estas tensões foram claramente evidentes no **Sínodo Mundial** de 2023/24: alguns delegados apelaram a aberturas corajosas, enquanto outros alertaram para a existência de linhas de fratura. Leão XIV estava agora no centro dessas forças. A sua vantagem é o facto de ser visto como um *mediador entre os mundos* - não pertencendo claramente a nenhum dos campos. Era visto como um *"homem do meio e um mediador"* que não atropelava os católicos conservadores, mas facilitava cautelosamente as reformas. Sob o seu pontificado, o **processo sinodal** deverá, portanto, prosseguir a um ritmo equilibrado: **suficientemente rápido** para não defraudar as expectativas de mudança, mas **suficientemente cauteloso** para não dividir a Igreja universal.

O próprio Papa Leão XIV formulou um *credo* a este respeito: queria uma Igreja que estivesse "em movimento" - isto é, nem parada nem apressada. Para ele, sinodalidade significa *companheirismo* na diversidade. A sua tarefa agora é manter esta comunidade unida para que nem todos acabem por seguir uma direção diferente. Os próximos meses e anos mostrarão como Leão XIV será bem sucedido nesta tarefa. As expectativas são enormes - quase *sobre-humanas*, como diz um comentário. Mas o novo Papa pode contar com uma grande experiência: a espiritualidade de um religioso, a capacidade de negociação de um antigo general de uma ordem religiosa, a prática pastoral de um bispo da *periferia*, a experiência administrativa de um cardeal da cúria. Tudo isto o habilita a transformar a sinodalidade em **estruturas** viáveis e a permitir à Igreja um novo começo. Com Leão XIV ao leme, a Igreja encontra-se num ponto de viragem histórico, no qual se decidirá se pode **renovar-se** de forma credível sem se tornar infiel a si própria. A sinodalidade e as reformas estruturais são as chaves para o efeito. Se Leão XIV conseguir colocar no mesmo caminho os vários continentes, culturas e posições na Igreja, poderá efetivamente ajudar a sua Igreja a um novo ***aggiornamento*** (despertar acelerado). Os primeiros sinais - desde a Palavra de Loggia aos apelos à paz e à continuação decisiva do Sínodo Mundial - dão esperança a muita gente. No entanto, a sinodalidade continua a ser um **risco**: requer paciência, humildade e confiança no Espírito Santo. Leão XIV escolheu este caminho. A Igreja universal está agora a avançar com ele - *juntos no caminho*, na tensão entre tradição e reforma, levados pela promessa de que o Espírito de Deus a conduzirá a um presente renovado.

🕊 Capítulo 14:
Competência académica e canónica

Quando Leão XIV sorriu pela primeira vez para os fiéis, os observadores experientes souberam imediatamente que estava a tomar posse um pontífice com excepcionais conhecimentos académicos e jurídicos. O Papa Leão XIV uniu na sua pessoa a erudição de um teólogo e de um advogado canónico com a experiência eclesiástica mundial de um missionário. Esta combinação invulgar caracterizou o seu estilo de liderança desde o início - estrategicamente bem pensado, teologicamente sólido e, ao mesmo tempo, prático.

A sua formação acentua já esta dupla competência. Prevost começou por estudar matemática e teologia na sua cidade natal, Chicago, antes de prosseguir os estudos de direito canónico em Roma. Na Pontifícia Universidade de Santo Tomás de Aquino (Angelicum), em Roma, doutorou-se em Direito Canónico em 1985/87, com uma dissertação sobre *"O papel do prior local na Ordem Agostiniana"*. Este domínio específico de investigação - a autoridade e as estruturas administrativas no seio de uma ordem - mostra já o interesse precoce de Prevost pela **governação eclesiástica**. Por outras palavras, estudou em primeira mão como funciona e pode ser organizada eficazmente a liderança a nível local. Este estudo académico das estruturas organizacionais da Igreja constituiu uma base sólida para o seu posterior papel de liderança no Vaticano. Para além do seu diploma formal em direito canónico, Leão XIV teve também, naturalmente, a sólida educação teológica de um sacerdote religioso: depois de ter concluído um mestrado em teologia (M.Div.) em Chicago e de ter sido ordenado sacerdote em 1982, estava idealmente equipado tanto do ponto de vista teológico como pastoral. Desde cedo, combinou o estudo com a prática - depois dos estudos, foi enviado para o Peru como formador de jovens religiosos e como missionário. Aí trabalhou durante muitos anos não só como pastor, mas também como conferencista e professor de direito canónico em seminários e universidades católicas. Leão XIV não era, portanto, apenas um teórico com títulos no seu cartão de visita, mas um homem que transmitia conhecimentos e os aplicava em diferentes culturas. O seu antigo colega, o padre Edward Beck, descreve Prevost como um homem modesto e tranquilo, com "um grande intelecto e uma verdadeira visão da Igreja Católica". Esta rara combinação de humildade e brilhantismo intelectual deu a Leão XIV uma grande reputação nos círculos intelectuais e criou confiança entre os seus confrades.

Direito eclesiástico e conhecimentos administrativos

A experiência de Leão XIV em direito canónico é inestimável para a liderança da Igreja universal. Como doutor em direito canónico, conhecia o sistema jurídico católico até ao mais ínfimo pormenor - desde o fundo teológico dos cânones até aos meandros dos regulamentos administrativos. Este conhecimento foi posto à prova em várias funções de liderança: Prevost já tinha quarenta e poucos anos quando dirigiu a Ordem dos Agostinianos em todo o mundo como Prior Geral (2001-2007), demonstrando habilidades organizacionais e conhecimentos jurídicos em dois mandatos. Como superior provincial no Peru no final da década de 1990 e, mais tarde, como bispo da diocese de Chiclayo, no norte do Peru (desde 2015), ele também teve que conciliar constantemente as normas canónicas com a realidade pastoral. A sua Regra de Ordem e o Código de Direito Canónico (CIC) não eram para ele textos abstractos, mas orientações vivas que tinham de ser aplicadas com sabedoria. Em Chiclayo, onde foi bispo durante quase uma década, conheceu a administração de uma diocese com todos os seus desafios jurídicos, pessoais e estruturais. Este tempo moldou-o como *gestor na vinha do Senhor* e como pastor.

Os conhecimentos administrativos e jurídicos de Prevost tornaram-se particularmente visíveis na Cúria Romana. No início de 2023, o Papa Francisco nomeou-o prefeito à frente do poderoso Dicastério para os Bispos. Nesta função, examinou durante dois anos os candidatos ao episcopado a nível mundial e desempenhou um papel fundamental na sua nomeação. Ao mesmo tempo, era responsável pelas visitas ad limina dos bispos ao Vaticano - relatórios regulares das dioceses ao Papa - o que lhe dava uma visão profunda da situação das igrejas locais em todos os continentes. Não admira, pois, que Prevost se tenha tornado rapidamente um dos rostos mais conhecidos do Colégio dos Cardeais. É considerado *diplomático* e *pragmático* e é apreciado tanto pelos representantes progressistas como pelos conservadores da Igreja. Esta avaliação - transmitida pela agência noticiosa católica KNA - sublinha o facto de Prevost ser capaz de ponderar questões controversas de forma justa e de merecer a confiança de diferentes alas da Igreja.

Os seus conhecimentos jurídicos foram também utilizados de forma muito concreta em Roma: o Papa Francisco confiou a Prevost a implementação de uma das suas reformas mais "revolucionárias", nomeadamente a participação das mulheres na seleção dos novos bispos. Como prefeito, Prevost nomeou três mulheres para o comité consultivo que apresenta as propostas do Papa para os candidatos aos cargos de bispo. Não se tratou apenas de um ato simbólico, mas de uma mudança estrutural juridicamente bem estabelecida no processo de decisão, anteriormente dominado pelos homens. Neste caso, Leão XIV (ainda cardeal) mostra-se como alguém capaz de implementar ideias reformadoras de forma estratégica e de acordo com o direito canónico. O seu dicastério é também responsável pelo controlo das diretrizes contra os abusos sexuais - uma área que requer conhecimentos de direito canónico e uma ação decisiva. O facto de Prevost ter continuado esta tarefa no espírito de Francisco é um sinal da sua capacidade de aplicar eficazmente o direito e a justiça na Igreja. Em suma, Leão XIV tinha todos os pré-requisitos não só para compreender as complexas questões administrativas e jurídicas da Igreja, mas também para as moldar ativamente.

Importância para o seu gabinete

Que impacto tiveram estas qualificações na ação de Leão XIV como Papa? Em primeiro lugar, conferiram-lhe uma visão estratégica especial. Com a sua formação académica, tinha tendência a analisar os desafios em profundidade e a conceber soluções a longo prazo. Os observadores sublinham que Prevost reúne um vasto leque de qualidades de que a Igreja global necessita numa época de fratura. Tem experiência no Norte e no Sul, conhece tanto a base da Igreja como a sede romana - e é precisamente este vasto conhecimento que é necessário numa Igreja que tem de encontrar o seu caminho entre reformadores e tradicionalistas, entre um Sul dinâmico e um Norte em busca. A sua formação académica ajuda-o a abordar assuntos complexos - como as questões éticas da biomedicina, o sistema fiscal da Igreja ou os debates teológicos sobre a doutrina dos sacramentos - de uma forma bem fundamentada. É capaz de ler textos originais de pessoas da Igreja no seu contexto, bem como de compreender os estudos mais recentes das ciências sociais. Esta capacidade torna-o um interlocutor em pé de igualdade com teólogos, cientistas e peritos eclesiásticos de todo o mundo. Quando Leão XIV se pronuncia sobre questões controversas, sente-se que ele penetrou no assunto - seja em cartas magistrais ou em discursos para audiências especializadas. Por isso, as suas declarações são susceptíveis de serem ouvidas tanto na teologia académica como na base eclesiástica, porque combinam clareza com uma linguagem compreensível (no sentido de um tom científico popular, que ele, tal como o Papa Bento XVI, domina).

Ao mesmo tempo, a experiência de Leão XIV em direito canónico e em direito administrativo teve um impacto direto no seu estilo de governo: ele sabia quais os ajustamentos que podiam ser feitos à estrutura da Igreja sem a pôr em perigo. No caso de reformas estruturais planeadas - tais como novas alterações ao sistema da cúria ou o reforço das conferências locais de bispos - ele pode avaliar por si próprio quais os passos compatíveis com o direito atual ou onde seriam necessárias alterações à legislação. Este conhecimento interno do Papa acelera os processos de tomada de decisão, porque não tem de obter pareceres de peritos em todos os casos, mas pode ponderar muitas implicações jurídicas com base na sua própria experiência. Por exemplo, ele poderá avaliar com competência questões de administração diocesana, jurisdição eclesiástica ou controlo financeiro. Alguns advogados canónicos vêem isto como uma grande vantagem: *finalmente um Papa que é um canonista formado!* As pessoas estão ansiosas por ver se Leão XIV vai simplificar ainda mais os procedimentos para a anulação de matrimónios ou se vai alargar a jurisdição administrativa da Igreja - áreas em que os seus antecessores iniciaram reformas que poderão agora ser continuadas. Em todo o caso, Leão XIV era alguém que via os *instrumentos* do direito canónico não como um conjunto árido de parágrafos, mas como um instrumento de liderança pastoral.

Estilo sinodal participativo ou decisões claras?

Uma questão interessante é a de saber como é que o Papa Leão XIV equilibra os seus conhecimentos em teologia e direito no seu estilo de liderança: confia mais em processos participativos e sinodais para as reformas ou tende a tomar decisões claras com base nos seus próprios conhecimentos? Até à data, os sinais apontam para uma **mistura equilibrada**. Imediatamente após a sua eleição, Leão XIV deixou claro que queria continuar no caminho sinodal estabelecido pelo Papa Francisco. Os observadores do Vaticano sublinharam que Leão XIV *sabia o que* significava a *sinodalidade* - por outras palavras, compreendia a importância da consulta e do trabalho conjunto para encontrar soluções na Igreja de hoje. De facto, ele já tinha adquirido experiência sinodal na América Latina, por exemplo, em reuniões sobre a cooperação sinodal na Igreja do continente. Como construtor de pontes entre culturas e regiões da Igreja - como o descreveu com aprovação o seu antigo colega Edward Beck - está provavelmente predestinado a reunir diferentes vozes na Igreja. Leão XIV já está a ser destacado nos meios de comunicação social como o "Papa do meio e da cooperação". Este rótulo adequa-se a um homem que não polariza nem quer governar de forma autoritária, mas sim promover um despertar comunitário. No seu primeiro discurso ao Colégio dos Cardeais, Leão XIV usou tons marcadamente sinodais: "Sei que posso contar com **cada um de** vós, que caminhareis comigo", assegurou aos cardeais. Isto ressoa com uma grande confiança na cooperação dos seus conselheiros mais próximos - uma indicação clara de que este Papa leva a sério a colegialidade.

No entanto, um estilo sinodal não significa de modo algum arbitrariedade, e Leão XIV também sabe quando tem de estabelecer diretrizes claras como Papa. Precisamente por ser tão versado em teologia e em direito canónico, foi capaz de tomar decisões claras sobre questões de doutrina e de direito quando era necessário. Em questões "preto no branco" - ou seja, questões fundamentais que foram claramente decididas na doutrina católica - ele defende a posição atual da Igreja sem hesitação. Ao mesmo tempo, a sua posição até à data sugere que dará espaço para discussão e participação em questões de reforma aberta - como o reforço dos leigos em posições de liderança, a igualdade de direitos para as mulheres na Igreja ou o processo sinodal como um todo. A sua reputação de **personalidade centrista** dar-lhe-á uma boa posição: Leão XIV não é um homem de grandes cortes, mas procura antes soluções integradoras. Este equilíbrio deverá revelar-se uma grande vantagem para a preservação da unidade da Igreja e, ao mesmo tempo, para a coragem de abordar as medidas de reforma necessárias.

Em suma, o Papa Leão XIV é um líder teologicamente competente em termos de direito canónico que pode dar um novo impulso à Igreja no século XXI. Os seus vastos conhecimentos conferem-lhe autoridade - não no sentido de um rigor consciente do poder, mas como um conhecimento credível que inspira respeito. É capaz de debater com professores e, ao mesmo tempo, explicar questões complexas da fé às "pessoas mais pequenas". Esta capacidade de construir pontes entre a teoria e a prática faz dele um *Papa que combina mente e coração*. Os observadores da Igreja vêem nisto uma grande oportunidade: um Papa intelectualmente atualizado **e** que conhece as leis da Igreja por dentro e por fora pode resolver questões prementes de uma forma simultaneamente visionária e juridicamente correta. O próprio Leão XIV estava provavelmente consciente de que as suas qualificações significavam responsabilidade. Ele vê o seu cargo como um serviço em que põe todas as suas capacidades ao serviço - quer seja em consultas sinodais ou em decisões solitárias na secretária do Papa. A arte estará em combinar as duas coisas de forma frutuosa. Dado o reconhecido equilíbrio de Leão XIV entre ouvir e liderar, podemos estar confiantes de que ele está à altura do desafio. O seu brilhantismo académico e a sua perícia em direito canónico não são fins em si mesmos, mas ferramentas para conduzir a Igreja de uma forma estrategicamente sábia, justa e sustentável. Ou, nas palavras de um companheiro: Leão XIV traz consigo um "grande intelecto" e uma visão clara - exatamente o que a Igreja Católica precisa em tempos de mudança.

 *Capítulo 15:*

Desafios e potencialidades do seu pontificado: Perspetiva global e desafios regionais

Durante o seu pontificado, o Papa Leão XIV foi confrontado com uma série de expectativas diferentes. Vozes críticas surgiram de várias direcções, comentando a sua administração e, nalguns casos, encetando um debate aceso. Os católicos reformistas elogiam o seu estilo aberto e a sua esperança de mudança, enquanto os círculos conservadores desconfiam de algumas das inovações planeadas. À semelhança do seu antecessor, estão a surgir frentes: alguns tradicionalistas receiam uma cedência da doutrina e chegaram mesmo a fazer acusações contra papas reformistas no passado. Ao mesmo tempo, as forças progressistas queixam-se de que a agenda da reforma é demasiado hesitante e estão a insistir em mudanças mais rápidas. Esta tensão caracterizou as controvérsias internas da Igreja durante o reinado de Leão XIV.

Vozes críticas e controvérsias no seio da Igreja

Um dos pontos centrais das disputas são as questões de reforma que estão a ser debatidas em toda a igreja global. Questões sobre o papel das mulheres nos ministérios da Igreja, o tratamento das pessoas LGBTQIA+ ou o abrandamento do celibato obrigatório dividem as opiniões. **As conferências** episcopais de cada país encontram-se frequentemente no centro das atenções. Por exemplo, a Conferência Episcopal Alemã apelou proactivamente a uma maior **margem de decisão para as igrejas nacionais e a uma maior igualdade para as mulheres** em posições de liderança. Estes avanços são saudados pelos defensores da reforma como sendo já esperados, mas, ao mesmo tempo, são recebidos com relutância ou resistência na câmara de eco do Vaticano, em Roma. Leão XIV teve de mediar estes debates:

colocou-se entre os representantes progressistas da Igreja, que apelavam a passos ousados, e as forças conservadoras, que advertiam contra uma transformação e um maior desenvolvimento da tradição.

Está a formar-se uma oposição conservadora no seio da Igreja, sobretudo quando as reformas são vistas como uma ameaça à identidade da Igreja. Alguns prelados de alto nível estão a exprimir publicamente o seu descontentamento em relação às mudanças e a apelar à preservação da "doutrina pura". Sob Francisco, por exemplo, quatro cardeais já tinham manifestado dúvidas sobre as reformas papais nas famosas cartas "Dubia", e críticas semelhantes acompanham agora Leão XIV quando este considera inovações. A resistência local também veio de dioceses ou de igrejas regionais inteiras, nas quais a piedade tradicional estava fortemente ancorada. Há aqui uma **discrepância regional**: enquanto muitos na Europa Ocidental ou na América do Norte, por exemplo, estão a pressionar para uma nova partida, os representantes da Igreja em partes de África, da Ásia ou da Europa Oriental tendem para um rumo mais conservador. Assim, **as controvérsias** no **seio** da Igreja durante o reinado de Leão XIV acendiam-se frequentemente em torno da questão de saber até que ponto a Igreja podia permitir mudanças sem pôr em causa a sua unidade. Estas controvérsias constituem desafios para o Papa - mas também oferecem a oportunidade de diálogo entre diferentes campos, desde que Leão XIV saiba ouvir todas as vozes e levá-las a sério.

Exigências de reforma e expectativas sociais

O apelo à reforma não vem apenas de grupos dentro da Igreja, mas também da sociedade em geral. **Os católicos reformistas** - desde movimentos de base a especialistas em teologia - articularam exigências claras a Leão XIV e à direção da Igreja. Entre outras coisas, exigiam mais **justiça de género** na Igreja, uma revisão das estruturas de poder e respostas contemporâneas a questões morais e teológicas. Movimentos como *Maria 2.0* ou *Nós somos Igreja* estão empenhados na **admissão de mulheres em todos os ministérios** e na **abolição do celibato obrigatório**, a fim de tornar a Igreja mais sustentável. Noutros países, estão também a formar-se iniciativas semelhantes, muitas vezes apoiadas por católicos de longa data que amam a sua Igreja, mas que vêem a necessidade de uma reforma.

As expectativas sociais de mudança estão particularmente centradas nas questões da igualdade e da moralidade sexual. Numa altura em que a igualdade de género e a aceitação das pessoas LGBTQIA+ fazem parte da realidade do consenso social em muitos países, a Igreja Católica, com as suas posições tradicionalmente restritivas, está sob escrutínio. Tanto os crentes como os não católicos estão a perguntar se e como a Igreja se irá adaptar a estas realidades. Os católicos norte-americanos, por exemplo, criticam a contínua desigualdade de tratamento das mulheres e apelaram a uma maior liderança feminina em consultas alargadas - incluindo discussões sobre diáconos, padres e papas do sexo feminino. Vêem isto não só como uma questão de pessoal, mas também como uma questão de justiça. O tratamento dado pela igreja às pessoas queer é igualmente denunciado: muitos crentes queixam-se de que a igreja coloca ensinamentos e proibições abstractos acima da realidade vivida pelas pessoas. De acordo com inquéritos, as famílias com membros LGBTQIA+ sentem-se frequentemente divididas entre a sua filiação na igreja e o amor e apoio incondicionais dos seus entes queridos. Estas vozes - quer nos sínodos, quer em petições ou cartas abertas - reflectem uma **mudança de valores sociais** que Leão XIV deve ter em conta no seu programa de reformas para que a Igreja não perca ainda mais terreno.

Para além das questões da moralidade sexual e dos direitos das mulheres, há outras expectativas: **a transparência e a responsabilidade** nas estruturas de poder estão no topo da agenda, especialmente após as revelações de escândalos de abuso na Igreja. Muitos crentes apelam a uma investigação independente e a uma **cultura de responsabilidade** em que os funcionários da igreja sejam responsabilizados por má conduta. Isto revela uma estreita aliança entre as vozes críticas da Igreja e as forças reformistas no seio da Igreja: ambos os lados apelam a mudanças na hierarquia - por exemplo, um maior envolvimento dos leigos nos processos de decisão, a fim de reduzir o clericalismo. Desenvolvimentos como os da Alemanha, onde se procurou criar um **conselho sinodal** - um órgão em que os bispos e os leigos se consultam de forma vinculativa - mostram que esta não é uma questão marginal. Embora o Vaticano tenha inicialmente tentado travar este projeto de reforma, a pressão dos fiéis para a implementação de tais formas de participação manteve-se elevada.

Os actores sociais fora da Igreja - desde políticos a activistas dos direitos humanos - também estavam atentos ao rumo de Leão XIV. Esperavam que a Igreja Católica estivesse à altura da sua autoridade moral e desse um bom exemplo em questões como **os direitos humanos, a justiça social e a igualdade**. Em muitos países, a Igreja influencia os debates sobre questões como o aborto, o casamento para todos e a eutanásia através das suas declarações. A sociedade - especialmente nas democracias liberais - exige muitas vezes um ouvido compreensivo e misericórdia. Leão XIV foi, portanto, confrontado com a tarefa de moderar a **tensão entre a doutrina da Igreja e os valores contemporâneos.** Se conseguir acomodar as preocupações legítimas dos católicos reformistas e da sociedade sem trair o núcleo da fé, o seu pontificado tem um enorme potencial: poderá reposicionar a Igreja como uma força moral credível no século XXI.

Perspectivas sobre as diferenças regionais

A Igreja Católica é uma **Igreja mundial,** e Leão XIV deve sempre pensar nas reformas e decisões num contexto global. O que é visto como uma renovação urgente numa parte do mundo pode encontrar incompreensão ou rejeição noutras partes. Diferentes influências culturais, experiências históricas e realidades sociais levam a **perspectivas** por vezes divergentes **sobre a Igreja mundial**. Esta tensão entre a unidade global e a diversidade regional caracteriza os desafios do seu pontificado.

Na **Europa** e na América do Norte, por exemplo, a Igreja e o Papa são confrontados com a tarefa de convencer uma sociedade cada vez mais secular. Aqui, os bancos estão mais vazios em muitos sítios, os escândalos custaram a confiança e as exigências de reforma são particularmente fortes. Muitos crentes estão a virar as costas à Igreja: só na Alemanha, mais de meio milhão de pessoas deixaram a Igreja Católica em 2022 - mais do que nunca. Os bispos alemães descreveram este desenvolvimento como "alarmante" e vêem-no no contexto das esperanças frustradas de reforma e do escândalo de abusos. O presidente do Comité dos Católicos chegou mesmo a afirmar que a Igreja tinha desperdiçado a confiança e que "atualmente não está suficientemente determinada para implementar visões para o futuro do cristianismo". Perante este cenário, as Igrejas europeias estão a pressionar no sentido de uma mudança para recuperar a credibilidade. As exigências de **desempoderamento das estruturas demasiado centralizadas**, de uma maior **participação dos leigos** e de **abertura pastoral** (por exemplo, no caso de divórcios recasados ou no tratamento das sensibilidades do mesmo sexo) são centrais. Leão XIV teve de levar estas preocupações a sério se quisesse abrandar a erosão da Igreja no mundo ocidental.

A diversidade regional dos desafios significa que o Papa deve atuar de uma forma muito sensível e diferenciada. O que é um passo em frente ousado num país pode ser entendido como uma afronta noutro. Felizmente, Leão XIV tem muita **experiência internacional**. É o primeiro Papa dos Estados Unidos e, ao mesmo tempo, conhece de perto a cultura do Sul, graças aos seus muitos anos de trabalho na América Latina. Esta experiência intercultural - aliada ao multilinguismo e à rede mundial de contactos - dá-lhe a sensibilidade necessária para compreender as diferentes partes da Igreja universal. Ao ouvir atentamente as **conferências episcopais regionais** e ao levá-las a sério, envia o sinal de que nenhuma perspetiva será ignorada. O potencial do seu pontificado reside aqui na **unidade na diversidade reconciliada**: se Leão XIV conseguisse levar as perspectivas da Igreja mundial a dialogar umas com as outras, as diferenças regionais poderiam tornar-se uma força. A Igreja Católica poderia distinguir-se como uma comunidade verdadeiramente global que permite e valoriza diferentes expressões culturais da única fé.

Estratégias para uma reforma corajosa e credível

Tendo em conta as muitas exigências de reforma e os debates controversos, Leão XIV é chamado a desenvolver **estratégias de mudança** que sejam simultaneamente corajosas e credíveis - e que, acima de tudo, permaneçam **comunicáveis à Igreja global**. Os passos da reforma devem ser concebidos de forma a poderem ser compreendidos e aceites no seio da Igreja global. Isto requer uma comunicação inteligente, solidez teológica e um sentido de oportunidade e prioridades.

Uma estratégia central consiste em **apoiar** as reformas **de forma alargada** e não as apresentar como meras decisões do topo para a base. Leão XIV prosseguiu o estilo sinodal do seu antecessor: deu maior ênfase às consultas nos sínodos e aos diálogos com os fiéis a nível das bases. Através de consultas a nível mundial - por exemplo, no âmbito do **Sínodo Mundial** - permitiu que vozes de todos os continentes entrassem no processo de decisão. Isto aumenta a aceitação de possíveis inovações, uma vez que os fiéis se sentem envolvidos e as preocupações regionais são tidas em conta.

Para dar passos credíveis no sentido da reforma, é também necessário que o Papa dê um bom exemplo. Leão XIV utilizou o poder simbólico do seu cargo para demonstrar humildade e arrependimento. Por exemplo, tomou uma posição decisiva na investigação dos escândalos de abusos: demitiu os responsáveis pelos encobrimentos dos seus cargos, reforçou os organismos de controlo independentes e pediu publicamente perdão pelas falhas da Igreja. Estas acções apoiam as suas palavras e criam a confiança de que ele leva a sério a renovação. Ele também mostrou sinais pessoais de abertura - por exemplo, ao nomear mulheres e leigos para cargos de responsabilidade na Cúria, o que agora é canonicamente possível. Ao permitir uma maior **diversidade nos cargos de direção**, Leão XIV deu credibilidade às suas intenções de reforma a partir do interior.

Outra componente da sua estratégia deve ser a **comunicação** das reformas. Os passos ousados são naturalmente confrontados com incertezas ou resistências no início. Por isso, Leão XIV apostou na transparência e explicou abertamente os seus motivos à opinião pública mundial e à comunidade eclesiástica. Em discursos, cartas pastorais e aparições nos meios de comunicação social, sublinhou repetidamente que a reforma não era um fim em si mesma, mas devia servir para aprofundar o Evangelho. Descreve casos concretos em que a rigidez das regras dificultava a ação pastoral e mostra como a adaptação pode permitir que mais pessoas experimentem o amor de Deus. Através desta comunicação narrativa - num tom científico popular, claro - consegue transformar temas abstractos da reforma em **histórias vivas** que ressoam junto dos crentes de todo o mundo. Por exemplo, quando o casamento de casais do mesmo sexo é debatido, ele refere-se a casais amorosos em congregações cuja fidelidade e crença tornam claro porque é que a igreja deve encontrar um caminho pastoral de reconhecimento aqui. Desta forma, ele acalma os receios de mudança, colocando a preocupação central cristã - o amor ao próximo - em primeiro plano.

Por último, mas não menos importante, Leão XIV teve o cuidado de forjar **coligações para as reformas.** Não teve de tomar decisões ousadas sozinho: envolveu o clero e os consultores teológicos numa fase inicial, a fim de desenvolver soluções conjuntas. Ele reúne líderes eclesiásticos particularmente reformistas de diferentes regiões do mundo - seja da Alemanha, da Índia, dos EUA ou do Brasil - em reuniões informais, para que possam aprender uns com os outros e trabalhar em conjunto em **compromissos que sejam sustentáveis para a Igreja global.** Por exemplo, os bispos africanos e europeus poderiam consultar-se sobre a inculturação da liturgia, de modo a fazer justiça tanto à dignidade da celebração universal da Eucaristia como às formas locais de expressão. Este tipo de intercâmbio promove a compreensão mútua e ajuda a neutralizar as propostas de reforma antes de serem oficialmente adoptadas. Leão XIV actuou aqui como um moderador e como um **papa que olhava estritamente para o futuro**, mas que levava todos consigo. Se conseguir este equilíbrio, os passos reformadores do seu pontificado poderão ser não só corajosos, mas também permanentemente eficazes, porque apoiados num amplo consenso e numa convicção genuína.

Cenários hipotéticos para um novo Concílio do Vaticano

Um projeto específico que seria concebível durante o pontificado de Leão XIV é a **convocação de um novo Concílio do Vaticano** - por outras palavras, um grande concílio mundial de leigos e bispos, como o que se realizou pela última vez na década de 1960 com o Concílio Vaticano II. Um tal empreendimento seria extremamente ambicioso e historicamente significativo. Mas o que é que o Papa Leão XIV teria de fazer especificamente, se quisesse preparar um *Concílio Vaticano III*? De seguida, são delineados vários cenários hipotéticos sobre a forma como um novo concílio poderia ser iniciado, quais os pré-requisitos de que necessitaria, quem estaria envolvido, em que período de tempo poderia ter lugar e que temas estariam na ordem do dia.

1. **Cenário 1: Preparação cuidadosa a longo prazo e consenso alargado** - Neste cenário, Leão XIV decide convocar um novo concílio apenas após um trabalho preparatório minucioso. Como condição prévia, o Papa começaria por sondar o estado de espírito dos bispos de todo o mundo. Poderia criar um **comité preparatório** composto por representantes de todos os continentes para identificar as questões mais prementes. Os possíveis actores seriam cardeais bem conhecidos, mas também teólogos e até alguns leigos como conselheiros. Este comité trabalharia durante vários meses, consultaria as igrejas locais e criaria um quadro básico para o Concílio. **Calendário:** Seria concebível que Leão XIV anunciasse o concílio com três anos de antecedência, por exemplo. Estes anos seriam utilizados para elaborar documentos de trabalho (os chamados *esquemas*), formar comissões e clarificar questões organizativas (local - presumivelmente o Vaticano, mas talvez também a mudança de local -, sequência das sessões, traduções, etc.). Em termos de organização, poder-se-ia tomar como base o Concílio Vaticano II: várias sessões por ano, distribuídas por 2 a 3 anos, de modo a que os participantes possam regressar às suas dioceses nos intervalos. **Os temas de** um tal concílio seriam muito abrangentes, por exemplo: a igualdade das mulheres na Igreja, a sinodalidade e a distribuição do poder, a moralidade sexual da Igreja (por exemplo, lidar com divorciados recasados, contraceção, questões LGBTQIA+), o celibato, relações ecuménicas com outros cristãos, o diálogo inter-religioso, a crise climática e a justiça social na perspetiva da Igreja e, por último, mas não menos importante, medidas contra os abusos e a favor da transparência. Todos estes temas seriam formulados em etapas preparatórias de modo a serem *negociáveis para a Igreja global* - nem sobrecarregando uns nem subcarregando outros. Leão XIV daria provas de grande habilidade diplomática neste cenário: ao chegar cuidadosamente a um acordo prévio, poderia garantir que

se chegaria a um consenso razoavelmente viável no próprio Concílio. Os actores envolvidos - todos os bispos católicos de todo o mundo, mais consultores e auditores especializados (possivelmente também mulheres e jovens como ouvintes, como foi o caso no Vaticano II) - reunir-se-iam com a consciência de que este Concílio **seria uma partida histórica.** A vantagem deste cenário é que há uma boa hipótese de as decisões acabarem por ser apoiadas por uma ampla maioria, porque ninguém foi apanhado de surpresa. Desvantagem: exigiria muito tempo e energia e, entretanto, algumas reformas urgentes seriam adiadas.

2. **Cenário 2: Convocação rápida em resposta a uma crise -** Neste caso, Leão XIV anunciaria um novo concílio de forma relativamente repentina, motivado por uma crise aguda que não poderia tolerar um atraso maior. Tal crise poderia ser, por exemplo, uma **dramática perda de credibilidade da Igreja** em grandes partes do mundo - causada, por exemplo, por um escândalo global, demissões em massa da Igreja ou tensões graves que ameaçam dividir a Igreja. Perante esta situação, o Papa poderia convocar os bispos para um concílio dentro de um a dois anos, a fim de encontrarem em conjunto soluções para a *emergência*. As principais **condições prévias** seriam a coragem e a determinação do Papa, bem como a disponibilidade fundamental dos bispos para ouvir o apelo. Os actores envolvidos seriam todos os bispos, mas devido ao curto período de tempo, provavelmente seriam envolvidos menos observadores externos ou teólogos nos preparativos. **Quadro organizativo:** Seria concebível um concílio um pouco mais compacto, talvez durante um único período de reunião mais longo, de alguns meses, em que as deliberações se desenrolassem dia a dia (mais comparável ao Concílio de Trento no século XVI, que se desenrolou em algumas fases intensivas, embora na altura se estendesse por vários anos). **Os temas** centrar-se-iam nas questões mais prementes, por exemplo, medidas concretas contra a

perda de membros em certos países, a reforma da Cúria, a resolução de conflitos doutrinais e a clarificação de questões controversas que põem em perigo a unidade da Igreja (por exemplo: É permitido às igrejas nacionais seguir o seu próprio caminho? Qual o carácter vinculativo das decisões sinodais locais? etc.). Num tal cenário, Leão XIV não poderia, presumivelmente, deixar de fora questões dogmáticas difíceis se estas estivessem no centro da crise - como a atitude em relação às mulheres no ministério ordenado ou a moralidade sexual - porque evitá-las prolongaria a crise. A vantagem desta abordagem é que a Igreja mostra capacidade de ação e coragem; um concílio causaria uma agitação global e talvez despertasse um novo entusiasmo. Além disso, as resoluções poderiam ser implementadas rapidamente para combater a crise. Desvantagem: uma preparação apressada comporta riscos; sem uma coordenação prévia aprofundada, os conflitos poderiam irromper abertamente no próprio concílio e levar à formação de campos ou mesmo a separações. Um conselho mal preparado poderia terminar sem resultados ou ser boicotado por certos grupos. Neste cenário, Leão XIV teria, portanto, de moderar de forma muito decisiva e, se necessário, tomar decisões difíceis para manter o conselho no bom caminho.

3. **Cenário 3: Caminho gradual através de sínodos até um concílio** - Este modelo combina as duas abordagens anteriores: Leão XIV poderia seguir um **caminho processual** que acabaria por conduzir a um concílio através de vários sínodos. A condição prévia para tal seria a vontade de adotar uma perspetiva de longo prazo. O Papa começaria por convocar **sínodos especiais** sobre temas específicos - por exemplo, um sínodo mundial de bispos sobre o tema da "Igualdade de Direitos das Mulheres na Igreja", mais tarde um sínodo separado sobre "A Igreja e a Sociedade Moderna" (que poderia tratar da moral sexual, do celibato e da família), e outro sobre "Sinodalidade e

Estrutura da Igreja". Estes sínodos poderiam ter lugar ao longo de 2 a 4 anos. Os seus resultados - cada um sob a forma de documentos de recomendação - seriam recolhidos e poderiam então constituir a **base para um grande concílio final.** Basicamente, esse concílio constituiria a pedra angular de um longo processo sinodal que já efectuou muito trabalho preparatório. Para além dos bispos, estariam também **envolvidos** muitos peritos e até parceiros ecuménicos, alguns dos quais participam nos sínodos como observadores. O **horizonte** temporal estende-se por quase uma década ou mais: seria um projeto geracional que Leão XIV poderia mesmo ter de entregar ao seu sucessor, se o seu mandato não durasse tanto tempo. **Em termos organizativos**, isto teria a vantagem de a Igreja se aproximar passo a passo e de todas as regiões, todas as conferências episcopais estarem já envolvidas no processo. Um tal Concílio Vaticano III reunir-se-ia talvez no final da década de 2020, com o mais elevado nível de participação e preparado por pilhas de relatórios sinodais. **Os temas** seriam tratados por ordem e um após o outro, culminando num documento global. Este concílio poderia então adotar solenemente todas as reformas e orientações desenvolvidas ao longo do processo - como um novo quadro constitucional para a Igreja que estabelecesse a sinodalidade como vinculativa, ou declarações doutrinais actualizadas sobre o casamento e a família baseadas num amplo consenso. A vantagem deste cenário é que combina a profundidade e o rigor com a autoridade de um conselho; é menos conflituoso, uma vez que muito é esclarecido antecipadamente. Desvantagem: requer uma enorme paciência e comporta o risco de fadiga - o mundo poderia perder o fio à meada se os processos se arrastassem durante muito tempo e os opositores à reforma teriam muito tempo para não fazer nada. Além disso, Leão XIV teria de garantir que **os resultados dos sínodos conduzissem efetivamente** a **resoluções conciliares** e não ficassem a meio caminho.

Seja qual for o cenário, um novo Concílio do Vaticano sob Leão XIV teria de ser *bem fundamentado*. A Igreja não convoca um concílio de ânimo leve - precisa de sentir que *"o momento é oportuno"* e que o Espírito Santo está a impelir a Igreja para uma grande saída comum. Se Leão XIV reconhecer este momento e criar as condições - envolvimento dos bispos, oração dos fiéis, clarificação dos objectivos - então um tal concílio poderia revelar o maior potencial do seu pontificado: nomeadamente tornar a Igreja Católica credível, unida e sustentável para os anos vindouros.

Abandono da igreja e secularização: o desafio da perda de credibilidade

O Papa Leão XIV foi desafiado não só por questões de reforma no seio da Igreja, mas também pelas **constantes mudanças na sociedade externa**. Em muitos países tradicionalmente cristãos, a Igreja Católica tem vindo a registar, desde há anos, um declínio do número de membros e uma perda de importância na vida pública. **As demissões da Igreja** tornaram-se um indicador do grau de erosão da confiança e do empenhamento na Igreja. As razões para estas vagas de demissões são múltiplas: **a secularização** crescente e a indiferença em relação à religião desempenham um papel importante, mas as desilusões concretas com a Igreja também levam os crentes a abandoná-la.

Como já foi referido, o número de demissões na Alemanha, por exemplo, atingiu máximos históricos - mais de 500 000 católicos deixaram o país em 2022. As dioceses de outros países da Europa Ocidental, do Canadá e da Austrália também estão a registar perdas alarmantes. Os que abandonam a Igreja citam frequentemente como razões a falta de vontade de a reformar, a forma como lida com os escândalos morais e o sentimento de que a instituição já não está actualizada. Leão XIV reagiu a este fenómeno com preocupação pastoral. Estava consciente de que, por detrás de cada demissão, havia destinos humanos: pessoas que podem ter lutado durante muito tempo antes de virarem as costas à sua Igreja porque já não confiavam nela. Os escândalos de abusos das últimas décadas, em particular, contribuíram enormemente para a perda de credibilidade. Quando os bispos protegeram os criminosos e a instituição se colocou acima da proteção das crianças, o Evangelho foi traído aos olhos de muitos. Leão XIV deu, por isso, prioridade máxima à resolução destes delitos. Ele sabia que **uma renovação credível** neste domínio era um pré-requisito básico para recuperar a confiança dos fiéis.

Ao mesmo tempo, Leão XIV analisa as tendências subjacentes à secularização. Nas sociedades esclarecidas e ricas, muitas pessoas já não se consideram dependentes da Igreja: os laços sociais que costumavam reforçar a vida comunitária estão a dissolver-se; a influência moral da Igreja está a enfraquecer à medida que o Estado e outras instituições assumem as suas funções (educação, saúde, assistência social). A religião está a tornar-se um assunto privado e a grande narrativa do cristianismo está a convencer cada vez menos pessoas. Nem mesmo um Papa pode, por si só, contrariar esta evolução. Mas Leão XIV tentou ganhar nova credibilidade através de um **testemunho autêntico.** Sublinhou a simplicidade da mensagem cristã, colocou Jesus Cristo no centro de toda a pregação e tentou aproximar a Igreja do povo. Em termos práticos, isto pode ser visto, por exemplo, no facto de ele encorajar as paróquias a experimentarem **novas formas de assistência pastoral:** Missão de rua, projectos digitais, oportunidades de discussão de baixo limiar para aqueles que abandonaram a Igreja. Convida também os intelectuais e os artistas a dialogar para tornar a fé compreensível numa linguagem moderna. O próprio Papa procura estar próximo das pessoas comuns - as imagens de Leão XIV a rezar em locais de grande afluência social ou a falar com jovens em dúvida pretendem assinalar este facto: esta Igreja escuta e preocupa-se.

Um problema particular é colocado pelos países onde a Igreja foi anteriormente uma igreja estatal (como em algumas partes da Europa) e se debate atualmente com um certo **trauma social**. Nesses países, Leão XIV teve de convencer que a fé e a liberdade não eram contraditórias e que a Igreja tinha aprendido com os seus erros. Por exemplo, reúne-se com associações de vítimas de abusos, ouve os conselhos de peritos externos sobre questões de governação e mostra humildade em relação às autoridades seculares, quando necessário. Esta abertura granjeia-lhe o respeito de alguns sectores da sociedade. No entanto, resta saber se a onda de demissões pode ser travada. É possível que a Igreja se torne ainda mais pequena em alguns países antes de ser possível um novo começo. No entanto, Leão XIV também vê potencial nisto: um "rebanho mais pequeno" poderia também ser uma **comunidade mais autêntica e mais convicta**, se a tibieza diminuir. Ao fazê-lo, faz eco do pensamento de Bento XVI, que previu uma Igreja encolhida mas forte. De qualquer modo, lidar com a secularização e com as pessoas que abandonam a Igreja é um enorme desafio do seu pontificado. A sua resposta a esta situação - uma humilde renovação interior aliada a uma abordagem corajosa do mundo exterior - desempenhará um papel fundamental na determinação da forma como a Igreja sairá desta crise.

Pluralismo religioso e diálogo inter-religioso

A globalização e a migração conduziram a um **pluralismo religioso** colorido, mesmo em zonas católicas anteriormente homogéneas. Diferentes religiões e denominações convivem lado a lado, e movimentos espirituais completamente novos ou o secularismo explícito também fazem parte do quadro social. Para Leão XIV, isto significava que a Igreja tinha de se posicionar num *mundo de diálogo*. **O diálogo inter-religioso** tornou-se uma marca do seu pontificado, em parte porque ele tinha uma grande experiência pessoal neste domínio. Durante o seu tempo de bispo e cardeal, Leão XIV já tinha trabalhado com outras comunidades religiosas em vários países e construído pontes. Esta experiência vai agora dar-lhe uma boa posição na cena mundial.

Uma área importante é a relação com o **Islão**. Em muitos países africanos e asiáticos, os católicos vivem como uma minoria em sociedades predominantemente muçulmanas. Ao mesmo tempo, a população muçulmana na Europa está a crescer. Leão XIV continuou o trabalho dos seus antecessores - recordamos o documento fraterno de Francisco com o Grande Imã de Al-Azhar ou as orações pela paz de João Paulo II em Assis - e intensificou o intercâmbio. Visita os principais clérigos islâmicos e não perde a oportunidade de sublinhar que cristãos e muçulmanos acreditam essencialmente num único Deus e partilham valores comuns como a coesão familiar, a misericórdia e a justiça. Sob a sua égide, surgiram novas plataformas de cooperação cristã-muçulmana, por exemplo, no domínio da ajuda aos refugiados ou da proteção do ambiente, em que as duas religiões podem fazer muito. É claro que Leão XIV não escondeu as divergências - por exemplo, em matéria de liberdade religiosa ou de igualdade de direitos - mas procurou sempre um terreno comum para reduzir as tensões. Em regiões como o Médio Oriente, onde os conflitos políticos se sobrepõem frequentemente à religião, o Papa tenta dar um exemplo de paz através da mediação e da oração. A sua abordagem internacional - caracterizada pela **competência intercultural** e pelo respeito genuíno pelas tradições estrangeiras - granjeia-lhe reconhecimento para além das fronteiras da Igreja.

Leão XIV estava igualmente empenhado no **diálogo com outras confissões cristãs** e religiões não cristãs. O ecumenismo, ou seja, a unidade dos cristãos, era-lhe muito caro. Manteve relações estreitas com as igrejas ortodoxas, as comunidades protestantes e as igrejas pentecostais. Sobretudo nos países onde os cristãos são minoritários ou estão sob pressão, promove a cooperação em vez da competição. Por exemplo, sob a sua influência, as Igrejas iniciam semanas de oração conjuntas e defendem em conjunto os direitos dos cristãos perseguidos no Médio Oriente ou no Sul da Ásia. Leão XIV partilhou com os **patriarcas da Igreja Oriental** as suas preocupações com os jovens, que se estavam a tornar cada vez mais seculares, e juntos reflectiram sobre a forma como o cristianismo poderia ser testemunhado no século XXI. Esta abertura ecuménica também se irradia para a Igreja Católica: quando os crentes vêem que o Papa olha para além do seu próprio nariz, isso promove uma visão menos estreita e mais tolerância no seio da Igreja.

Nas suas relações com religiões como o **judaísmo, o budismo** e as religiões naturais tradicionais, Leão XIV deu um exemplo de respeito. Visitou sinagogas e memoriais para exprimir os laços judaico-cristãos e continuou a lutar sistematicamente contra todas as formas de antissemitismo. Discute a meditação e a ética global com monges budistas, a fim de encontrar um terreno comum para uma ética global. Estes gestos não são apenas política simbólica - reflectem a convicção de Leo de que existe um raio de verdade em toda a religiosidade sincera. Ele gostava de citar a frase do documento conciliar *Nostra Aetate*, segundo a qual a Igreja reconhece tudo o que é verdadeiro e santo nas outras religiões. Isto mostra que Leão XIV não via a diversidade das religiões como uma ameaça, mas como um apelo ao diálogo e à ação conjunta para o bem da humanidade.

No entanto, o **crescente pluralismo religioso** também suscita tensões internas. Alguns católicos são cépticos quanto ao zelo inter-religioso do Papa. Os círculos ultra-conservadores receiam uma diluição da verdade ou recusam-se a prestar tanta homenagem a outras religiões. Também aqui Leão XIV teve de encontrar um equilíbrio: sublinha interiormente que o diálogo não é sinónimo **de relativismo**. Pelo contrário, explica, um verdadeiro diálogo reforça a própria identidade - porque só quem conhece e ama a sua própria fé pode encontrar os outros sem medo e sem agressividade. Ele tenta transmitir esta mensagem através da catequese, especialmente na formação e no aperfeiçoamento dos candidatos ao sacerdócio: a próxima geração de sacerdotes e leigos deve ser capacitada para **dar testemunho num ambiente multi-religioso**, sem imagens inimigas, mas com uma convicção clara.

Devido à sua biografia internacional, Leão XIV tinha um profundo conhecimento da forma como a religião é praticada nas diferentes culturas. Por isso, como Papa, promove também uma **teologia das culturas** no seio da Igreja que leva a sério as tradições religiosas locais. Por exemplo, apoia os povos indígenas da Amazónia ou do Canadá na integração das suas expressões culturais na liturgia (desde que sejam compatíveis com a fé cristã). Este é também um aspeto do pluralismo: a diversidade pode existir não só entre religiões, mas também no seio da Igreja global. O diálogo inter-religioso e a abertura a contextos pluralistas dirigem-se, assim, tanto para o exterior - no sentido da paz e da compreensão - como para o interior, tornando a própria Igreja mais diversificada e *mais católica* (no sentido de abrangente).

Um papa entre desafios e recomeços

Leão XIV enfrentou enormes desafios durante o seu pontificado - desde conflitos internos de reforma da Igreja a convulsões sociais e diálogos globais. No entanto, todos estes desafios escondem um potencial igualmente grande. O seu nome pode ser uma reminiscência de papas anteriores, mas o seu caminho aponta para o futuro: com abertura, experiência internacional e profundidade espiritual, está a tentar conduzir a Igreja Católica através das tensões do presente. As vozes críticas obrigam-no a criar clareza e a ouvir genuinamente; as exigências de reforma levam-no a agir com coragem mas com sabedoria; as diferenças regionais recordam-lhe que deve ter sempre em mente o todo da Igreja universal.

Se Leão XIV conseguir este equilíbrio, o seu pontificado poderá tornar-se um ponto de viragem: a Igreja de amanhã está a ser formada hoje - no confronto com a crítica, na luta pelo caminho certo e na confiança no espírito de Deus, que pode dar unidade na diversidade. É já evidente que Leão XIV não dá respostas simples, mas promove o diálogo e atreve-se a dar passos em direção à mudança. Sob a sua liderança, **a perspetiva global** e **os desafios regionais** estão a fundir-se num processo abrangente de renovação. Os próximos anos mostrarão em se os passos da reforma e os diálogos que ele iniciou darão frutos. Mas uma coisa é certa: Leão XIV ousou lançar-se - com o objetivo de conduzir uma **Igreja corajosa, credível e global** para o século XXI, capaz de resistir às crises e de ser, uma vez mais, um sinal de esperança para as pessoas de hoje.

🕊️ *Capítulo 16:*
Perspectivas - Visão de uma igreja moderna e inclusiva

Um arco-íris sobre a Basílica de São Pedro, em Roma, poderia simbolizar a visão do Papa Leão XIV: uma Igreja que inclui todas as cores da humanidade e que é credível e acolhedora em todo o mundo no século XXI. Desde o início do seu pontificado, Leão XIV caracterizou-se por uma posição clara a favor **da inclusão**. Sonhou com uma Igreja em que ninguém fosse excluído com base na origem, no género, no estilo de vida ou no estatuto social - uma Igreja que abraçasse todas as pessoas de boa vontade **em todo o mundo** e que desse **um** testemunho **credível** do Evangelho. Leão XIV queria recuperar essa credibilidade depois de escândalos e crises de confiança terem abalado a reputação da Igreja. O seu modelo é o de uma comunidade espiritual próxima das pessoas (*"próxima da fé"*), que escuta as suas preocupações e oferece respostas sem ser dogmática ou defensiva. Em suma: Leão XIV esboça a imagem de uma Igreja Católica renovada, reconhecível no mundo moderno como uma **casa para todos**.

Leão XIV diferia assim visivelmente de muitos dos seus antecessores no trono papal. Enquanto os pontificados anteriores tinham deixado intocados certos assuntos tabu e evitado mudanças, Leão XIV ousou lidar abertamente com questões sensíveis. Por exemplo, a Cúria há muito que se esquivava a discutir casamentos (sacramentais) na igreja para casais do mesmo sexo - até há pouco tempo, tais iniciativas eram consideradas um "pedido" inaudito a Roma. Leão XIV, por outro lado, procurou dialogar **com** esses impulsos de reforma e não contra eles. No geral, actuou como um construtor de pontes: baseia-se nos passos de reforma dados pelo Papa Francisco, mas adopta uma abordagem ainda mais decisiva. O seu pontificado caracteriza-se inequivocamente *pelo estilo de escuta* - Leão XIV ouve com particular atenção as vozes das bases, das mulheres e dos jovens na Igreja. Em comparação com Bento XVI ou João Paulo II, que insistiram fortemente na doutrina tradicional, Leão XIV deu uma tónica diferente: a misericórdia pastoral antes das regras rígidas, a participação antes do centralismo, a abertura corajosa antes do isolamento temeroso. Esta nova abordagem conferiu ao seu pontificado um perfil único na história recente da Igreja.

Para transformar a sua visão em realidade, Leão XIV recorreu tanto a decisões pessoais como a processos de consulta participativos. Logo nos primeiros anos do seu pontificado, utilizou os poderes que lhe foram conferidos para dar o exemplo: por exemplo, nomeou mulheres e não clérigos para cargos de chefia na Cúria e para a sua equipa de conselheiros, sublinhando a igualdade de todos os crentes. Não se coibiu de tomar decisões desagradáveis, se estava convencido de que eram do interesse da Igreja - seja a demissão de clérigos de alto nível em casos de má administração ou a nomeação de comissões independentes para questões de reforma. Ao mesmo tempo, Leão XIV estava profundamente convencido de que uma mudança duradoura só poderia ser alcançada em conjunto com todo o povo de Deus. Por isso, iniciou um amplo processo de consulta a nível mundial com o clero **e** os leigos. Realizam-se fóruns de diálogo e assembleias sinodais nas dioceses de todo o mundo, onde os movimentos populares e os bispos têm uma palavra a dizer. Esta abordagem participativa culmina finalmente num passo histórico: Leão XIV prepara a convocação de um **novo Concílio do Vaticano**. Este possível Concílio Vaticano III reuniria - pela primeira vez desde a década de 1960 - a Igreja mundial em Roma para discutir o rumo fundamental do século XXI. Leão XIV estava, assim, a dar continuidade ao legado do Concílio Vaticano II, cujo espírito de renovação pretendia transpor para o século atual. Ao envolver bispos de todos os continentes, bem como peritos e crentes comuns nos preparativos, prestou atenção à mediação da Igreja mundial: as reformas deveriam ser *católicas* - ou seja, universais - e não corresponder apenas a regiões culturais individuais. Este encontro estratégico das diversas vozes da Igreja universal demonstra a preocupação fundamental de Leão XIV: criar unidade na legítima diversidade.

A imagem mostra uma fotografia impressionante da Basílica de São Pedro no Vaticano. A impressionante fachada e a magnífica cúpula da catedral podem ser vistas claramente em primeiro plano, iluminadas por uma luz quente e dourada. Um arco-íris colorido que atravessa a cúpula num arco perfeito é impressionante e transmite o carácter simbólico de uma igreja e de uma teologia inclusivas. O céu ao fundo parece parcialmente nublado e dramático, o que faz com que o arco-íris se destaque ainda mais. A imagem tem um forte poder simbólico e representa metaforicamente a esperança, a renovação e a diversidade.

Um aspeto central da visão de Leão XIV é a evolução da **imagem da Igreja** para uma Igreja sinodal, inclusiva e popular. Em termos concretos, isto significa passar de um modelo puramente hierárquico e monológico para uma **cultura sinodal** em que *a comunidade* e *a participação* são os princípios orientadores. O Papa sublinha repetidamente que *todos os baptizados* partilham uma dignidade e uma missão comuns. Por conseguinte, as pessoas consagradas e não consagradas devem ser envolvidas nas decisões a todos os níveis da Igreja - deve haver "uma cultura de verdadeira co-decisão" e não apenas de consulta. Leão XIV não só sublinhou este facto em palavras, mas também o sustentou institucionalmente: desde a paróquia até à Igreja universal, promoveu estruturas que permitiam uma co-determinação vinculativa. Por exemplo, os conselhos paroquiais e diocesanos devem ser mais do que órgãos consultivos - devem ter uma influência real no planeamento pastoral e nas decisões financeiras. A nível da Igreja universal, Leão XIV reforça o Sínodo dos Bispos, conferindo-lhe um espírito muito mais sinodal: os representantes do povo de Deus, mesmo sem ordenação, têm agora o direito de votar e de ajudar a moldar as decisões sinodais. Estava convencido de que uma liderança responsável numa igreja sinodal **exigia** transparência, escuta e igualdade para todos os crentes, independentemente do género ou da origem. Leão XIV criou, portanto, um quadro no qual estes princípios poderiam ser postos em prática - por exemplo, através de uma responsabilidade vinculativa e de processos de decisão transparentes na administração da igreja. As reacções dos processos sinodais mundiais já sublinharam como as estruturas transparentes e a autorregulação são essenciais. O Papa parte deste princípio: promove uma **cultura de responsabilidade**, tanto interna como externa, em que os líderes da Igreja prestam contas regularmente e se deixam avaliar. É claro que continua a existir uma certa *tensão entre a participação sinodal e a constituição hierárquica* - mas Leão XIV vê esta tensão de uma forma positiva. Através de novas formas de colaboração, esta tensão pode tornar-se frutuosa, levando a liderança carismática e a participação comunitária a um equilíbrio construtivo. A visão de uma igreja sinodal e inclusiva tem como objetivo final que os crentes voltem a sentir a sua igreja como estando próxima da sua vida de fé e das suas questões - uma igreja que ouve e acompanha em vez de dar lições a partir de cima.

Outro cenário futuro que Leão XIV devia considerar dizia respeito à **igualdade sacramental** e, em particular, ao tratamento dos casais do mesmo sexo. A Igreja Católica sempre ensinou que o sacramento do matrimónio é reservado exclusivamente ao homem e à mulher. No entanto, à luz de novos conhecimentos sobre a sexualidade e o amor em parceria, há um desejo crescente na Igreja de desenvolver mais este ensinamento em termos pastorais. Leão XIV pertenceu à geração de líderes eclesiásticos que estavam dispostos a pensar abertamente *sobre a forma como* as uniões fiéis entre pessoas do mesmo sexo poderiam ser reconhecidas sem desvalorizar a profundidade sacramental do matrimónio. Antes de mais, apoia sem reservas os últimos passos no sentido de um maior reconhecimento: em dezembro de 2023, por exemplo, o Vaticano permitiu que os casais homossexuais fossem abençoados na igreja pela primeira vez. Embora esta autorização esteja sujeita a condições - não pode haver confusão com uma cerimónia matrimonial litúrgica - representa um marco. Leão XIV deu seguimento a este facto e alargou as possibilidades pastorais. Sob o seu pontificado, uma comissão teológica desenvolveu cenários sobre a forma como a Igreja poderia prestar um apoio ainda mais abrangente aos casais do mesmo sexo. Por exemplo, é possível conceber uma forma especial de cerimónia de bênção que preveja textos e sinais litúrgicos globalmente válidos para esses casais. Até mesmo a questão de um *casamento* na igreja para casais homossexuais foi abertamente levantada sob Leão XIV - um passo que parecia impensável antes dele. É claro que isso seria uma revolução na ordem sacramental anterior e exigia uma reflexão teológica profunda, bem como um amplo consenso na Igreja universal. Mas o próprio facto de Leão XIV ter permitido e encorajado este debate marcou uma diferença: onde anteriormente as autoridades oficiais tinham bloqueado qualquer discussão, ele encorajou um discurso respeitoso que levava a sério a realidade vivida por muitos crentes. Sublinhou que a Igreja não quer afastar dos sacramentos ninguém que viva com amor sincero e responsabilidade. Leão XIV mostra assim a coragem de continuar a desenvolver doutrinas - sabendo que isso leva tempo e tem de ser comunicado a nível da Igreja mundial. Nalgumas partes da Igreja mundial, a ideia da igualdade sacramental para os casais do mesmo sexo pode ainda encontrar resistência, mas noutras já é esperada há muito tempo. Leão XIV moderou cautelosamente este processo de tensão. É possível que, numa primeira fase, ele permita soluções regionais ou reconheça oficialmente *as celebrações*, a fim de ganhar experiência. A longo prazo, até mesmo uma abertura formal do sacramento do matrimónio poderia ser discutida - por exemplo, no planeado concílio - se ele não tomasse uma decisão independente. Uma tal decisão seria historicamente sem precedentes e tornaria inconfundível o pontificado de Leão XIV. Em todo o caso, é já evidente que o que começou como um passo corajoso de alguns bispos no caminho sinodal na Alemanha em 2023 (mais de 80% do clero alemão votou a favor da bênção de casais do mesmo sexo na altura) está a evoluir para um movimento mundial sob Leão XIV que está a confrontar a Igreja com a questão de saber até onde pode ir a sua inclusividade sem perder a sua identidade.

Para além da abertura em questões de estilo de vida, Leão XIV também promoveu energicamente a **transformação digital do trabalho da Igreja.** Ele sabia que a Igreja tinha de estar presente na era digital, onde as pessoas agora comunicam e procuram comunidade. A pandemia do coronavírus já desencadeou um surto de inovação: os serviços religiosos em linha, os círculos de oração virtuais e os serviços pastorais através de videoconferência tornaram-se comuns em muitos locais. Leão XIV não quer deixar este impulso esmorecer, mas quer utilizá-lo de forma estratégica. A sua visão é uma *igreja orientada para a rede*, na qual a tradicional congregação local está interligada com espaços digitais e redes supra-regionais. Especificamente, promove projectos que ligam melhor as congregações digitalmente - tanto entre si como com os crentes que partilham a sua fé através dos meios de comunicação social e das plataformas em linha. Leão XIV vê as associações, os movimentos e as federações eclesiais, muitas vezes activos a nível paroquial ou internacional, como um enriquecimento. Não devem competir com a paróquia territorial, mas sim

complementá-la, para que possam coexistir diferentes *formas sociais de igreja*: desde a celebração local da missa até ao grupo internacional de estudo bíblico Zoom. Para apoiar este desenvolvimento da igreja digital, Leão XIV está também a expandir-se em termos de pessoal e de estrutura: por exemplo, poderão ser criados comissários especiais para a pastoral digital em todas as dioceses ou será criada uma plataforma central no Vaticano que reúna ideias testadas e comprovadas. Para Leão XIV, é importante que os formatos digitais não continuem a ser meras cópias dos formatos analógicos. A Igreja deve utilizar de forma criativa as peculiaridades da Internet para chegar às pessoas com um limiar baixo. Os especialistas sublinham que não devemos simplesmente voltar ao "velho normal", mas devemos *"manter o que é bom e desenvolvê-lo ainda mais"* a partir do que foi experimentado e testado na pastoral em linha. Com isto em mente, Leão XIV convida pessoas empenhadas a experimentar novas abordagens: seja a utilização de plataformas de jogos como o Minecraft para a pastoral juvenil, o desenvolvimento de aplicações paroquiais ou cursos interactivos em linha sobre questões de fé. A igreja digital de Leão XIV mantém-se sempre centrada nas pessoas: vê a tecnologia como uma ferramenta para forjar relações e tornar a fé tangível. No futuro, uma paróquia, no sentido tradicional, poderá deixar de ser apenas uma entidade geográfica, mas um centro de uma rede viva de fé que ultrapassa fronteiras. Isto criará uma **igreja flexível, ligada em rede**, na qual a comunidade pode ser vivida tanto localmente como em linha - uma igreja que mantém o seu dedo no pulso dos tempos sem cortar as suas raízes espirituais.

Por último, Leão XIV deu grande ênfase a **estruturas de liderança participativas e globais** que impedissem o abuso de poder e reforçassem a participação dos *leigos*. Os choques causados pelo escândalo dos abusos - quer de natureza sexual, espiritual ou financeira - fizeram o Papa compreender que uma verdadeira reforma só pode ser bem sucedida se *o poder na Igreja* for *reequilibrado*. Considerava que o "clericalismo" era a raiz de muitos males: se o poder de decisão se concentrasse demasiado nas mãos de alguns funcionários do sexo masculino, o risco de intransparência e de abusos aumentava. Leão XIV abordou este problema reforçando simultaneamente **os mecanismos de controlo** e **a partilha do poder**.

Por um lado, como já foi descrito, envolveu um número significativamente maior de não clérigos em funções de direção. Por exemplo, mulheres e homens competentes sem ordenação receberam posições de liderança nas autoridades do Vaticano, o que só foi possível graças a recentes alterações no direito canónico. Por outro lado, Leão XIV tem de criar órgãos de controlo independentes: esperemos que encoraje as conferências episcopais de todo o mundo a criar comissões externas de peritos para lidar com os abusos, com uma maioria de membros leigos e profissionais. Estas comissões deveriam monitorizar as medidas diocesanas e dar voz às pessoas afectadas. Um corpo consultivo internacional de leigos poderia também ser estabelecido no próprio Vaticano, sob a égide de Leão XIV, que reportaria diretamente ao Papa e exporia os abusos - quer se trate de violência sexualizada, irregularidades financeiras ou abuso de poder. Esta foi a resposta de Leão XIV às exigências que também estavam a ser expressas por partes independentes: a comissária alemã para os abusos, Kerstin Claus, por exemplo, avisa que os *leigos* devem "tornar-se visíveis no debate sobre a reavaliação" e agir com expectativas claras em relação à liderança da Igreja. Leão XIV leva estas vozes a sério e consagra o princípio da **responsabilidade partilhada** na Igreja. O Papa Francisco já tinha definido o rumo com o seu motu proprio *"Vos estis lux mundi"* (2019/2023) e decretou, por exemplo, que os leigos em funções de liderança também seriam responsabilizados pelo encobrimento de abusos e seriam obrigados a denunciar casos em todo o mundo. Leão XIV baseou-se nestes fundamentos e levou-os mais longe: apoiou a alteração das leis eclesiásticas, de modo a estabelecer um direito claro de reconciliação com os abusos e normas de qualidade vinculativas. **A transparência** tornou-se a principal prioridade - quer em questões financeiras, quer na gestão de pessoal. Leão XIV podia, por exemplo, mandar publicar as medidas disciplinares tomadas contra os autores de abusos na Igreja ou criar um gabinete central de denúncia no Vaticano, ao qual as vítimas de todo o mundo se podiam dirigir. Todas estas medidas tinham como objetivo evitar abusos de poder por parte de clérigos masculinos - mas também de leigos em posições de responsabilidade - e, em caso de dúvida, puni-los de forma consistente. Ao distribuir e controlar o poder, Leão XIV promoveu uma nova cultura de confiança: já ninguém estava acima da lei da Igreja e, ao mesmo tempo, mais pessoas assumiam responsabilidades *dentro da* Igreja. Esta reorganização global da liderança da Igreja, com "controlos e equilíbrios" incorporados, destinava-se a assegurar que o Evangelho fosse proclamado de forma credível - livre da sombra dos encobrimentos e da desconfiança.

Em resumo, o Papa Leão XIV delineia a sua visão de uma **igreja moderna e inclusiva** que cura as suas velhas feridas e encontra uma nova vitalidade. A sua agenda é ambiciosa: desde a transformação sinodal das estruturas da Igreja à abertura de questões morais controversas e à digitalização dos cuidados pastorais, passando pelo estabelecimento de uma cultura de liderança participativa. Especialmente quando Leão XIV dá início a mudanças em tantos domínios, colherá tanto admiração como resistência. Mas a caraterística inconfundível do seu pontificado é o facto de ter ousado dar um passo que outros apenas anunciaram. Leão XIV pode e deve **combinar realismo e visão - para alcançar resultados efectivos e mudanças necessárias:** ele conhece os limites do possível e a diversidade das mentalidades da Igreja mundial, mas certamente não se deixa desencorajar por isso. Passo a passo - pessoalmente, através de decisões corajosas, em conjunto com a Igreja universal, através de consultas e talvez de um futuro Conselho Sinodal - ele está a moldar uma Igreja que chegará ao presente. Esta Igreja deve manter-se firme sobre os fundamentos da sua fé e, ao mesmo tempo, abrir amplamente as suas portas. Leão XIV tem certamente a vontade e o potencial para fazer a diferença: em direção a uma Igreja credível em que a palavra *"católica"* significa literalmente "abrangente" novamente - **uma Igreja que inclui todas as pessoas de boa vontade e cujo testemunho é ouvido em todo o mundo.**

Apêndice

A fé é como a dança - a teologia em movimento

Fé e dança - à primeira vista, dois mundos que têm pouco em comum. No entanto, a nova publicação *"A fé é como a dança - Movido pela fé para crescer como cristão"*, da editora Eureka Circe, mostra de forma impressionante como os dois estão intimamente ligados. Neste *livro de formação de competências religiosas,* o projeto teológico da série de livros *DEUS EX MACHINA* apresenta uma visão dinâmica do ser cristão: *"A fé não significa seguir regras cegamente, mas envolver-se com o coração, a mão e a mente: consigo próprio, com os outros e com o mundo".*

Ilustração: Capa do livro "Glauben ist wie Tanzen" (Hamburgo, 2025).

Esta obra convida-o a compreender, praticar e viver a sua fé através da dança:

"A fé é como a dança - e tu determinas o caminho e o ritmo!"

A fé não significa seguir regras cegamente, mas sim empenhar-se com o coração, as mãos e a mente: consigo próprio, com os outros e com o mundo.

Este livro de formação para o desenvolvimento de competências religiosas para cristãos, bem como para professores e alunos do ensino religioso e de serviços para crianças e jovens, convida à reflexão:

Encoraja-o e acompanha-o no caminho para as competências pessoais e sociais decisivas de que todos precisam para poderem viver autenticamente a fé e a caridade. Doze campos de aprendizagem concretos mostram: A capacidade de diálogo, a empatia, o pensamento crítico e a reflexão, a sensibilidade ao género, a auto-aceitação, a ação ética e outras podem e devem ser aprendidas - nas aulas de educação religiosa, no estudo autónomo, nos estágios de teologia, na comunidade e na vida quotidiana. Um livro para todos aqueles que não querem apenas aprender a sua fé, mas querem vivê-la: de forma flexível, corajosa e com alegria no amor aos outros. Porque quem vive verdadeiramente a sua fé não se limita a dançar segundo regras dogmáticas estrangeiras, mas move-se em sintonia e autoconfiança, em harmonia com o ritmo da sua própria vida: a fé é como a alegria de dançar! - e este "trabalho de afinação" pode ser aprendido.

Aqui, a fé é um processo ativo e vivo, comparável a uma dança em que cada pessoa co-determina o modo e o ritmo da sua vida de fé.

Esta recensão teologicamente informada retoma as ideias centrais do livro e combina-as com vozes inspiradoras da filosofia, da Bíblia e da prática da igreja . Mostra por que razão é *bom* quando os crentes dançam (figurativa *e* literalmente), como a fé, a teologia e a expressão física se entrelaçam e como até a liderança da igreja - ou seja, *a "Roma de hoje"* - deveria redescobrir a dança como uma expressão de fé.

Porque: *"A fé é como dançar"* é uma frase que transmite a ideia da fé como uma experiência dinâmica, viva e pessoal. Sugere que a fé não é apenas um estado estático, mas um processo de envolvimento, exploração e descoberta, de ser feliz - no qual se participa ativamente. É uma metáfora que descreve a fé como uma espécie de dança em que encontramos o nosso próprio ritmo e estilo ao envolvermo-nos com o mundo, connosco próprios e com os outros.

A frase "A fé é como a dança" pode ser interpretada em diferentes contextos:

Contexto religioso: Neste contexto, pode indicar que a fé não é apenas uma aceitação dogmática de regras, mas uma experiência pessoal e uma relação dinâmica com um poder superior. A dança simboliza o movimento, o envolvimento e a procura da sua própria expressão na fé.

Contexto filosófico: Aqui pode transmitir a ideia de que a fé é uma escolha pessoal e um processo ativo de reconhecimento e confiança. A dança simboliza o movimento e a imersão na vida, em vez de se limitar a acreditar num conceito estático.

Contexto geral: Num sentido geral, a frase pode significar que a vida, a fé e a ação são como uma dança em que cada um se envolve com a música, o movimento e o ritmo da vida e encontra o seu próprio estilo.

Nietzsche e o deus dançante - alegria em vez de uma religião de ameaça e morte

Para começar, vale a pena dar uma vista de olhos filosófica: Friedrich Nietzsche fez uma vez com que as pessoas se sentassem e prestassem atenção a algumas palavras provocadoras. *"Só acreditaria num Deus que soubesse dançar"*, escreveu na altura. Esta célebre frase do filósofo do século XIX era muito mais do que uma simples frase de efeito. Nietzsche, que via o cristianismo do seu tempo como uma "religião da morte" sem alegria, apelava a um Deus cheio de vida, leveza e exuberância - um Deus "dançante" "que fosse digno da nossa fé". Para Nietzsche, a dança simbolizava a alegria de viver, a criatividade e a libertação de uma moral demasiado ossificada. O seu Zaratustra fictício proclama um Deus que até pode rir durante os actos sagrados - uma afronta à imagem do dogma sombrio e inamovível. Assim, o movimento eclesial *"Somos Igreja"* apela à proclamação de uma *"boa nova em vez de uma mensagem ameaçadora"*. Em sentido figurado, isto inclui pessoas que dançam - incluindo um Deus que dança e uma igreja que dança e se adapta.

O que é que aprendemos teologicamente com isto? Em primeiro lugar, a fé que perde a sua alegria torna-se implausível. Um cristianismo sem dança, sem riso, sem leveza viva, ameaça afundar-se no "niilismo e no desespero". Por outro lado, devemos levar a sério o anseio de Nietzsche: por detrás da sua crítica a Deus está a intuição profunda de que a fé genuína precisa de uma liberdade lúdica - uma centelha da arte celestial de viver que nos torna *"poetas: dentro da nossa vida"*. É precisamente esta alegria da fé, este passo de dança da alma, que precisa de ser (re)descoberto.

Curiosamente, os cristãos modernos adoptam o impulso de Nietzsche sem partilhar a sua amargura. O clérigo *Wolf-Dieter Steinmann*, por exemplo, escolheu o lema *"Fé significa dança"* para uma missa matinal em 2014 e também colocou o Deus alegre no centro.

E, de facto, a tradição bíblica conhece um Deus assim em ação: em Jesus Cristo, como se canta no hino *"Senhor da Dança"*, o próprio Deus dança através da vida e mesmo através da morte. O compositor *Sydney Carter* escreveu esta canção em 1961, "numa altura em que a igreja ainda era rígida e imóvel - em resposta a isto, ele imaginou Cristo como um dançarino amante da vida que nada nem ninguém pode forçar permanentemente para o chão. *"Eles deitaram-me abaixo, mas eu levanto-me de novo... porque eu sou o Deus que dança"*, diz, e: *"Eu vivo em ti - mas vive também em mim"*. Isto reflecte exatamente aquilo de que Nietzsche sentia falta: um Deus que celebra a vida e leva os crentes para a sua dança. Aqueles que acreditam num Deus assim têm mais facilidade em encontrar a alegria.

Dançar nos braços de Deus" - Madeleine Delbrêls

Não só os filósofos, mas também os buscadores cristãos estabeleceram uma analogia entre a fé e a dança. A francesa *Madeleine Delbrêl* (1904-1964) cunhou a frase: *"A fé é como a dança"*. Delbrêl, que passou do ateísmo ao cristianismo convicto, entendia a vida com Deus como uma dança estimulante e cheia de devoção. Num dos seus textos de oração, ela descreve a sua relação com Deus através de belas imagens de dança. Sente-se a experiência de uma mulher que viveu a sua fé no meio da vida quotidiana e conservou uma enorme leveza. *Cabe-nos a nós [...] sermos pessoas felizes que dançam a vida contigo"*, escreve Delbrêl - para ser um bom dançarino, não é preciso saber sempre o passo seguinte, mas é preciso estar pronto a segui-lo: *"É preciso seguir, ser feliz, ser leve e, sobretudo, não ser rígido"*. Estas palavras ilustram a imagem de um crente que deixa que o ritmo de Deus o conduza com confiança. Quem dança com Deus não *pergunta* ansiosamente *"para onde vão os passos"* depois de cada explicação, mas *"vira-se para a esquerda e para a direita"*, aberto às surpresas. Tal como na dança, trata-se de se envolver com o momento e com o parceiro - neste caso, a contraparte divina. Delbrêl resume: todos os nossos passos na vida não teriam sentido *"se a música [de Deus] não fizesse deles uma harmonia"*. Por outras palavras, o próprio Deus é a música que dá sentido à nossa vida e reúne os passos de dança dispersos - os altos e baixos, os sucessos e os reveses - para formar um todo significativo.

Esta *metáfora da dança* exprime uma profunda verdade espiritual: a fé é um acontecimento entre Deus e o homem, um compromisso constante entre si. Tal como os dançarinos prestam atenção aos movimentos dos seus parceiros, os crentes escutam a orientação silenciosa de Deus. Delbrêl fala de *"dançar nos braços do teu amor"*, em que se encontra como num salão de baile, completamente imersa na música e no ritmo. A sua fé não é uma adesão seca a doutrinas, mas uma vida em relação rítmica com Deus.

Esta perspetiva visionária é reconhecida em pormenor no livro *"A fé é como a dança"*: os pensamentos citados por Delbrêls são um exemplo de como a fé capta o coração e os sentidos. Isto torna claro que aqueles que acreditam podem saber que são transportados por Deus como um parceiro de dança - seguro e ao mesmo tempo livre, guiado e ao mesmo tempo exuberante.

Toda a gente tem a dança e a fé no seu sangue

Dança e fé - serão estas caraterísticas humanas universais? O clérigo *Matthias Lüskow* pensa que sim. No seu sermão de confirmação em 2023, com o tema *"A fé é como a dança"*, afirmou: *"Toda a gente tem a dança no sangue"*. O que parece instigante, ele explica da seguinte forma: até os bebés experimentam a sua "primeira dança" quando os pais os embalam nos braços - uma garantia antiga e instintiva. *"A dança é-nos inata, faz parte da nossa alma"*, diz Lüskow. Mais tarde na vida, algumas pessoas podem "desaprender" ou afastar-se da dança, mas ela está originalmente enraizada em nós. E, segundo Lüskow, isto também se aplica à fé: *"Tal como acontece com a dança, também diria em relação à fé: toda a gente tem fé no sangue.* Desde o início, vivemos com uma confiança básica - como crianças, confiamos naturalmente que alguém nos vai cuidar e confortar - e *"mais tarde transferimos essa confiança básica para Deus"*. Quando as pessoas afirmam que "não têm fé", muitas vezes há algo que as afastou de Deus. Mas, basicamente, a semente da confiança permanece adormecida dentro de nós. Este paralelo - dança inata e fé inata - é um grande conforto: significa que ninguém é completamente incapaz de ter fé. Tal como toda a gente tem um sentido de ritmo e um impulso para se mover, toda a gente também traz dentro de si a capacidade de se envolver com o divino. E dançar fora da linha também é uma arte!

Se nenhum dos clientes de uma pequena discoteca se atreve a ir para a pista de dança, muitas vezes há apenas algumas pessoas de pé no bar a segurar a sua bebida. Ninguém se atreve a dançar. Todos ficam na segurança do grupo. Até que, finalmente, alguém toma coragem, olha, sorri e talvez seja secretamente invejado por todos.

O que ela ou ele se atreve a fazer! O nó está dado. No final da noite, a pista de dança está cheia. Os corpos saltam, balançam e balançam ritmicamente para a esquerda e para a direita. Dançar é, de facto, muito fácil quando outra pessoa lidera o caminho.

Por vezes, na fé, é semelhante: muitas vezes preferimos agarrar-nos a um café. Falamos do tempo ou do desporto, em vez de abordarmos corajosamente o que é necessário: quando os cristãos se opuseram ao nacional-socialismo e levantaram a voz; quando abordámos coisas na família que tivemos de resolver para melhor; quando finalmente exigimos e quisemos implementar na comunidade o que era necessário e libertador para os indivíduos e para todos.

Sim, por vezes atrevemo-nos a dar um passo em frente - com a nossa fé. A fé é como a dança, muito simplesmente quando os outros se juntam a nós. Precisamos de colegas dançarinos que acreditem nos nossos valores. Depois, é bom não ter de ficar à margem. "*Por isso, vamos para a pista de dança - e praticar*", sublinha o clérigo *Sebastian Sievers* num podcast.

Esta constatação tem consequências práticas: se a fé, tal como a dança, é algo de originalmente humano e bom, podemos desenvolvê-la.

É exatamente isso que o livro *"Deus Ex Machina - Parte III"* faz, convidando-nos a despertar e a desenvolver *"competências religiosas"* adormecidas. A fé não é apresentada como um dogma rígido, mas como algo que é inato em cada pessoa, mas que precisa de ser encorajado e treinado. Os textos, exercícios e sugestões permitem-nos passar do nosso anseio espiritual inato para competências concretas que podemos desenvolver - tal como praticar os passos de dança.

Praticar, deixar ir, ousar - aprender os passos de dança da fé

Se queres dançar, tens de *praticar*. Este truísmo também se aplica à fé. Uma dança parece leve e livre, mas por detrás dessa leveza há muitas vezes disciplina e treino. Tal como os clérigos sublinham ao serviço da evangelização, a fé requer orientação e prática conjunta.

Figura: Deus como DJ.

Uma figura feminina espiritualmente luminosa, com longos cabelos brancos e uma auréola, usa grandes auscultadores pretos. À sua frente, um gira-discos com um modelo do sistema solar: o Sol no centro, os planetas dispostos em órbitas concêntricas à sua volta. Ela toca suavemente a Terra e os outros planetas com os dedos, como se estivesse a tocar a música de um cosmos que incentiva as pessoas a dançar. Ao fundo, um céu escuro e estrelado com estrelas brilhantes e outros planetas. A cena de Deus como DJ irradia calma, sabedoria e uma ligação espiritual ao universo.

Ninguém nasce um bailarino perfeito; aprende-se os passos, experimenta-se, corrige-se - até que, a dada altura, se *"dança a própria dança"*. O mesmo acontece com a fé: sem orientação e ensino (por exemplo, dos pais, dos equipistas, dos pastores, da educação religiosa), muitas pessoas perderiam o acesso a Deus. É exatamente aqui que entra o manual de competências religiosas: Considera-se um livro de formação que utiliza questões de reflexão e campos de aprendizagem para orientar os leitores na prática da fé. Em doze *"campos de aprendizagem"* - desde a capacidade de diálogo e empatia até à auto-aceitação e à ação ética - são descritas competências que podem ser desenvolvidas para viver melhor a fé.

Eis algumas aplicações possíveis:

- *Educação religiosa:* Os professores podem utilizar os campos de aprendizagem para incentivar os alunos a refletir e a viver ativamente a sua fé.
- *Auto-estudo:* As pessoas podem utilizar o livro como um guia para aprofundar a sua própria literacia religiosa.
- *Trabalho comunitário:* Pode servir de base a workshops ou grupos de discussão para compreender a fé como um processo dinâmico.
- *Estágio em teologia:* Os estudantes de teologia podem utilizar os conteúdos para desenvolver abordagens práticas à educação religiosa.

Em conjunto com outros materiais didácticos, o volume pode ser utilizado como material suplementar aos manuais tradicionais, a fim de abrir novas perspectivas e abordagens.

E: citações individuais ou perguntas do livro podem ser utilizadas como impulsos para debates ou trabalhos de grupo.

Com as suas diversas sugestões e a metáfora realista da dança, *"A fé é como a dança"* pode dar um contributo valioso para uma educação religiosa contemporânea e orientada para as competências. Incentiva os alunos a moldarem ativamente e com confiança o seu próprio percurso de fé.

Para além da prática, é preciso coragem para se aventurar na pista de dança.

O livro encoraja uma abordagem flexível, corajosa e alegre da fé que vai para além das regras dogmáticas: a fé, tal como a dança, requer empenho e prática. Mons. Josef Hernoga sublinha também no seu contributo de uma perspetiva católica: *"A fé exige também empenhamento, dedicação pessoal e criatividade. Só quem é entusiasta de Deus e fascinado por Jesus Cristo tem 'alegria na fé'".* O entusiasmo ('enthusiasm' - literalmente um Deus em nós) é o motor que vence a timidez inicial.

A dança e a coragem andam sempre juntas: revelamos algo de nós próprios, cada movimento torna-nos vulneráveis. Se dançamos à frente dos outros, corremos o risco de sermos olhados de soslaio - *"O que é que ele está a fazer ali?* Do mesmo modo, a fé exige coragem. Num ambiente secular, é muitas vezes necessário ter coragem civil para professar a nossa fé - é fácil sentirmo-nos ridicularizados, *"como se tivéssemos feito uma dança expressiva da escola Waldorf".* Mas aqueles que *dançam* a sua fé ganham liberdade interior em relação às opiniões dos que troçam dela. A mensagem é: não deixes que o medo te paralise. *Pratique* a sua fé e *atreva-se* a mostrá-la ao mundo exterior. Tal como um bailarino só sobe ao palco com confiança depois de muitos ensaios, um cristão torna-se suficientemente corajoso para defender os seus valores na vida quotidiana, praticando-os.

Isto mostra uma das grandes vantagens de *A fé é como a dança*: a formação pode combinar a reflexão teológica com orientações práticas sobre o desenvolvimento do carácter . Isto encoraja as pessoas a moldarem e a praticarem ativamente a sua fé - *"não apenas [a dançar] de acordo com regras dogmáticas estrangeiras, mas [...] com autoconfiança, em harmonia com o ritmo da [sua] própria vida".* Esta auto-determinação na fé - sem arbitrariedade, mas com uma convicção pessoalmente interiorizada - é o objetivo do "trabalho de afinação". No contexto do volume anterior de Deus Ex Machina, poder-se-ia dizer: *cada um deve encontrar a sua dança pessoal da fé que também está em harmonia com a grande melodia de Deus.*

Dança da alegria - acreditar com o corpo e a alma

Mas porquê dançar? O que é que a fé ganha com a dança? A resposta é simples: alegria e plenitude. *Dançar faz-nos felizes*", exclamam muitos jovens. Desde a primeira à última batida, dançar é pura emoção e felicidade - algo que até as pessoas de fora podem sentir. Esta experiência pode ser diretamente transferida para a fé: *"A fé também nos faz felizes"*, diz Lüskow. É a vivência da fé que dá à vida um sentido mais profundo, um "fio condutor" na dança da vida. Quem acredita vê-se - metaforicamente falando - envolvido numa coreografia que mede todas as emoções da vida, mas que, em última análise, conduz a um objetivo cumprido. A fé dá direção e esperança à dança da vida.

A metáfora da dança sublinha sobretudo a fisicalidade da fé. A fé cristã não quer ter lugar apenas na cabeça, mas permeia toda a pessoa - coração, alma e corpo. Na Bíblia, o rei David dança com devoção diante da arca de Deus, independentemente da sua dignidade real (2 Sam 6). A sua famosa confissão: *"Dançarei diante do Senhor"*, apesar do olhar dos que o rodeiam, é paradigmática do facto de Deus merecer a expressão física da alegria. Onde a fé está viva, ela inspira as pessoas a cantar, a fazer música e a dançar *"cheias de devoção"*. O povo de Israel fez isto há milhares de anos e as pessoas em todo o mundo ainda hoje o experimentam nos serviços religiosos e nas festas da igreja. Especialmente nas igrejas carismáticas ou africanas, a dança é uma parte mais natural do louvor a Deus do que nas igrejas da Europa Central. No entanto, há também uma redescoberta da dança litúrgica e meditativa neste país. Hildegard Linn, uma professora de dança com muitos anos de experiência, desenvolveu as suas próprias coreografias para a celebração da Missa e do Natal - do Kyrie e do Gloria ao Sanctus - e refere o simbolismo bíblico dos gestos em cada caso. Danças ao som de música sacra, como a *Misa Criolla* da América do Sul, mostram que a oração e o movimento podem ser combinados: os *ritmos pulsantes são um desafio para a dança,* e aqueles que se envolvem com eles rezam com os seus corpos.

A dança é também valorizada como uma experiência de oração fora da liturgia oficial. Numa contribuição para a série católica *SWR4 Abendgedanken*, Marianne Krämer-Birsens faz um relato impressionante de como um grupo de senhoras idosas se envolve numa *dança meditativa* ao som da música. O título é *"Dançar é como rezar"*. Para estas mulheres - muitas das quais com mais de 60 anos - a roda de dança semanal torna-se um oásis, um lugar da presença de Deus no aqui e agora. Durante 90 minutos, nada mais importa a não ser a harmonia com os outros; cada passo no círculo torna-se uma concentração no essencial. *"Perder-se na dança pode ser como uma oração. Estar completamente consigo próprio, estar completamente no momento, fazê-lo com devoção - isso é oração para mim"*, escreve Krämer-Birsens. Esta experiência coincide com a visão de Delbrêl: trata-se de devoção, de libertar-se de todos os pensamentos perturbadores e de experimentar uma alegria profunda. Uma dança como esta *"elimina todas as limitações temporais e físicas"* - sentimo-nos jovens e livres. Ao mesmo tempo, os participantes adquirem novas forças para a vida quotidiana; a raiva e as preocupações são relativizadas nestes momentos. Aparentemente, não são apenas as endorfinas que são libertadas, mas também a energia espiritual. Quando as pessoas rezam com o corpo e a alma - seja através das palavras, do silêncio ou da dança - isso atrai-as de uma forma mais holística do que se a fé fosse apenas uma questão de cabeça. É exatamente isto que Mons. Hernoga salienta. Hernoga: a fé envolve sempre os sentidos e os sentimentos; a fé viva tem mesmo um efeito curativo nas pessoas. A dança pode ser uma forma de terapia - tanto física como emocional - e a fé genuína também tem um efeito curativo e significativo. *A fé é como a dança*, pelo que sublinha que competências como a empatia, o diálogo e a auto-aceitação exigem que o corpo, a mente e a alma trabalhem em conjunto. A fé deve ser vivida *"de forma flexível, corajosa e com alegria"* - o que corresponde mais ao passo de dança animado do que à rígida genuflexão.

Igreja em movimento - a dança como expressão da fé vivida

Se a fé é como a dança, coloca-se a questão: *onde é que a igreja dança?* Durante demasiado tempo, houve uma regra não escrita de imobilidade nalgumas partes da Igreja - os corpos piedosos devem estar quietos, de mãos postas e rostos sérios. Mas esta atitude está a mudar. O Papa Francisco, por exemplo, recorda-nos incansavelmente *a alegria do Evangelho* e que os cristãos não devem ser *"rabugentos"*.

Embora Francisco não tenha falado literalmente de dança, a sua visão de uma igreja a fervilhar de alegria aproxima-se disso. De facto, a "Roma de hoje", ou seja, a liderança da Igreja, faria bem em promover mais conscientemente a dança como expressão de fé. A liturgia pode ser solene e reverente - mas a reverência não exclui a alegria. Pense no rei David: a sua procissão extática diante da arca era um culto de adoração tão grande como o culto do sacrifício no templo, só que mais espontâneo. Então, porque não dar espaço à dança litúrgica onde ela se adequa à cultura? Em muitas comunidades africanas e da Oceânia, é normal dançar durante o ofertório ou o Glória. A Igreja romana poderia aprender com estas "igrejas jovens" e permitir também a alegria do movimento nos serviços europeus, sem receio de perder o controlo. É claro que é necessário ter tato - dançar na capela-mor não é compreendido em todo o lado - mas as procissões, os cânticos rítmicos com movimento corporal ou as danças circulares meditativas na oração poderiam ser um enriquecimento em vez de uma ameaça.

Uma abertura ao corpo seria também desejável na formação de pastores e teólogos. Aqueles que se tornam padres ou pastores aprendem muito sobre dogmática e liturgia, mas pouco sobre formas corporais de oração. Um workshop *sobre "Oração e Movimento"* no seminário para padres, um seminário sobre "Dança como Oração" nos estudos de teologia - tais impulsos poderiam ajudar o futuro clero a ultrapassar o medo de abrir novos caminhos com as suas congregações. A freira francesa Ir. Geneviève Médevielle disse um dia: *"Quando o espírito sopra, o corpo também deve poder ressoar*. É aqui que a pneumatologia (a doutrina do Espírito Santo) e a cinesiologia se combinam para formar uma espiritualidade holística. A Igreja deve compreender que os jovens de hoje procuram outras abordagens - aqueles que oferecem uma dança de Taizé ou uma noite de oração com movimentos de hip-hop como parte do seu trabalho com os jovens podem atingir os corações mais diretamente do que apenas sentar e ouvir.

Já há novos começos encorajadores na prática da igreja. Grupos de dança, encontros de dança meditativa (como relatado por Krämer-Birsens) ou até mesmo simples canções de movimento no culto familiar descontraem a atmosfera e fazem-nos sentir que podemos ser *felizes* aqui. A disposição rígida dos bancos da igreja transforma-se num palco no qual todos são convidados a participar. Onde os crentes *aprendem a dançar*, literal e figurativamente, a congregação ganha vida. Cria-se um sentido de comunidade - as pessoas movem-se ao mesmo ritmo, riem e perdem o medo umas das outras. Muitos preconceitos de que a fé é aborrecida poderiam ser desmentidos se se tornasse visível do exterior o quão animada pode ser a vida dos cristãos.

A teóloga e bailarina Hildegard Dom Bosco observou um dia, com uma piscadela de olho, que o primeiro ato oficial de Jesus depois da ressurreição deve ter sido uma dança de alegria - mas nenhum dos evangelistas se atreveu a escrever isto. Mesmo que isto permaneça no domínio da lenda, a essência é verdadeira: a *alegria da ressurreição* quer de facto exprimir-se em movimento. Então, porque é que não havemos de celebrar a Páscoa com dança litúrgica em vez de nos limitarmos a cantar "Cristo ressuscitou"? A igreja do futuro pode tornar-se mais ousada e atrever-se *a dar novos passos (de dança)*.

Dança a tua fé!

No final, resta-nos o convite que o referido livro de formação e todas as vozes citadas já fizeram: "Vem para a pista de dança da fé! Quem se envolver nesta comparação descobrirá que a fé é, de facto, como a dança - um jogo de liderança e acompanhamento, de ritmo e improvisação, de seriedade e alegria. A crítica de *"A fé é como a dança"* mostra-o: O livro combina ideias teológicas inspiradoras com uma ajuda muito prática para pôr a fé *em movimento*. Sublinha que só podemos viver a nossa fé de forma autêntica se nos encontrarmos nela - em harmonia com o ritmo das nossas vidas e, no entanto, abertos ao ritmo que Deus estabelece.

A fé vence quando os crentes *dançam* e aprendem a dançar: simbolicamente, deixando a sua fé "balançar" cheia de confiança e de alegria, e também praticamente, compreendendo o seu corpo como um dom de Deus. Um crente que dança é o oposto de um fanático obstinado - então irradiamos leveza, amor e coragem para enfrentar a vida. É exatamente deste tipo de testemunho que o mundo precisa. Quando a melodia de Deus ressoa no nosso coração, não devemos ter medo de lhe responder com os nossos pés. Os salmistas já estavam convencidos de que Deus dança connosco: *"Louvai-o com pandeireta e dança em roda!"* (Salmo 150,4). *"Porque Deus dança, nós também dançamos"*, dizem muitos clérigos. Sim, o *"Deus que dança"* está ao nosso lado - agora cabe-nos a nós envolvermo-nos na música celestial. Nesta perspetiva: *"Dança a tua vida, dança a tua fé! Porque aquele que crê pode alegrar-se como quem dança diante de Deus e à luz do Santo* (GN - W/D/M). Perante o amor de Deus que nos sustenta, tenhamos a coragem de exprimir esta alegria - nas nossas congregações, nas nossas orações, em toda a nossa vida. A fé é como a dança: um risco, um dom e uma alegria celestial. **Amém** - ou deveríamos dizer: *Àmen* (em 3/4 de tempo).

Recursos suplementares em linha

- **ABC News** - abcnews.go.com - Portal de notícias do canal de televisão norte-americano ABC com notícias actuais e reportagens de fundo.

- **Aleteia** - aleteia.org - Portal católico internacional em linha que cobre notícias, espiritualidade, fé e questões da vida numa perspetiva católica.

- **ARD** Tagesschau - tagesschau.de - O portal público de notícias da ARD com notícias e informações de fundo sobre a Alemanha e o mundo.

- **Berliner Morgenpost** - morgenpost.de - Jornal diário nacional com destaque para as notícias actuais de Berlim, da Alemanha e do mundo.

- **Bertelsmann Religion Monitor** - bertelsmann-stiftung.de - Estudo regular da Bertelsmann Stiftung sobre atitudes religiosas, práticas e mudanças sociais.

- **Catholic Answers** - catholic.com - Portal apologético católico que explica e defende questões de fé e doutrina da igreja.

- **Catholic News Agency (CNA)** - catholicnewsagency.com - Agência noticiosa católica inglesa especializada em informações sobre o Vaticano e a Igreja mundial.

- **CBS News** - cbsnews.com - Sítio de notícias americano da rede de televisão CBS com notícias actuais sobre eventos internacionais.

- **CIDSE** - cidse.org - Aliança internacional de organizações católicas de desenvolvimento empenhadas na justiça social, na sustentabilidade e na redução da pobreza.

- **CNA alemão** - de.catholicnewsagency.com - Portal de língua alemã do CNA para notícias católicas nos países de língua alemã.

- **Crux** - cruxnow.com - Portal independente de notícias católicas dos EUA com foco em eventos globais da igreja e no Vaticano.

- **Conferência Episcopal Alemã (DBK)** - dbk.de - Sítio Web oficial dos bispos católicos da Alemanha, com documentos, declarações e notícias actuais.

- **Die Presse** - diepresse.com - Jornal diário austríaco com reportagens e comentários pormenorizados sobre política, sociedade e Igreja.

- **Domradio** - domradio.de - Portal católico em linha e estação de rádio de Colónia, oferece notícias completas e informações de fundo sobre a Igreja Católica.

- **FAZ (Frankfurter Allgemeine Zeitung)** - faz.net - O principal jornal diário alemão, com uma cobertura alargada da política, da economia, da sociedade e da religião.

- **Famvin** - famvin.org - Rede internacional da família vicentina, oferece informações sobre projectos e notícias da comunidade vicentina.

- **Frankfurter Rundschau** - fr.de - Jornal diário nacional alemão com artigos de crítica social e notícias sobre temas actuais.

- **Greenpeace** - greenpeace.de - Organização ambiental internacional empenhada na proteção do clima global, na proteção do ambiente e na sustentabilidade.

- **Heute** - heute.at - Portal de notícias austríaco com reportagens actuais sobre política, sociedade e ambiente.

- **Kath-Kirche Kärnten** - kath-kirche-kaernten.at - Portal oficial de informação católica da diocese de Gurk-Klagenfurt com notícias regionais e mundiais da Igreja.

- **Katholisch**.de - katholisch.de - Portal oficial de notícias da Igreja Católica na Alemanha, com notícias, informações de fundo e debates.

- **Kathpress (Katholische Presseagentur Österreich)** - kathpress.at - Agência noticiosa católica austríaca com reportagens completas sobre a Igreja e a religião.

- **Kirche+Leben** - kirche-und-leben.de - Portal católico em linha do semanário da diocese de Münster com notícias, reportagens e comentários sobre a Igreja e a sociedade.

- Misereor - misereor.de - Organização católica de ajuda à cooperação para o desenvolvimento, empenhada na luta contra a pobreza e a injustiça social em todo o mundo.

- **National Catholic Reporter** - ncronline.org - Portal de notícias católicas dos EUA, crítico e independente, sobre questões eclesiásticas e sociais.

- **n-tv** - n-tv.de - Canal noticioso privado alemão, com reportagens sobre a atualidade nacional e internacional.

- **ORF Religion** - religion.orf.at - Portal austríaco de notícias sobre temas religiosos, notícias da igreja e diálogos inter-religiosos.

- **PBS News** - pbs.org - Canal público de notícias dos EUA com informações de fundo e reportagens sobre questões internacionais.

- **Sonntagsblatt** - sonntagsblatt.de - Portal de notícias protestantes, fornece informações completas sobre a Igreja, a religião e a sociedade.

- **Süddeutsche Zeitung (SZ)** - sueddeutsche.de - O principal jornal diário alemão com reportagens completas sobre temas nacionais e internacionais, política e sociedade.

- **Vatican News** - vaticannews.va - Portal oficial de notícias do Vaticano, reportagens sobre o Papa, o Vaticano e questões católicas globais.

- Watson - watson.de - Portal noticioso em linha destinado a um público jovem, com reportagens sobre temas políticos e sociais numa linguagem contemporânea.

- **Wikipédia** - wikipedia.org - Enciclopédia online gratuita, oferece artigos completos sobre quase todas as áreas do conhecimento, incluindo tópicos religiosos e eclesiásticos.

- Zeit **Online** - zeit.de - Portal online do semanário alemão DIE ZEIT, com artigos e análises pormenorizadas sobre temas sociais, políticos e culturais.

Outros portais em linha católicos e eclesiásticos mais específicos:

- **Herder Korrespondenz** - herder.de/hk - Revista católica mensal que analisa de forma crítica a evolução eclesiástica, política e cultural.

- **Katholische Nachrichten-Agentur (KNA)** - kna.de - Agência noticiosa católica alemã, fornece relatórios actualizados e independentes sobre temas relacionados com a Igreja, a religião e a sociedade.

- The Tablet - thetablet.co.uk - Semanário católico britânico, com reportagens e análises aprofundadas sobre a Igreja e os acontecimentos internacionais.

- **Zenit** - zenit.org - Agência noticiosa católica internacional centrada nos acontecimentos relacionados com o Vaticano e a Igreja mundial.

Lista de ilustrações

Este volume é uma *obra de arte de algoritmos* de inteligência artificial: as ilustrações são inteiramente geradas por IA: a imagem do curador na impressão foi processada com filtros e algoritmos de IA.

Atribuição de trabalho no estágio anual com glossário

Tarefa de trabalho no estágio anual:
Reflexão diária sobre um termo do glossário

No âmbito de um estágio anual, receberá todos os dias um novo **termo do glossário**, que deverá tratar de forma intensiva. A sua tarefa consiste em realizar as seguintes etapas de forma autónoma ou em diálogo com outros:

1. **Compreensão e contextualização**: Refletir sobre o conteúdo do termo, pesquisar informações e fontes adicionais, se necessário, e clarificar o significado central do termo no contexto da Igreja Católica.

2. **Reflexão e avaliação pessoal**: Analisar o significado, as questões e os impulsos que o termo tem para si pessoalmente. Faça uma análise crítica dos pensamentos e impulsos interiores que o termo desencadeia em si.

3. **Consideração crítica em relação à Igreja Católica**: Avaliar como este termo pode ser classificado em relação aos desafios actuais, desenvolvimentos e reformas necessárias na Igreja Católica. Identificar abordagens claras de reforma e possíveis necessidades de mudança.

4. **Viabilidade local e desenvolvimento de medidas**: Pense especificamente sobre que medidas, acções ou iniciativas pode derivar, discutir e implementar na prática localmente (por exemplo, numa paróquia, em grupos de igrejas ou redes locais) a partir da abordagem deste conceito. Descreva os primeiros passos ou sugestões para a implementação ou tematização local.

O processamento diário deve ser documentado por escrito, a fim de obter uma coleção abrangente das suas conclusões reflectidas, sugestões e impulsos de reforma no final do estágio anual.

(1)   **#OutInChurch:** Uma iniciativa de funcionários queer (LGBTQIA+) da Igreja Católica que reconheceram publicamente a sua identidade e denunciaram a discriminação, a fim de iniciar as mudanças necessárias.

(2)   **A fé é como a dança:** A metáfora central que descreve a fé como um processo dinâmico, vivo e ativo, comparável a uma dança que exige empenho, prática e dedicação.

(3)   A **fisicalidade da fé:** A ênfase no facto de que a fé cristã não tem lugar apenas na cabeça, mas deve permear toda a pessoa - coração, alma e corpo.

(4)   **A imagem de Deus:** A doutrina cristã segundo a qual os seres humanos são criados à imagem de Deus, que constitui a base da dignidade inviolável de cada ser humano.

(5)   **A realidade pastoral no terreno:** as necessidades concretas, os desafios e as realidades da vida das pessoas nas paróquias e dioceses.

(6)   **Abaixar-se e proteger-se (no contexto da igreja):** metáfora irónica para o comportamento reflexivo, passivo ou defensivo do clero face a crises ou questões de reforma, um evitar de conflitos ou discussões incómodas.

(7)   **Abandono:** pessoas que deixaram oficialmente de ser membros da igreja, muitas vezes por protesto ou desilusão.

(8)   **Aborto:** A interrupção de uma gravidez. É fundamentalmente rejeitado pela Igreja Católica.

(9)   **Abuso** de poder: O uso indevido de uma posição de poder ou de superioridade hierárquica, que no contexto da igreja é identificado como um fator-chave para permitir a violência sexualizada e o seu encobrimento.

(10)   **Aconselhamento e mediação de conflitos:** Apoio profissional para clarificar e resolver conflitos entre indivíduos ou grupos, especialmente entre bispos ou diferentes campos dentro da Igreja.

(11)   **Aconselhamento em caso de gravidez conflituosa:** Aconselhamento legal na Alemanha para mulheres que desejam interromper uma gravidez. As vozes progressistas pedem que este aconselhamento seja ilimitado.

(12)   **Adelphopoiesis (vínculo fraterno):** Rituais no início da Idade Média para a bênção litúrgica de relações emocionalmente próximas entre pessoas do mesmo sexo, conhecidas como "vínculo fraterno".

(13)   **Afinação:** O processo de encontrar a própria fé em harmonia com o ritmo da própria vida e, ao mesmo tempo, em harmonia com a grande melodia de Deus.

(14)   **Alegria em vez de religião da morte:** uma implicação teológica do ponto de vista de Nietzsche, segundo o qual uma fé sem alegria se torna implausível e pode afundar-se no niilismo.

(15)   **Alfred Delp SJ:** Jesuíta alemão e resistente contra o regime nazi, cuja frase "Um cristão nunca pode ser um nacionalista" é citada no texto como expressão da incompatibilidade entre o nacionalismo radical e a fé cristã.

(16)   **Alterações climáticas:** A alteração global e a longo prazo do clima da Terra, em particular devido ao aumento da temperatura média em resultado da atividade humana.

(17)   **Apelo à desobediência:** Uma declaração pública da Iniciativa dos Pastores apelando à desobediência civil contra certas regras da igreja.

(18)   **Aplicação da política de igualdade:** A aplicação prática de medidas para garantir a igualdade de tratamento e a não discriminação de um grupo.

(19) **Áreas cinzentas:** Áreas dentro da igreja onde certas práticas ou abordagens são toleradas mas não oficialmente reconhecidas.

(20) **Áreas pastorais:** Unidades pastorais de maior dimensão que são criadas através da fusão de estruturas paroquiais mais pequenas, frequentemente no âmbito de reformas estruturais.

(21) **Assembleia Geral:** A mais alta autoridade da Via Sinodal, onde são tomadas as decisões.

(22) **Associação das Dioceses Alemãs (VDD):** órgão que representa os interesses comuns das dioceses alemãs e dispõe de um orçamento próprio.

(23) **Assumir-se:** o processo de reconhecer a própria orientação sexual ou identidade de género e comunicá-la aos outros.

(24) **Atitude ascética / frugalidade:** Um estilo de vida que visa a renúncia voluntária, a moderação e a redução do consumo a favor da partilha e da responsabilidade pela criação.

(25) **Atraso nas reformas:** Situação em que as mudanças estruturais ou substanciais necessárias não são implementadas, levando à estagnação ou ao declínio.

(26) **Autodefesa:** O direito de um indivíduo ou de um Estado de se defender por meios adequados contra um ataque ilegal.

(27) **Autodeterminação (sexual):** O direito e a capacidade dos indivíduos de tomarem decisões livres e responsáveis sobre a sua sexualidade.

(28) **Autodeterminação** das mulheres: O direito das mulheres a tomarem decisões independentes sobre os seus corpos e as suas vidas, um ponto que as vozes progressistas trazem para o debate sobre o aborto.

(29) **Aversão ao risco:** uma atitude que visa evitar a todo o custo possíveis consequências negativas, mesmo que isso bloqueie as mudanças ou inovações necessárias.

(30) **Balanço do bem comum:** Um instrumento para medir a contribuição de uma empresa para o bem comum para além dos indicadores puramente financeiros.

(31) **Baptizados afastados**: Pessoas que foram baptizadas mas que depois se afastaram da igreja, embora formalmente ainda pertençam à igreja.

(32) **Bem comum:** O bem de todos os membros de uma sociedade, que é colocado acima dos interesses individuais. A Igreja está comprometida com o bem comum.

(33) **Bem-estar holístico:** desenvolvimento que engloba não só o crescimento económico, mas também os aspectos sociais, ambientais e culturais da vida humana e comunitária.

(34) **Bênção:** ato eclesiástico em que se invoca a bênção de Deus sobre pessoas, coisas ou situações; refere-se frequentemente à bênção de casais.

(35) **Bispos que estão dispostos a moldar as coisas:** Clero a nível episcopal que está aberto à mudança e à reforma na Igreja Católica e que gostaria de desempenhar um papel ativo nesta matéria.

(36) **Boas notícias:** Termo para o evangelho que sublinha que a mensagem central da fé cristã é uma mensagem de alegria.

(37) **Bundesarbeitsgemeinschaft Kirche und Rechtsextremismus (BAG K+R):** rede ecuménica que luta contra o populismo de direita, o extremismo de direita e a inimizade entre grupos, e que aconselha e apoia os actores da Igreja.

(38) **Cadeira episcopal:** bens especiais dos bispos que são geridos separadamente das finanças gerais da diocese.

(39) **Caminho sinodal:** Um processo de discussão e de reforma da Igreja Católica na Alemanha ao longo de vários anos, no qual participam bispos e leigos.

(40) **Capítulo da catedral:** Corpo de padres que aconselha os bispos e desempenha certas tarefas na diocese, muitas vezes com as suas próprias finanças.

(41) **Caridade:** Mandamento central do cristianismo que apela ao amor e à solidariedade para com todas as pessoas, independentemente da sua origem ou filiação. É mencionada como o oposto do ódio e da exclusão.

(42) **Carismas:** Dons e capacidades concedidos pelo Espírito Santo a crentes individuais para o serviço à comunidade.

(43) **Caritas:** uma associação internacional de organizações de ajuda católicas que é um empregador importante em muitos países e está sujeita à legislação laboral da Igreja.

(44) **Catecismo** da Igreja Católica: O resumo oficial dos ensinamentos da Igreja Católica.

(45) **Católicos queer / Católicos LGBTIQIA+:** Pessoas cuja orientação sexual ou identidade de género é não heterossexual ou não cisgénero e que fazem parte da Igreja Católica.

(46) **Causas sistémicas:** Problemas que não se limitam a pessoas individuais, mas que estão enraizados nas estruturas, regras, culturas e relações de poder de uma instituição (neste caso, a Igreja) e que promovem a má conduta.

(47) **CEAMA (Conferência Eclesial da Amazónia):** Conferência eclesial para a região amazónica que reúne o clero e os leigos e é considerada um modelo de liderança sinodal.

(48) **Cegueira operacional:** A incapacidade de reconhecer os seus próprios erros, problemas ou estruturas desactualizadas por estar demasiado envolvido na rotina diária.

(49) **Celibato obrigatório:** A obrigação canónica de os padres da Igreja latina viverem sem casar.

(50) **Celibato:** celibato voluntário por causa do reino dos céus, que continua a ser obrigatório para os sacerdotes de rito latino da Igreja Católica Romana.

(51) **Centralismo:** Princípio organizativo segundo o qual as decisões e o poder se concentram principalmente num órgão ou autoridade central, neste contexto em Roma/Vaticano.

(52) **Centro de Competência para a Democracia e a Dignidade Humana:** Instituição criada pela Igreja Católica para apoiar a exigência de manter os extremistas de direita afastados dos cargos laicos na Igreja.

(53) **Cerimónia de casamento:** O casamento sacramental na Igreja Católica.

(54) **Church People's Movement 'We are Church' (Movimento Popular da Igreja 'Nós somos a Igreja'):** Um movimento de reforma católica que faz campanha por mais democracia e igualdade de direitos na Igreja.

(55) **CIC (Código de Direito Canónico):** Conjunto de leis e normas que regem a Igreja Católica.

(56) **Ciências humanas:** Disciplinas que estudam o comportamento humano e as sociedades humanas (por exemplo, psicologia, sociologia).

(57) **Circo do conflito de lealdades:** Uma situação em que os actores da Igreja são apanhados num conflito constante devido a expectativas contraditórias (por exemplo, entre Roma e a Igreja local).

(58) **Clericalismo:** Atitude ou estrutura que coloca o clero acima dos leigos e dá demasiada importância ao seu papel e autoridade.

(59) **Clérigos:** Clero da igreja (por exemplo, padres, bispos).

(60) **Clero criativo:** Um membro do clero que está disposto e é capaz de desenvolver ativamente a igreja e a sua comunidade, caracterizando-se pela abertura, espírito inovador, liderança participativa e coragem.

(61) **Colegialidade:** O princípio de que os bispos (ou, num sentido mais lato, outros grupos na Igreja) assumem responsabilidades e tomam decisões em conjunto como um colégio.

(62) **Coletivo Borg:** Espécie fictícia do Star Trek, representada como uma consciência colectiva cibernética em que os indivíduos perdem a sua independência e são controlados por uma "mente de colmeia" central. Utilizada no texto como metáfora da adaptação desejada dos participantes no seminário a uma estrutura ideológica monolítica.

(63) **Com ardente preocupação:** Encíclica do Papa Pio XI de 1937, escrita em alemão e crítica do nacional-socialismo e da sua ideologia racial.

(64) **Comissão estatal da verdade:** Comissão independente criada pelo Estado para efetuar investigações exaustivas sobre casos de abuso em instituições (neste caso, a Igreja), a fim de trazer a verdade à luz do dia e fazer recomendações para o futuro.

(65) **Comissário Independente para o Abuso do Governo Federal:** uma agência governamental na Alemanha que defende os interesses das pessoas afectadas pelo abuso e acompanha criticamente o processo de reavaliação em várias instituições.

(66) **Comissário para os abusos da DBK:** um comissário nomeado pela Conferência Episcopal Alemã que se ocupa dos temas dos abusos e da sua resolução.

(67) **Comité Central dos Católicos Alemães (ZdK):** representação oficial dos leigos católicos na Alemanha.

(68) **Communio:** Comunidade, um conceito central na compreensão da igreja como uma comunidade de crentes.

(69) **Competência relacional:** A capacidade de entrar e moldar relações interpessoais saudáveis, sustentáveis e reflexivas. Considerada essencial para um cuidado pastoral efetivo, especialmente em questões de relacionamento.

(70)　**Competências religiosas:** Capacidades e disposições das pessoas que tornam a fé possível e que podem ser encorajadas e treinadas, tal como a prática de passos de dança.

(71)　**Compreender o matrimónio:** A definição teológica e jurídica do matrimónio pela Igreja.

(72)　**Compreensão inclusiva da igreja:** Uma visão da igreja que vê a diversidade como enriquecimento e inclui todas as pessoas baptizadas independentemente da sua filiação denominacional ou orientação sexual.

(73)　**Comunhão eclesiástica:** A plena comunhão entre igrejas baseada no acordo em questões de fé, sacramentos e estrutura eclesiástica.

(74)　**Comunidade queer:** Termo abrangente para pessoas que não são heterossexuais e/ou cisgénero (LGBTQIA+).

(75)　**Comunidades Eclesiais de Base (CEBs):** Comunidades de base na América Latina, pequenas comunidades de crentes que se reúnem para orar, estudar a Bíblia e participar de atividades sociais.

(76)　**Comunidades Eclesiais de Base (comunidades de base):** Pequenas comunidades cristãs, frequentemente enraizadas na América Latina, nas quais os crentes se reúnem ao nível dos olhos e formam juntos a igreja local.

(77)　**Conceito de ministério:** A compreensão teológica do ministério da igreja (por exemplo, padres, pastores, bispos) e a sua legitimidade.

(78)　**Conceito de proteção climática:** um plano que contém medidas para reduzir as emissões de gases com efeito de estufa e adaptar-se às consequências das alterações climáticas.

(79)　**Concílio Vaticano II (Vaticano II):** Um importante concílio da Igreja Católica (1962-1965) que levou a reformas significativas e a uma reorientação da Igreja.

(80)　**Concílio Vaticano II:** Um importante concílio da Igreja Católica (1962-1965), cujos documentos (como Gaudium et Spes) são frequentemente citados, por exemplo, em relação à Igreja como "sinal e instrumento" de alegria e esperança.

(81)　**Condições de enquadramento social:** Factores sociais e económicos que influenciam a situação de vida das famílias e das mulheres grávidas e que são considerados pelas vozes progressistas como relevantes para a proteção da vida.

(82)　**Conferência Episcopal Alemã (DBK):** A associação dos bispos católicos na Alemanha.

(83)　**Conflito de gerações:** Tensão e conflito entre diferentes grupos etários com valores, atitudes e expectativas diferentes.

(84)　**Conformidade legal:** Conformidade com as normas e procedimentos legais.

(85)　**Congregação para a Doutrina da Fé:** Uma das mais antigas congregações da Cúria Romana, responsável pela salvaguarda e defesa da doutrina católica da fé e da moral.

(86)　**Conselho diocesano:** órgão consultivo a nível de uma diocese, muitas vezes com a participação de leigos.

(87)　**Conselho Fiscal da Igreja:** Um organismo da diocese que aconselha o bispo sobre questões financeiras e examina e aprova o orçamento.

(88) **Conselho Sinodal:** Um planeado órgão consultivo e de governo conjunto de bispos e leigos a nível nacional, cuja criação foi impedida pelo Vaticano.

(89) **Conselhos pastorais:** órgãos consultivos nas paróquias, decanatos ou dioceses que tratam de questões pastorais.

(90) **Consumo ético:** decisões de consumo que têm em conta factores sociais, ecológicos e éticos, por exemplo, através da compra de produtos de comércio justo.

(91) **Conversão e reforma autênticas:** Uma mudança e uma renovação profundas e sinceras no seio da Igreja, afectando tanto as atitudes pessoais como os aspectos estruturais.

(92) **Conversão ecológica:** Uma mudança de mentalidade e de acções que conduz a uma abordagem mais responsável do ambiente.

(93) **Conversão humanista e ecológica:** uma exigência de abandono da "idolatria do dinheiro" e de concentração na vida humana, na dignidade e no ambiente.

(94) **Corredor estreito:** Um âmbito de ação limitado dentro do qual as forças progressistas dentro da igreja devem operar.

(95) **Corresponsabilidade (responsabilidade conjunta):** O princípio teológico de que todos os baptizados são co-responsáveis pelo ser e agir da igreja.

(96) **Credibilidade:** A capacidade da Igreja de ser autêntica e fiável nos seus ensinamentos e práticas, especialmente no que diz respeito à sua coerência com os princípios básicos do Evangelho e com os valores sociais.

(97) **Crise de confiança:** Situação em que a confiança dos fiéis e do público na instituição da Igreja foi fortemente abalada em consequência do escândalo dos abusos e da forma como foi tratado.

(98) **Crítica do capitalismo:** Análise crítica dos princípios básicos e dos efeitos do capitalismo, frequentemente numa perspetiva ética, social ou ecológica.

(99) **Cuidado pastoral:** O cuidado e o apoio dos crentes pelo clero ou outros funcionários da igreja em questões de fé e vida.

(100) **Cuidado pastoral:** refere-se ao cuidado pastoral e ao trabalho prático da igreja com os fiéis.

(101) **Cuidados pastorais sensíveis às questões queer:** Cuidados e atitudes pastorais na igreja que reconhecem, valorizam e incluem as necessidades, identidades e experiências das pessoas queer.

(102) **Cultura aberta de debate:** Uma cultura de discussão em que as diferentes posições podem ser discutidas de forma transparente, mesmo que sejam controversas.

(103) **Cultura clerical do silêncio:** A tendência dentro da Igreja para não falar abertamente sobre temas difíceis ou desagradáveis, especialmente a sexualidade e a má conduta, mas para os tornar tabu, reprimi-los ou encobri-los.

(104) **Cultura da vergonha e da culpa:** Uma cultura em que os sentimentos, necessidades ou experiências humanas naturais (como o desejo, a saudade, a sexualidade) são considerados suspeitos, pecaminosos ou vergonhosos, o que pode levar à repressão e à falta de integração.

(105) **Cultura de liderança:** A forma como a liderança e a tomada de decisões são praticadas na igreja, incluindo a distribuição de poder e responsabilidade.

(106) **Cultura do erro:** Uma atitude que permite que as pessoas cometam erros e aprendam com eles sem receio de punições excessivas.

(107) **Cúria (Cúria Romana):** A autoridade administrativa central da Santa Sé, que assiste o chefe da Igreja no governo da Igreja universal.

(108) **Dança da alegria:** A ideia de que a dança (e, portanto, também a fé vivida) transmite alegria e felicidade e faz da fé uma experiência holística.

(109) **Dança litúrgica e meditativa:** formas de dança que são conscientemente utilizadas nos serviços religiosos ou como experiência de oração para combinar fé e movimento.

(110) **Dançar nos braços de Deus:** uma metáfora de Madeleine Delbrêl que descreve a relação com Deus como uma dança estimulante e cheia de devoção, na qual nos deixamos conduzir pelo ritmo de Deus.

(111) **Democratização (na igreja):** Não é a transferência da democracia política, mas a expansão da co-determinação genuína e da participação na responsabilidade de todos os baptizados nos processos de tomada de decisão da igreja.

(112) **Desenvolvimento autêntico:** Desenvolvimento que não visa apenas o crescimento económico, mas que também tem em conta o bem-estar holístico das pessoas e a inclusão de todos.

(113) **Desinvestimento:** A decisão de retirar investimentos ou dinheiro de certas empresas, sectores ou fundos, muitas vezes por razões éticas ou morais (por exemplo, de empresas que investem em combustíveis fósseis).

(114) **Despatologização:** O processo pelo qual certos comportamentos, condições ou identidades (como a orientação sexual) deixam de ser considerados patológicos ou necessitados de tratamento.

(115) **Diaconato:** O primeiro nível de ministério ordenado na Igreja Católica. Os diáconos ajudam os padres e os bispos e podem efetuar certos serviços litúrgicos.

(116) **Diáconos permanentes:** Um nível de ministério ordenado que também está aberto a homens casados. Também: a possível ordenação de mulheres como diáconos permanentes.

(117) **Diálogo inter-religioso:** o intercâmbio e o encontro entre pessoas de diferentes religiões.

(118) **Diálogo pastoral:** Uma abordagem aos cuidados pastorais que tem por objetivo manter o diálogo com as pessoas, mesmo que estas tenham opiniões políticas diferentes da doutrina da Igreja. O objetivo é frequentemente encorajar a reflexão e facilitar um possível regresso à linha da Igreja.

(119) **Dicastérios:** As autoridades ou ministérios mais importantes do Vaticano que assistem o Papa no governo da Igreja universal (por exemplo, Congregação para a Doutrina da Fé, Dicastério para os Bispos).

(120) **Dignidade humana:** A ideia, central na doutrina social e ética católica, do valor intrínseco e inalienável de cada ser humano.

(121) **Diocese:** Outro termo para diocese.

(122) **Diocese:** Um distrito administrativo da Igreja Católica sob a direção de bispos.

(123) **Direito canónico:** O sistema jurídico interno da Igreja Católica, que regula a estrutura, a organização e as regras aplicáveis aos cargos eclesiásticos, à filiação, etc.

(124) **Direito diocesano:** disposições de direito eclesiástico que se aplicam a uma diocese específica.

(125) **Direito do trabalho eclesiástico:** Os regulamentos e normas específicos do direito do trabalho que se aplicam aos trabalhadores da Igreja Católica.

(126) **Direitos fundamentais dos trabalhadores:** direitos fundamentais dos trabalhadores que são protegidos pela legislação estatal (por exemplo, proteção contra a discriminação, proteção contra o despedimento).

(127) **Diretor espiritual:** Pessoa que acompanha os seminaristas ou os crentes no seu caminho espiritual, muitas vezes através de conversas sobre questões de fé, conflitos interiores e consciência.

(128) **Dissuasão nuclear:** Estratégia de política de segurança em que um potencial atacante é dissuadido de lançar um ataque por recear um contra-ataque nuclear devastador.

(129) **Diversidade reconciliada:** Um conceito ecuménico que vê a unidade dos cristãos não na uniformidade, mas no reconhecimento e valorização das diferentes tradições.

(130) **Diversidade:** Descrita no texto como uma riqueza dentro da Igreja e da sociedade que traz diferentes perspectivas de felicidade.

(131) **Divorciados recasados:** católicos que voltaram a casar civilmente após um divórcio.

(132) **Divulgação de ficheiros:** A disponibilização de arquivos e documentos da Igreja relacionados com casos de abuso e o seu tratamento para investigações independentes e para as pessoas afectadas.

(133) **Dois pesos e duas medidas:** A coexistência de ensinamentos morais públicos (por exemplo, sobre sexualidade) e de comportamentos secretos e desviantes (por exemplo, relações secretas, casos). Citado como um problema no contexto da cultura do celibato.

(134) **Doutrina Social Cristã:** Conjunto de princípios e ensinamentos da Igreja Católica sobre questões sociais, económicas e políticas, com base no Evangelho e na tradição da Igreja.

(135) **Doutrina Social da Igreja Católica:** O conjunto dos documentos doutrinais da Igreja Católica sobre questões sociais, económicas e políticas, a partir da Rerum Novarum (1891).

(136) **Doutrinação:** A inculcação sistemática de uma visão unilateral do mundo ou de certos dogmas, recorrendo frequentemente a técnicas de manipulação e pressão para suprimir o pensamento crítico.

(137) **Ecclesia semper reformanda:** expressão latina que significa "a Igreja que se renova sempre", que sublinha a necessidade de uma reforma contínua da Igreja.

(138) **Ecologia integral:** O conceito que sublinha a ligação inseparável entre os problemas ambientais e os problemas sociais e exige uma visão holística de ambos.

(139) **Economia para o bem comum:** Um modelo económico alternativo que não se baseia na maximização do lucro, mas em valores como a dignidade humana, a solidariedade, a justiça e a sustentabilidade.

(140) **Economia social de mercado:** Um modelo económico que combina uma economia de mercado com um forte sistema de segurança social e regulação estatal.

(141) **Ecumenismo:** O movimento e a luta pela unidade entre diferentes denominações cristãs.

(142) **Eletricidade verde:** Eletricidade produzida a partir de fontes de energia renováveis, como o vento, o sol ou a água.

(143) **Empobrecimento teológico:** O estado em que o discurso teológico e o desenvolvimento de doutrinas no seio da igreja estagnam ou definham, muitas vezes através da evitação de tópicos controversos.

(144) **Empresa pública:** uma forma jurídica que confere a certas organizações direitos e obrigações especiais no sector público, como é o caso das grandes igrejas na Alemanha.

(145) **Encíclica Laudato si':** Uma circular papal emitida pelo Papa Francisco em 2015 que trata extensivamente de questões ambientais e climáticas, bem como de justiça social.

(146) **Encobrimento:** A ocultação ou disfarce deliberado de casos de abuso por parte de funcionários da Igreja, a fim de proteger a instituição ou indivíduos, em vez de apoiar as vítimas e esclarecer os crimes.

(147) **Ensaios pastorais:** Experiências temporárias ou localmente limitadas com novas abordagens pastorais que são monitorizadas e avaliadas.

(148) **Episcopado:** O ofício dos bispos.

(149) **Esforços de reforma:** Esforços no seio de uma instituição para introduzir alterações nas regras, doutrinas ou práticas existentes.

(150) **Espaço seguro coletivo:** Um espaço seguro criado pela atitude e acções comuns de um grupo (por exemplo, uma conferência de bispos).

(151) **Espaços seguros para a inovação:** contextos protegidos (lugares, projectos, iniciativas) em que se podem experimentar novas abordagens pastorais, formas litúrgicas ou modelos de participação sem receio imediato de sanções.

(152) **Estado de direito:** A aplicação de princípios como a transparência, a consulta, regras claras e o controlo independente também nos procedimentos e decisões da igreja.

(153) **Estruturas da igreja:** A hierarquia organizacional e a forma como as decisões são tomadas na igreja.

(154) **Estudo MHG:** Um estudo científico de 2018 sobre o abuso sexual de menores por parte do clero católico. O texto refere-se às suas conclusões sobre os perfis dos agressores e os factores sistémicos.

(155) **Ética da paz:** Reflexão teológica e moral sobre a guerra e a paz, a violência e a não-violência, com base nos princípios cristãos.

(156) **Ética da responsabilidade:** Uma abordagem ética que se centra na responsabilidade do indivíduo pelas consequências das suas acções e pelo bem-estar dos outros, em oposição a regras ou mandamentos rígidos.

(157) **Ética sexual:** O ensinamento da Igreja sobre a sexualidade humana e as relações sexuais.

(158) **Ética social cristã:** Uma área da teologia que trata da aplicação dos valores e princípios cristãos a questões sociais, económicas e políticas.

(159) **Eucaristia / Ceia do Senhor:** O sacramento da Ceia do Senhor na Igreja Protestante e a Eucaristia na Igreja Católica; participação conjunta neste sacramento como sinal de comunhão da Igreja.

(160) **Evangelii Gaudium:** Uma carta pedagógica do Papa Francisco que começa com a "alegria do Evangelho" e o descreve como uma fonte de alegria para aqueles que encontram Jesus.

(161) **Exclusão estrutural:** Barreiras sistémicas e práticas discriminatórias dentro de uma instituição que desfavorecem determinados grupos.

(162) **Exploração de matérias-primas:** A utilização excessiva ou injusta dos recursos naturais, muitas vezes com consequências sociais e ambientais negativas.

(163) **Folha de figueira:** Algo que serve apenas de cobertura ou álibi, mas que não tem qualquer substância ou efeito real.

(164) **Formação da consciência:** O processo de desenvolvimento e aperfeiçoamento do próprio juízo moral, muitas vezes em comparação com ensinamentos, tradições e experiências pessoais.

(165) **Fórum Económico Mundial Davos:** Uma reunião anual de líderes empresariais, políticos, científicos e de outras áreas para debater problemas globais.

(166) **Fratelli tutti:** Encíclica social do Papa Francisco de 2020 sobre a fraternidade e a amizade social, que aborda a globalização, o populismo e o nacionalismo, entre outros temas, e contrapõe a "cultura do encontro" à "cultura dos muros".

(167) **Fronteiras dogmáticas:** Crenças e disposições doutrinais que são consideradas vinculativas e podem constituir a base teológica para demarcações entre denominações.

(168) **Gaudium et Spes:** Documento do Concílio Vaticano II, que trata da dignidade do homem e do seu papel no mundo moderno e descreve a consciência como o "centro oculto do homem".

(169) **Geração Z (Generation Z):** O grupo etário nascido aproximadamente entre meados da década de 1990 e meados da década de 2010.

(170) **Gestão financeira:** A forma como os recursos financeiros são geridos e utilizados.

(171) **Glücklichsein:** O significado mais profundo da palavra alemã "Glück", que descreve um estado de realização interior, harmonia e contentamento.

(172) **Guerra justa (Ius ad bellum/Ius in bello):** Conceito tradicional da ética cristã que formula as condições em que a guerra pode ser moralmente admissível (Ius ad bellum) e estabelece regras de comportamento durante a guerra (Ius in bello).

(173) **Homines Probati:** Pessoas provadas, como um grupo de pessoas em geral, independentemente do género, que podem trabalhar praticamente como sacerdotes.

(174) **Homofobia institucional:** Discriminação e preconceito contra pessoas homossexuais que está ancorado nas estruturas, regras e práticas de uma instituição.

(175) **Homossexualidade:** Orientação sexual em que uma pessoa se sente emocionalmente, romanticamente e/ou sexualmente atraída por pessoas do mesmo sexo.

(176) **HuK (grupo de trabalho ecuménico "Homossexuais e a Igreja"):** Um grupo de trabalho que faz uma análise crítica da moral sexual da Igreja e defende o reconhecimento das relações entre pessoas do mesmo sexo.

(177) **Idolatria (ou idolatria):** A adoração ou deificação de algo que não seja Deus. No contexto, o nacionalismo excessivo é referido como idolatria da própria nação ou povo.

(178) **Igreja Católica Romana Mundial:** A totalidade da Igreja Católica em todo o mundo, com Roma como sede central de liderança.

(179) **Igreja de confiança:** um ambiente eclesial caracterizado pelo apreço, pela responsabilidade partilhada e pela coragem de explorar novos caminhos.

(180) **Igreja de muitos:** Um objetivo de renovação sinodal em que padres, bispos e leigos trabalham em conjunto a todos os níveis.

(181) **Igreja do medo:** Uma atmosfera de igreja caracterizada pela desconfiança, controlo e medo de desvios.

(182) **Igreja em movimento:** A visão de uma igreja mais aberta às expressões físicas da fé e que permite a dança como parte da liturgia e da espiritualidade.

(183) **Igreja inclusiva:** Uma igreja que acolhe e inclui todas as pessoas, independentemente das suas caraterísticas ou antecedentes.

(184) **Igreja Mundial:** A Igreja Católica como uma comunidade global.

(185) **Igrejas locais:** As partes locais ou regionais da Igreja Católica, normalmente dioceses.

(186) **Igualdade de género:** O princípio de que os homens e as mulheres devem ser tratados de forma igual e ter as mesmas oportunidades e direitos.

(187) **Igualdade e não discriminação:** Princípios que exigem que todas as pessoas sejam tratadas de forma igual e não sejam prejudicadas, independentemente do género, da orientação sexual ou do estilo de vida.

(188) **Imaturidade psicossexual:** A falta de um desenvolvimento saudável, integrado e maduro na abordagem da própria sexualidade, das relações e das emoções. Citado como um fator de risco associado ao celibato e ao abuso.

(189) **in persona Christi:** Termo teológico que significa que um ministro ordenado actua na pessoa de Cristo quando celebra certos sacramentos (especialmente a Eucaristia).

(190) **Inculturação:** A adaptação da doutrina e da prática da igreja à cultura de um determinado lugar ou grupo.

(191) **Indisponibilidade da vida:** A visão teológica de que a vida humana é um dom de Deus e não está sujeita ao livre arbítrio ou ao controlo do indivíduo.

(192) **Integridade da criação:** Termo teológico que descreve a proteção e o cuidado do ambiente natural como um dever humano para com Deus e o mundo.

(193) **Inteligência artificial (IA):** Sistemas informáticos capazes de realizar tarefas que normalmente requerem inteligência humana, como a aprendizagem, a resolução de problemas e a tomada de decisões.

(194) **Intercelebração:** A realização conjunta de uma celebração litúrgica (por exemplo, a Eucaristia ou a Sagrada Comunhão) por clérigos de diferentes denominações.

(195) **Isolamento:** O sentimento ou o estado de estar afastado de laços sociais ou afectivos. O texto menciona o isolamento em relação ao celibato como um fator de risco que pode levar à solidão e a uma procura problemática de proximidade.

(196) **Justiça climática:** Um conceito que afirma que as alterações climáticas têm um impacto desproporcionado nos países e populações mais pobres e apela a uma ação global para resolver esta injustiça.

(197) **Laudato Si' (2015):** Uma encíclica do Papa Francisco que aborda questões ambientais e sociais e introduz o conceito de ecologia integral.

(198) **Lealdades dilaceradas:** O conflito interior que os líderes da igreja progressista experimentam quando têm de mediar entre as normas oficiais e a realidade pastoral no terreno.

(199) **Lei da Cadeia de Abastecimento da UE:** Uma lei que obriga as empresas a identificar, prevenir e mitigar os riscos ambientais e de direitos humanos nas suas cadeias de abastecimento globais.

(200) **Leigos Probati: leigos** provados, leigos (homens e mulheres) que são ordenados com base na sua experiência e que podem ser equiparados ao clero pelo respetivo nível de atividade no local, também para a realização litúrgica dos sacramentos.

(201) **Leigos:** Membros baptizados da igreja que não são do clero.

(202) **LGBTQIA+ inclusion:** The inclusion and acceptance of people who are lesbian, gay, bisexual, transgender, queer, intersex, asexual or have other sexual orientations and gender identities.

(203) **LGBTQIA+:** Abbreviation for lesbian, gay, bisexual, transgender, queer, intersex, asexual and other gender identities and sexual orientations.

(204) **Liberdade de consciência:** O direito e a obrigação moral do indivíduo de seguir a sua própria consciência cuidadosamente formada, mesmo que esta possa contradizer o ensino oficial (com base no Concílio Vaticano II).

(205) **Liberdade lúdica:** A qualidade necessária da verdadeira fé que permite uma certa leveza, criatividade e coragem de expressão, semelhante à liberdade da dança.

(206) **Liderança participativa:** Um estilo de gestão em que os trabalhadores ou membros estão envolvidos nos processos de tomada de decisão.

(207) **Limite de velocidade 130:** Um limite de velocidade máxima de 130 quilómetros por hora nas auto-estradas.

(208) **Liturgia:** O conjunto dos actos e formas de culto na igreja.

(209) **Livro de treino de competências religiosas:** um livro de exercícios que o orienta para a prática e o desenvolvimento da fé através de questões de reflexão e áreas de aprendizagem (como o diálogo, a empatia, a auto-aceitação).

(210) **Lobos solitários:** Bispos que tentam implementar reformas ou mudanças sozinhos, sem um apoio alargado ou uma rede de contactos no seio do colégio.

(211) **Lumen Gentium:** A constituição dogmática sobre a Igreja do Concílio Vaticano II, que, entre outras coisas, reforçou o conceito de "povo de Deus".

(212) **Magistério eclesiástico:** A autoridade oficial de ensino e doutrina da Igreja Católica, em particular do Papa e dos bispos.

(213) **Magistério:** A autoridade da Igreja Católica para proclamar e interpretar os ensinamentos.

(214) **Mandamento do respeito pela vida ("Não matarás"):** Um mandamento bíblico fundamental que sublinha a santidade da vida humana e serve de base ética para a proteção da vida humana no tráfego rodoviário.

(215) **Maria 2.0:** Um movimento de reforma católica que começou em 2019 e está empenhado na plena igualdade das mulheres na Igreja, incluindo o acesso a todos os ministérios.

(216) **Matrimónio sacramental:** O casamento entre um homem e uma mulher reconhecido pela Igreja Católica e confirmado por um sacramento.

(217) **Matrimónio:** união vitalícia e indissolúvel entre um homem e uma mulher, reconhecida pela Igreja como um sacramento (segundo a doutrina tradicional da Igreja Católica).

(218) **Mentoria:** Um processo em que uma pessoa mais experiente (mentor) aconselha e apoia uma pessoa menos experiente (mentee).

(219) **Ministério sacerdotal:** O segundo nível do ministério ordenado, que autoriza a celebração da Eucaristia e a administração de outros sacramentos.

(220) **Ministérios ordenados:** Os cargos na igreja que são conferidos pelos sacramentos da ordenação (diácono, padre, bispo).

(221) **Ministros:** Pessoas que exercem um cargo eclesiástico (por exemplo, bispos, pastores).

(222) **Monocrático:** Administração ou governo em que uma única pessoa tem autoridade exclusiva para tomar decisões.

(223) **Moral sexual:** a doutrina da Igreja sobre a sexualidade e as relações sexuais.

(224) **Movimento dos Focolares:** Movimento internacional da Igreja Católica que tem como objetivo a comunhão e o diálogo entre cristãos de diferentes confissões e pessoas de diferentes credos.

(225) **Mudança de paradigma:** Uma mudança fundamental na forma de pensar ou num sistema (neste caso: a moral sexual católica) que conduz a uma nova perspetiva e a práticas diferentes.

(226) **Nacionalismo étnico:** Forma de nacionalismo que se baseia na ideia de uma nação étnica ou culturalmente homogénea e que, muitas vezes, anda a par com a desvalorização ou exclusão de outros grupos.

(227) **Nativo digital:** Uma pessoa que cresceu na era digital e está familiarizada com a tecnologia e a Internet desde a infância.

(228) **Necessidade de moldar:** A necessidade urgente de mudar e desenvolver ativamente as estruturas, práticas ou ensinamentos da igreja, a fim de se manter relevante e vibrante.

(229) **Necessidade de reforma:** A necessidade de mudanças fundamentais nas estruturas, regras e cultura da Igreja em resposta ao escândalo dos abusos.

(230) **Neoliberalismo:** Um sistema económico baseado no pensamento de mercado desenfreado, na maximização do lucro e na interferência mínima do Estado.

(231) **Nietzsche e o Deus dançante:** referência à afirmação de Friedrich Nietzsche de que só podemos acreditar num Deus que sabe dançar, interpretada como um desejo de um Deus alegre e expressivo em oposição a uma religião sem alegria.

(232) **Normas romanas:** Regras, instruções e declarações doutrinais emitidas pelo Vaticano ou pelo chefe da Igreja.

(233) **Opção pelos pobres:** Um princípio central da doutrina social cristã, que afirma que os cristãos têm uma obrigação especial de cuidar dos pobres e vulneráveis e de defender os seus direitos.

(234) **Opção prioritária pelos pobres:** Um princípio central da doutrina social católica, que afirma que as necessidades dos pobres e marginalizados devem ter prioridade nas decisões políticas e económicas.

(235) **Oportunidades de discriminação:** Práticas da legislação laboral que discriminam ou excluem determinados grupos de pessoas (por exemplo, trabalhadores queer, pessoas que voltaram a casar) com base no seu estilo de vida.

(236) **Ordenação de mulheres:** A admissão de mulheres aos cargos da igreja, em particular ao sacerdócio ou ao episcopado.

(237) **Ordinariatos:** unidades administrativas da Igreja Católica que são dirigidas por um ordinarius (por exemplo, um bispo).

(238) **Organização litúrgica:** A forma como os serviços e rituais são conduzidos na igreja.

(239) **Organização que aprende:** Uma organização que se adapta, experimenta e aprende continuamente com as suas experiências.

(240) **Os discípulos de Emaús (Lucas 24):** História bíblica de dois discípulos que se afastam de Jerusalém desiludidos, são acompanhados por Jesus sem serem reconhecidos e acabam por o reconhecer, o que lhes dá uma nova esperança e alegria. Serve de imagem para a busca comum da felicidade.

(241) **Os que estão distantes:** pessoas que têm pouco ou nenhum contacto com a igreja ou que pertencem a outras religiões ou visões do mundo.

(242) **Ovelhas orientadas para a comunidade e cães de guarda do rebanho:** uma metáfora para os leigos activos, autoconfiantes e cooperantes que não são "ovelhas" passivas, mas que protegem e moldam a comunidade eclesial sob a sua própria responsabilidade e trabalham em conjunto com o clero.

(243) **Pacem in terris:** Encíclica do Papa João XXIII de 1963 sobre a paz na terra, considerada um importante ponto de referência para a doutrina católica da paz.

(244) **Palaver:** Formas tradicionais de consulta nas culturas africanas que se baseiam num diálogo intensivo e na criação de consensos.

(245) **Parágrafo 218:** O parágrafo do Código Penal alemão que regula o aborto.

(246) **Paralisia institucional:** Um estado em que as reformas ou mudanças necessárias numa instituição (neste caso, a Igreja) são bloqueadas e não avançam.

(247) **Parceria/casamento** entre pessoas do mesmo sexo: Uma relação baseada no amor, na fidelidade e na responsabilidade entre duas pessoas do mesmo sexo que é reconhecida pelo Estado ou pela Igreja (em alguns contextos).

(248) **Parecer de peritos externos:** Uma investigação, por exemplo, de casos de abuso ou do seu tratamento, efectuada por um organismo independente e não eclesiástico (por exemplo, um escritório de advogados) para permitir uma avaliação mais objetiva.

(249) **Parrhesía (ousadia):** termo que representa um discurso corajoso e aberto, que permite exprimir tudo o que se sente.

(250) **Participação equitativa:** A oportunidade de todos os membros da sociedade participarem na vida económica, social e cultural e de beneficiarem dos seus frutos.

(251) **Participação:** O envolvimento ativo das pessoas nos processos de tomada de decisão.

(252) **Passagens "clobber":** termo utilizado na teologia queer para designar passagens bíblicas que são frequentemente citadas isoladamente e sem contexto histórico para condenar a homossexualidade.

(253) **Patriotismo:** amor pelo próprio país, que, de acordo com os ensinamentos da Igreja, inclui o respeito por outras nações e culturas e é diferente do nacionalismo excessivo.

(254) **Pax** Christi Alemanha: A secção alemã do movimento católico internacional para a paz Pax Christi.

(255) **Paz justa:** Um conceito de ética cristã da paz que entende a paz não só como a ausência de guerra, mas como um estado de justiça, reconciliação e bem-estar de todos.

(256) **Paz para esta casa:** é o título do novo texto básico de ética da paz da Conferência Episcopal Alemã a partir de 2024.

(257) **Pecado:** Na teologia cristã, uma ação ou atitude que é considerada uma separação de Deus ou uma violação dos mandamentos de Deus.

(258) **Perda de credibilidade:** A perda de confiança e de reputação aos olhos do público, neste caso em relação à igreja, se esta não resolver problemas óbvios.

(259) **Pessoal a tempo inteiro / voluntários:** Pessoas que trabalham profissionalmente (a tempo inteiro) ou voluntariamente (honorários) na igreja e que são referidas como "espíritos ministradores" da igreja.

(260) **Pfarrer:innen-Initiative:** associação de padres e fiéis da Áustria que luta por reformas na Igreja Católica.

(261) **Pneumatologia e cinesiologia:** A combinação da doutrina do Espírito Santo (pneumatologia) com a doutrina do movimento (cinesiologia) para descrever uma espiritualidade holística na qual o corpo segue o movimento do espírito.

(262) **Política de armamento:** Medidas e decisões políticas relacionadas com o fabrico, o comércio e a utilização de armas e equipamento militar.

(263) **Populismo de direita**: Uma posição ou estratégia política que se caracteriza frequentemente por uma ênfase nas "pessoas comuns" em oposição às "elites", pelo nacionalismo, pela crítica à imigração e por tendências frequentemente antidemocráticas.

(264) **Povo de Deus:** A totalidade dos fiéis da Igreja Católica, tal como foi descrita pelo Concílio Vaticano II como um todo peregrino.

(265) **Praedicate Evangelium:** Constituição apostólica do Papa Francisco sobre a reforma da Cúria Romana, que permite uma maior participação dos leigos, especialmente das mulheres, em funções de direção.

(266) **Prática da comunhão aberta:** Uma prática que permite que os não católicos ou os divorciados recasados recebam a Eucaristia em determinadas circunstâncias.

(267) **Praticar, soltar, ousar**: passos da fé que se comparam a aprender a dançar: a fé exige praticar (instrução, ensino), soltar (os medos, a rigidez) e ousar (coragem de mostrar e viver a fé).

(268) **Pregação doutrinária**: A comunicação oficial e a interpretação da doutrina da igreja.

(269) **Prevenção da violência sexualizada:** Medidas a vários níveis (prevenção primária, secundária e terciária) para evitar abusos, por exemplo, através de formação, regras de conduta, avaliação de riscos e intervenção.

(270) **Prevenção primária:** Medidas destinadas a prevenir o abuso em primeiro lugar, por exemplo, através da criação de ambientes seguros, da formação do pessoal e do estabelecimento de uma cultura de atenção plena.

(271) **Prevenção secundária:** Medidas destinadas a identificar o comportamento borderline numa fase inicial e a intervir para evitar a sua escalada.

(272) **Prevenção terciária:** Medidas tomadas após o conhecimento de uma infração que visam tratar os casos de forma profissional, prevenir novas infracções por parte do infrator e apoiar as vítimas.

(273) **Primado da consciência:** A doutrina teológica segundo a qual a consciência do indivíduo desempenha um papel primordial na tomada de decisões morais.

(274) **Primum non nocere:** princípio latino que significa "primeiro não causar dano", particularmente relevante num contexto médico e ético.

(275) **Princípios do direito comercial:** Princípios de contabilidade e de informação financeira que são habituais na economia (por exemplo, de acordo com o HGB na Alemanha).

(276) **Profético:** No contexto da Igreja, refere-se à tarefa de denunciar a injustiça e proclamar uma visão para um mundo mais justo.

(277) **Profundidade espiritual:** Uma ancoragem na fé e na espiritualidade que serve como fonte de força e inspiração para moldar a vida da igreja.

(278) **Projectos-piloto:** Iniciativas experimentais ou ensaios de reforma realizados a uma escala limitada para testar a sua eficácia.

(279) **Proteção da vida:** O princípio fundamental da Igreja Católica que sublinha o valor e a santidade da vida humana desde a conceção até à morte natural.

(280) **Proteção do clima:** Medidas para reduzir as emissões de gases com efeito de estufa e limitar o aquecimento global, frequentemente consideradas como parte da responsabilidade pela criação.

(281) **Queer Christology:** A theological approach that reinterprets Jesus Christ from the perspective of LGBTQIA+ people - understood as queer or homosexual, among other things - and critically questions what significance such an image of Jesus can have for the faith and spiritual identity of queer people.

(282) **Queer employees:** Church employees who identify as lesbian, gay, bisexual, transgender, intersex or queer.

(283) **Queer:** Termo coletivo para pessoas cuja orientação sexual, identidade de género ou expressão de género se desviam das normas sociais; num sentido mais lato, também para LGBTQIA+.

(284) **Realismo pastoral:** A capacidade dos líderes da Igreja de reconhecer e responder às necessidades e circunstâncias concretas dos fiéis e da sociedade.

(285) **Reavaliação doutrinal:** A revisão e, se necessário, a alteração dos ensinamentos existentes da Igreja.

(286) **Reavaliação:** O processo de investigação exaustiva, documentação e compreensão de casos passados de abuso sexual na Igreja Católica e dos seus antecedentes, incluindo falhas institucionais, a fim de retirar lições para o presente e o futuro.

(287) **Redes interdiocesanas de pares:** Associações informais de bispos de diferentes dioceses ou países que se reúnem regularmente para trocar ideias e apoiar-se mutuamente.

(288) **Reforma da moral sexual católica:** O processo e os esforços para renovar o ensino e a prática tradicionais da Igreja Católica no que diz respeito à sexualidade, à parceria e à família e para os adaptar aos conhecimentos actuais e à realidade da vida das pessoas.

(289) **Regens:** A direção de um seminário.

(290) **Regra de ouro:** Um princípio ético que existe em muitas religiões e culturas ("Trata os outros como gostarias de ser tratado") e é citado como um denominador comum no diálogo inter-religioso.

(291) **Regras básicas do serviço eclesiástico:** O conjunto básico de regras que define as condições de emprego e as obrigações de lealdade dos empregados da Igreja Católica e que foi objeto de uma reforma.

(292) **Regulamentos básicos para o serviço da Igreja:** Os regulamentos básicos que regem as condições de trabalho e as obrigações de lealdade dos empregados da Igreja Católica.

(293) **Regulamentos disciplinares para o clero:** Uma disposição do direito canónico que prevê sanções claras contra o clero masculino por má conduta, particularmente em relação a abusos ou encobrimento.

(294) **Reino de Deus:** Tema central do Novo Testamento que descreve o estado do mundo em que o reino de Deus se realiza e a justiça e a paz prevalecem.

(295) **Relator Geral:** Um cargo importante num sínodo, responsável por resumir as discussões.

(296) **Relatório John Jay:** Vários estudos realizados no início da década de 2000 nos EUA para a Conferência dos Bispos Católicos dos EUA pelo John Jay College of Criminal Justice, que investigou o abuso sexual de menores por parte do clero católico.

(297) **Representantes das vítimas:** Organizações e grupos de pessoas que sofreram violência sexualizada na Igreja Católica e que fazem campanha pelos direitos, apoio e tratamento adequado dos casos. Exigem frequentemente um papel central no tratamento destes casos.

(298) **Repressão:** Supressão ou punição de pessoas ou iniciativas que se desviam da linha oficial.

(299) **Rerum Novarum (1891):** A primeira grande encíclica da doutrina social católica a abordar as condições da classe operária.

(300) **Resiliência:** A resistência psicológica ou a capacidade de sobreviver a situações difíceis da vida e a contratempos sem prejuízo duradouro.

(301) **Responsabilidade institucional:** A responsabilidade da Igreja, enquanto organização, de reconhecer os problemas sistémicos, de os resolver, de reparar os danos e de mudar as estruturas de modo a evitar futuros abusos, para além da culpa individual dos autores individuais.

(302) **Responsabilidade pela criação:** o dever teológico ou a missão do homem de proteger e preservar o mundo criado por Deus.

(303) **Responsabilidade social:** A obrigação das empresas e dos políticos de assumirem a responsabilidade pelo bem-estar da sociedade e do ambiente para além da mera geração de lucros.

(304) **Responsabilização:** A obrigação das partes responsáveis de responderem pelos seus actos (ou omissões), especialmente no contexto de abusos e encobrimentos.

(305) **Ressonância:** A capacidade de estabelecer uma ligação e de ser compreendido; no contexto do texto, a capacidade de se ligar ao mundo em que os jovens vivem.

(306) **Retiros com intercâmbio colegial:** Intervalos planeados ou retiros que oferecem um espaço específico para o diálogo aberto, a reflexão espiritual e o reforço mútuo.

(307) **Reviravolta na política de igualdade entre homens e mulheres:** Uma mudança fundamental nas políticas e práticas no sentido da igualdade de tratamento de todas as pessoas, independentemente da sua orientação sexual.

(308) **Roma/Vaticano:** Refere-se à Santa Sé e à administração central da Igreja Católica, muitas vezes sinónimo do cargo de Papa.

(309) **Sacramento do matrimónio:** O sacramento do matrimónio, que é entendido como um vínculo sagrado entre um homem e uma mulher.

(310) **Sacramento:** Sinais e actos sagrados na igreja cristã através dos quais a graça é transmitida de acordo com os ensinamentos da igreja (por exemplo, batismo, casamento, eucaristia).

(311) **Sacramentos:** actos sagrados na Igreja que são considerados um sinal da graça de Deus (por exemplo, o batismo, a eucaristia, o casamento).

(312) **Salário básico universal (rendimento básico):** Um rendimento regular e incondicional pago a todos os cidadãos ou residentes de um país.

(313) **Seminarista:** Pessoa que se prepara para ser padre num seminário.

(314) **Senhor da dança:** Um hino de Sydney Carter que canta Jesus Cristo como o Deus dançante que dança através da vida e da morte e convida os fiéis para a sua dança.

(315) **Sensação homossexual:** Uma orientação sexual que se dirige a pessoas do mesmo sexo.

(316) Sensível ao género: Consideração da igualdade de género nas estruturas e práticas da igreja.

(317) **Separação de poderes (no contexto eclesial):** o princípio da introdução de mecanismos de controlo e de responsabilidades partilhadas nas estruturas eclesiais (controlos e equilíbrios) para limitar a concentração de poder nos indivíduos e garantir a responsabilização.

(318) **Sermão da Montanha:** Um discurso central de Jesus no Novo Testamento que contém ensinamentos éticos, incluindo os mandamentos sobre a não-violência e o amor aos inimigos.

(319) **Setor informal:** A parte da economia que não é regulada ou tributada pelo governo e que se caracteriza frequentemente por condições de trabalho inseguras.

(320) **Sexta-feira Santa e Páscoa:** dias cristãos de recordação da morte de Jesus (Sexta-feira Santa) e da sua ressurreição (Páscoa), que simbolizam a transformação do sofrimento em esperança e vida nova.

(321) **Sexta-feira sem carne:** Uma prática católica tradicional de abstenção de carne às sextas-feiras, muitas vezes como penitência ou para recordar o sofrimento de Cristo. Reinterpretada aqui como uma possível contribuição para a proteção do clima.

(322) **Shalom:** Uma palavra hebraica que significa mais do que apenas paz, mas também inclui plenitude, bem-estar e paz interior.

(323) **Sínodo da Amazónia:** Uma reunião especial de bispos no Vaticano (2019) que abordou os desafios e as necessidades pastorais da região amazónica.

(324) **Solução temporária permanente:** Uma situação que existe mas não está permanentemente assegurada ou oficialmente regulamentada.

(325) **Soluções pastorais:** Respostas pastorais práticas às necessidades das pessoas que, por vezes, se desviam das regras oficiais.

(326) **Sorte:** Significado da palavra alemã "Glück", que se refere a acontecimentos aleatórios e indisponíveis, como uma vitória ou o facto de se evitar um perigo.

(327) **Stress das minorias:** Stress crónico causado pela estigmatização e discriminação de membros de grupos minoritários.

(328) **Subsidiariedade:** Princípio da doutrina social que estabelece que as tarefas e as decisões devem ser tomadas ao nível mais baixo, mais pequeno ou mais local que seja capaz de o fazer.

(329) Suicídio assistido: O suicídio assistido. É fundamentalmente rejeitado pela Igreja Católica.

(330) **Sustentabilidade:** Princípio segundo o qual os recursos são utilizados de forma a servir as necessidades do presente sem comprometer as

oportunidades das gerações futuras. Na Igreja Católica, frequentemente no sentido de preservação da criação.

(331) **Teologia da graça**: Na perspetiva da doutrina da graça de Deus.

(332) **Teologia da libertação**: Uma direção teológica que reflecte a fé a partir da perspetiva dos pobres e oprimidos e dá ênfase à justiça social.

(333) **Teologia feminista**: Abordagem teológica que examina criticamente e reinterpreta a Bíblia, a tradição e os ensinamentos da Igreja a partir de uma perspetiva feminista, a fim de abordar as desigualdades e a discriminação contra as mulheres na Igreja.

(334) **Teologia moral**: Uma área da teologia que lida com a moralidade do comportamento humano e desenvolve critérios para o comportamento moralmente bom e mau.

(335) **Teologia queer**: Uma abordagem teológica que reinterpreta e questiona a Bíblia e as tradições teológicas a partir da perspetiva das pessoas LGBTQIA+.

(336) **Teólogos progressistas**: Teólogos empenhados no desenvolvimento da doutrina e da prática católicas, tendo frequentemente em conta as mudanças sociais e as realidades individuais da vida.

(337) **Teólogos**: Cientistas e estudiosos da teologia (a doutrina de Deus e da religião) que são mencionados no texto como vozes importantes para a reforma e uma análise crítica dos problemas sistémicos da igreja.

(338) **Tomás de Aquino**: importante doutor da Igreja que reconheceu a busca natural da felicidade pelo homem.

(339) **Transhumanismo**: Movimento que tem como objetivo melhorar e transcender a existência humana através da utilização da tecnologia.

(340) **Transparência**: A abertura e acessibilidade da informação sobre casos de abuso, processos para lidar com o abuso e decisões institucionais para as pessoas afectadas, o público e os auditores externos.

(341) **Tratado sobre a Proibição de Armas Nucleares (TPNW):** Tratado de direito internacional que proíbe a posse, o desenvolvimento, a produção, a instalação, a transferência e a utilização de armas nucleares.

(342) **Ultima Ratio:** O último recurso; um meio que só é utilizado quando todas as outras opções foram esgotadas.

(343) **União em vez de solidão**: um tema para ultrapassar o isolamento através da comunidade e do apoio mútuo entre os bispos.

(344) **Unidade na diversidade reconciliada (comunhão):** Um ideal da igreja em que a unidade não é imposta pela uniformidade, mas pela resistência e integração das diferenças numa atmosfera de reconciliação e comunhão.

(345) **Vigário Geral:** principal representante dos bispos na administração da diocese.

(346) **Violência estrutural:** Violência que não tem origem direta nos indivíduos, mas que está ancorada nas estruturas da sociedade, da economia ou da política e que causa injustiça, sofrimento ou desvantagem (por exemplo, através de condições comerciais injustas, exportação de armas para zonas de conflito).

(347) **Violência sexualizada:** Actos de abuso de natureza sexual cometidos no seio da Igreja Católica por clérigos ou outros funcionários da Igreja, muitas vezes tirando partido de posições de poder.

(348) **Viri Probati:** Homens provados, geralmente casados, que podem ser nomeados sacerdotes (paradigma mais antigo).

(349) **Visão cristã da humanidade:** A convicção teológica de que todo o ser humano é criado à imagem de Deus e, por conseguinte, tem uma dignidade inviolável, independentemente da sua origem, religião, orientação sexual, etc.

(350) **Visão dinâmica do** ser cristão: Uma ideia de ser cristão que vai para além do simples cumprimento de regras e dá ênfase a um compromisso ativo consigo próprio, com os outros e com o mundo, com o coração, as mãos e a mente.

(351) **Visita ad limina:** A visita obrigatória de uma conferência de bispos ao Papa em Roma, que normalmente tem lugar de cinco em cinco anos.

(352) **Visita apostólica:** Exame oficial de uma diocese, comunidade religiosa ou outra instituição eclesiástica em nome do Papa.

(353) **Vítimas de abuso:** Pessoas que sofreram violência sexualizada e abuso na igreja por parte de funcionários da igreja.